Gottfried Fischer · Peter Schay (Hrsg.)

Psychodynamische Psycho- und Traumatherapie

Gottfried Fischer
Peter Schay (Hrsg.)

Psychodynamische Psycho- und Traumatherapie

Konzepte – Praxis – Perspektiven

Bibliografische Information der Deutschen Nationalbibliothek
Die Deutsche Nationalbibliothek verzeichnet diese Publikation in der
Deutschen Nationalbibliografie; detaillierte bibliografische Daten sind im Internet über
http://dnb.d-nb.de abrufbar.

1. Auflage 2008

Alle Rechte vorbehalten
© VS Verlag für Sozialwissenschaften | GWV Fachverlage GmbH, Wiesbaden 2008

Lektorat: Kea Brahms

VS Verlag für Sozialwissenschaften ist Teil der Fachverlagsgruppe
Springer Science+Business Media.
www.vs-verlag.de

Das Werk einschließlich aller seiner Teile ist urheberrechtlich geschützt. Jede Verwertung außerhalb der engen Grenzen des Urheberrechtsgesetzes ist ohne Zustimmung des Verlags unzulässig und strafbar. Das gilt insbesondere für Vervielfältigungen, Übersetzungen, Mikroverfilmungen und die Einspeicherung und Verarbeitung in elektronischen Systemen.

Die Wiedergabe von Gebrauchsnamen, Handelsnamen, Warenbezeichnungen usw. in diesem Werk berechtigt auch ohne besondere Kennzeichnung nicht zu der Annahme, dass solche Namen im Sinne der Warenzeichen- und Markenschutz-Gesetzgebung als frei zu betrachten wären und daher von jedermann benutzt werden dürften.

Umschlaggestaltung: KünkelLopka Medienentwicklung, Heidelberg
Druck und buchbinderische Verarbeitung: Krips b.v., Meppel
Gedruckt auf säurefreiem und chlorfrei gebleichtem Papier
Printed in the Netherlands

ISBN 978-3-531-16129-7

Inhalt

Vorwort 7

Gottfried Fischer
Psychodynamische Psychotherapie und Traumabehandlung –
Definition und Einführung 13

Peter Osten
Integrative psychotherapeutische Diagnostik bei
Traumatisierungen und PTBS 39

Kurt Mosetter
Chronischer Streß auf der Ebene der Molekularbiologie und
Neurobiochemie 77

Robert Bering
Neurobiologie der Posttraumatischen Belastungsstörung 99

Annette Höhmann-Kost/Frank Siegele
Auf dem Weg zur Aggressionskompetenz – Perspektiven und Praxis der
Integrativen Leib- und Bewegungstherapie 113

Silke Birgitta Gahleitner
Neue Bindungen wagen: personzentrierte und beziehungsorientierte
Therapie bei komplexer Traumatisierung 151

Claudia Schedlich/Erika Sander
Stabilisierung in der Traumaadaptierten Tanz- und
Ausdruckstherapie – TATT 169

Peter Schay/Ingrid Liefke
Traumatherapie – aus dem Blickwinkel der Integrativen Therapie ... 179

Karl-Otto Hentze
Vom Psycho-Therapeuten zum Symptom-Techniker? 201

Anhang: Die Deutsche Gesellschaft für Integrative Therapie,
Gestalttherapie und Kreativitätsförderung e.V. 217

Über die Autoren 227

Vorwort

Von psychischem Trauma war lange Zeit überhaupt nicht die Rede. Schlägt man Lehrbücher aus Fachdisziplinen wie Psychiatrie, Klinische Psychologie, Sozialarbeit, Kinderpsychiatrie, Heilpädagogik oder Psychotherapie auf, die vor 1998 erschienen sind, dann taucht „Trauma" oft nicht einmal im Sachregister auf. Praktiker dieser Disziplinen sind demgegenüber täglich mit den Folgen traumatischer Erfahrungen ihrer Klienten/Patienten konfrontiert. Weshalb fanden diese Erfahrungen keinen Eingang in den wissenschaftlichen Diskurs? Die Antwort liegt nahe, daß Wissenschaftler dieser Disziplinen bis hin zu den Psychotherapeuten, den gleichen Abwehrmechanismen gegen Trauma unterliegen wie die Bevölkerung im allgemeinen, vor allem dem Mechanismus der Opferbeschuldigung: *selber schuld*. Weshalb ging das Opfer einer Vergewaltigung gerade um diese Uhrzeit diesen Weg entlang? War das nicht vorherzusehen? Sind Opfer nicht auch generell mit verantwortlich oder zumindest doch mitbeteiligt, an dem was ihnen angetan wurde? Sind sie nicht Teil eines sog. „Täter-Opfer-*Systems*"?

So irrational die „Lösung" der Operbeschuldigung, die *blaming-the-victim-solution* auch ist, so fest scheint sie im magischen Denken derer verankert zu sein, die nicht betroffen sind, bisweilen sogar im magischen Denken der Opfer selbst. Von daher ist kaum verwunderlich, daß auch der wissenschaftliche Diskurs von der *blaming-the-victim-solution* gepräft war und oft noch ist. Wenn Traumatisierung nicht überhaupt ignoriert wird, dann muß das Opfer irgendwie doch mitverantwortlich sein oder – wie in der Psychoanalyse – das Trauma schon aus der frühen Kindheit stammen und/oder ihm eine problematische Persönlichkeitsstruktur zugrunde liegen. Nach dem sog. „Diathese-Streß-Modell" der biologischen Psychiatrie ist die biologische Diathese (= Disposition) jeweils schon so stark ausgeprägt, daß mehr oder weniger gewöhnlicher „Streß" ausreicht, eine „Traumafolgestörung" zu entwickeln. Auch experimentalpsychologisch wurde die Traumatisierung bislang noch nicht nachgewiesen („Gott sei Dank!"). Daher ist aus den genannten Richtungen auch in Zukunft immer wieder die skeptische Frage zu erwarten, ob es denn psychisches Trauma überhaupt gebe. Nur selten kommen Vertreter dieser Richtungen auf die Idee, es könne an der von ihnen bevorzugten und zumeist verabsolutierten Forschungsmethode liegen, daß psychische Traumatisierung, so deutlich sie im klinischen Alltag in Erscheinung tritt, nicht „exakt" beweisbar ist.

Es ist kaum verwunderlich, daß zu dieser jahrzehntelangen Tradition wissenschaftlich bemäntelter Opferbeschuldigung mit der Zeit eine Gegenbewegung entstanden ist, die man vielleicht als „Traumabewegung" bezeichnen kann. Sie ging zunächst von den Betroffenen aus, von sozialen Bewegungen wie der Arbeiterbewegung (Sicherheit am Arbeitsplatz, menschenwürdige Arbeitsbedingungen usw.) sowie der Frauenbewegung und nicht zuletzt von jenem Teil sozialer Berufe, deren Angehörige sensibel genug sind, ihren Klienten/Patienten zuzuhören. Wie bei jeder „Gegenbewegung" aber kann leicht eine Reaktivität und „Gegenabhängigkeit" zu dem entstehen, was überwunden werden soll. Daher ist es zunächst einmal nötig, den Begriff „Trauma" sorgfältig zu definieren und einzugrenzen. Das leistet im vorliegenden Band *Peter Osten* in vorbildlicher Weise, wobei der Beitrag der „Integrativen Psychotherapie" sich als wesentliche begriffliche Bereicherung erweist. Dieser Bemühung, das Traumakonzept zu begrenzen, schließt sich auch der Vorschlag von *Gottfried Fischer* an, psychisches Trauma in ätiologischer Hinsicht als nur eine – wenn auch sehr bedeutsame – Ausgangsbedingung von psychischen Störungen zu betrachten, neben Über- und Untersozialisation sowie primär biologischen Ursachen, die genetisch übermittelt sind (2005a, 2007). Demnach ist also nicht alles Trauma. Wir brauchen in der klinischen Praxis auch die Kenntnis alternativer Ursachen. Übersozialisation, z.B. eine zu strenge, triebverneinende Erziehung, kann ebenfalls Störungen erzeugen, klassischerweise vom Typ der Neurose. Ebenso Verwöhnung und Vernachlässigung von Kindern im Stile einer laissez-faire-Erziehung. Wir müssen nicht unser gesamtes bisheriges Wissen von der Entstehung psychischer Störungen „über den Haufen werfen", um den traumatischen Hintergrund vieler psychischer Störungen zu erkennen und angemessen zu behandeln. Aber zahlreiche Einseitigkeiten der traditionellen klinischen Theorie und Praxis sind zu korrigieren, wollen wir der psychotraumatischen Ätiologie und den Traumafolgestörungen gerecht werden und traumatisierten Klienten/Patienten in Beratung und Psychotherapie wirklich helfen.

Die in diesem Band versammelten Beiträge des Fachtages „Alles Trauma – Oder?" der Arbeitsgemeinschaft Psychotherapeutischer Fachverbände e.V. (AGPF) und des Deutschen Institutes für Psychotraumatologie e.V. (DIPT) am 29.09.2007 in Köln eröffnen eine sehr positive, optimistisch stimmende Perspektive. Sie machen deutlich, daß viele der traditionell voneinander abgespalten Richtungen aus Therapie und Beratung näher zusammenfinden, wenn einmal die *blaming-the-victim-solution* der traditionellen Psychologie, Medizin und Pädagogik überwunden ist. Die Beiträge von *Silke Brigitte Gahleitner* und *Annette Höhmann-Kost/Frank Siegele* verdeutlichen dies für die Gesprächspsychotherapie und die Integrative Psychotherapie, der Beitrag von *Gottfried Fischer* für die psychodynamische Richtung. „Humanistische Psychologie" – das ist seit Mitte des vorigen Jahrhunderts eine starke psychosoziale Bewegung, deren verschiedene Zweige oft nicht wirklich zusammenfanden. Überwinden wir aber die tradierte Opferbeschuldigung, eine Neigung, die nicht nur außerhalb von uns, sondern auch bei uns selbst besteht, dann entfallen die alten Differenzen, z.b. auch die zwischen Psychodynamik/Psychoanalyse und humanistischer Psychologie. Denn was wäre humaner als sich dem Leid unserer Klienten zu öffnen und zu verhindern, daß leidvolle Extremerfahrungen, die sie machen mußten, ihr weiteres Leben bestimmen? Als unseren Klienten/Patienten (und evtl. auch uns selbst) dabei zu helfen, nach einer traumatischen Erfahrung wieder den Mut zu gewinnen, ihr eigenes Leben mit all seinen Möglichkeiten zu gestalten? Und vielleicht sogar noch mehr als vor dem Trauma.

Neben der traditionellen Verleugnung von Trauma einerseits und einer allzu euphorischen Überdehnung dieses Konzepts in der Gegenreaktion liegt eine dritte Gefährdung, die Errungenschaften der „Traumabewegung" zu verlieren, im um sich greifenden Objektivismus von experimenteller Psychologie und biologischer Psychiatrie. Diese Disziplinen tendieren dahin, sich wie der Behaviorismus von der „Innenperspektive" des Menschen zu verabschieden und als „wissenschaftlich gesichert" nur noch das anzuerkennen, was sich im Sinne der experimentellen Psychologie als funktionale Abhängigkeit einer sogenannten Abhängigen von einer oder mehreren Unabhängigen Variablen als mathematische Gleichung darstellen läßt oder was – im Falle der biologischen Psychiatrie – letztlich durch Naturgesetze, durch physikalische und biochemische Prozesse nachweisbar ist. Menschliche Subjektivität und Intentionalität bildet für diese Disziplinen lediglich ihren „vorwissenschaftlichen" Gegenstand, während sie den wissenschaftlichen Gegenstand allein über ihre reduktionistische (biologische Psychiatrie) und manipulative Methodik (experimentelle Psychologie) bestimmen. Der Gegenstand wird durch die Methode definiert und nicht – wie es sein sollte – die Methode in Wechselbestimmung mit ihrem Gegenstand (vgl. Fischer 2008a). Werden aber subjektives Erleben und die subjektive Befindlichkeit des Menschen aus der Wissenschaft ausgegrenzt, so verliert auch die Rede von psychischer Traumatisierung ihre Bedeutung. Es ergibt schlichtweg keinen Sinn, von einem „Verhaltenstrauma" oder einem „Neurotrauma" zu sprechen. Verhalten als objektives Phänomen kann nicht traumatisiert, sondern nur mehr oder weniger beliebig konditioniert und umkonditioniert werden. Ebenso führt der unmittelbare Rückgang auf ein „neurologisches Substrat" zurück von der *Psycho-* zur *Neurotraumatologie* und verspielt die inzwischen bei Fachleuten wie auch in der Bevölkerung weit verbreitete Einsicht, daß „seelische Verletzungen" ebenso real sind und ebenso folgenreich sein können wie die körperlichen auch.

Das auch ein nicht-manipulativer und nicht-reduktionistischer Zugang zu Neurobiologie und Biochemie von Streß und psychischer Traumatisierung möglich ist, zeigen die Beiträge von *Robert Bering* und *Kurt Mosetter* in diesem Band. Ein naturwissenschaftlicher Beitrag zur Psychotraumatologie muß nicht „reduktionistisch" sein. Im Gegenteil: Das Programm einer humanistischen Psychotherapie erfordert, auch den menschlichen Körper und seine möglichen Erkrankungen einzubeziehen – als „exzentrisches" (Plessner) Zentrum der menschlichen Lebenswelt. Menschliches Seelenleben besteht aus Natur und Kultur, aus Leib und Seele, aus Natur und Geist. Geist ohne Natur und Natur ohne Geist: Das sind die beiden Sackgassen, in die Psychotherapie und Humanwissenschaften geraten können. Werden diese an sich dialektisch aufeinander bezogenen Pole voneinander isoliert, dann haben wir es nicht mehr mit naturwissenschaftlichen Annahmen zu tun, sondern mit einer pseudonaturwissenschaftlichen Ideologie und komplementär dazu mit einer pseudogeisteswissenschaftlichen Ideologie, wenn die natürlichen Grundlagen des menschlichen Geistes unberücksichtigt bleiben. Die Arbeiten von *Kurt Mosetter* und *Annette Höhmann-Kost/Frank Siegele* zeigen, wie die Verbindung von Seelenleben und menschlichem Leib therapeutisch wiederhergestellt werden kann, ohne in die eine oder andere Einseitigkeit zu verfallen. Bei *Kurt Mosetter* und *Robert Bering* wird deutlich, daß auch ein sehr subtiles und avantgardistisches medizinisches Wissen in den Dienst einer humanistischen Psychotherapie treten kann, aus der Perspektive des „gelebten Leibes" (Maurice Merleau-Ponty) heraus und ohne die Reduktion der menschlichen Existenz auf ihre Körperlichkeit, ohne Reduktion des menschlichen Geistes auf sein Organ Gehirn, letzteres programmatisch verkündet im „Manifest" (s.u.) der „elf Gehirnforscher", deren Weisheiten sich etwa so wiedergeben lassen: „Wenn ich glaube zu denken, dann denkt mich in Wirklichkeit mein Gehirn" (eine brillante Kritik hierzu findet sich bei Wetzel, 2006).

Die heute um sich greifende Verdinglichung des menschlichen Geistes zum „Gehirn", die Leugnung einer wie immer auch relativen Entscheidungsfreiheit zugunsten einer strikten Determination des menschlichen Denkens durch die Chemie und Physik der neuronalen Prozesse im Zentralen Nervensystem, macht begriffliche Unterscheidungen notwendig, unter welchen Bedingungen sich biologische Ansätze die Psychotherapie jeweils ergänzen können und wann sie andererseits den psychotherapeutischen Gegenstand zerstören. Hier wurde der Begriff einer „subjektiven Biologie" vorgeschlagen (Fischer et al. 2008). Er klingt zunächst ungewohnt und mag manchem vielleicht sogar „paradox" vorkommen. Er scheint aber recht gut geeignet, die in diesem Band versammelten psychobiologischen Beiträge gegen jenen „Biologismus" abzugrenzen, der in experimenteller Neuropsychologie und Neurobiologie heute immer mehr um sich greift (vgl. Fischer et al. 2008b). Subjektive Biologie, so kann man definieren, ergänzt den psychotherapeutischen Gegenstand und fügt sich ihm ein, während die objektiv biologischen Ansätze ihn tendenziell ersetzen, so daß Pharmakotherapie und andere manipulative Verfahren schließlich auch in der Praxis an die Stelle genuiner Psychotherapie treten. Da sich dieser Schritt von der psychotherapeutischen Praxis aus kaum begründen läßt, muß er durch gesundheitspolitische „Richtlinien" abgesichert werden, die ein symptomzentriertes, manipulatives und „biologisch" flankiertes Vorgehen über Fallkostenpauschalen als verbindliche Richtschnur der klinischen Praxis in Deutschland festschreiben.

Menschliches Seelenleben, Geist, begrenzte Entscheidungsfreiheit und „Entwurf" des Lebens und der menschlichen Existenz – all diese positiven Qualitäten des Menschen bringen als ihr Negativum ein relativ hohes Maß an seelischer Verletzlichkeit und Sensibilität für Umwelteinflüsse mit sich. Menschenrechte und menschliche Würde sind ebenso fragile wie unverzichtbare Werte für das Individuum wie das zwischenmenschliche Zusammenleben. Psychotraumatologie, die Lehre von seelischen Verletzungen, ihrer Prävention und den Möglichkeiten ihrer Heilung – primär durch Dialog und therapeutische Beziehungsgestaltung (vgl. Fischer 2008 a) – ist gebunden an ein Welt- und Menschenbild, das Würde, Selbstbestimmung und Freiheit des Menschen in den Mittelpunkt stellt. Menschenwürde und die Lehre von den seelischen Verletzungen des Menschen gehören zusammen, wie die in diesem Band versammelten Beiträge verdeutlichen.

Das menschliche Seelenleben berühren wir insbesondere durch körperorientierte psychotherapeutische Verfahren, die am Körper des Patienten und an den sich entwickelnden kreativen Prozessen ansetzen. *Claudia Schedlich* und *Erika Sander* führen uns in die Traumaadaptierte Tanz- und Ausdruckstherapie (TATT) ein; einen Therapieansatz, der diese Prozesse nutzt und insbesondere auf Aspekte der Stabilisierung fokussiert. Ziel dabei ist die Stärkung der Selbstwirksamkeit, der Traumakompensation und Distanzierungsfähigkeit, der Sensibilisierung der Selbst- und Fremdwahrnehmung, der Förderung eines positiven Körper-Selbsterlebens sowie Vitalisierung.

Der für dieses Buch verfaßte Beitrag von *Peter Schay* und *Ingrid Liefke* verdeutlicht aus dem Blickwinkel der Integrativen Therapie wie notwendig es gerade in der Arbeit mit traumatisierten Menschen ist, die engen Grenzen der traditionellen Verfahren zu überschreiten und zu einer psychotherapeutischen Kultur zu kommen, die sich an einer pluralen Informations- und Wissensgesellschaft orientiert, und in der eine Vielfalt von Lebenskonzepten, Menschenbildern, Wertvorstellungen und Zugangsweisen zur Welt nebeneinander ihren legitimen Platz haben.

Karl-Otto Hentze zeigt eindrucksvoll auf, daß vielfältige Verstehenswege und unterschiedliche Zugangswege in der Psychotherapie notwendig sind, um der Vielfalt unterschiedlicher menschlicher Lebensentwürfe gerecht werden zu können. Er ermutigt uns, einer administrativen Entwicklung in der aktuellen Psychotherapielandschaft in Deutschland entgegenzuwirken, die den verschiedenen psychotherapeutischen Ansätzen die Fähigkeit und die Kompetenz absprechen will, zur Gesundheitsversorgung beizutragen.

Der Autor motiviert uns, einer Entwicklung entgegenzuwirken, an deren Ende der Mensch in der Psychotherapie keine Rolle mehr spielen, in der vielmehr mit verengtem Blick auf das Symptom Techniken verabreicht werden, in der es der Expertise eines ausgebildeten Psychotherapeuten nicht mehr bedarf, in der ein Techniker die ihm vorgeschriebenen Instrumente anwendet.

Unser Anliegen ist es, – nicht zuletzt – den Leserinnen und Lesern dieses Buches die Notwendigkeit einer wissenschaftlich fundierten Psychotherapie, wie sie von den Kolleginnen und Kollegen der von uns vertretenen Ansätze und Verfahren auf dem Fachtag „Alles Trauma – Oder?" am 29.09.2007 in Köln mit all ihren Facetten und ihrer Bedeutung für unsere Patientinnen und Patienten vorgestellt wurde, zu verdeutlichen und die die gegenwärtige kreative Entwicklung in der Behandlung psychotraumatischer Störungsbilder darzustellen.

Es bedarf unserer aller Arbeit, die Dogmen der sogenannten „wissenschaftlich anerkannten Verfahren" zu überwinden und für ein Psychotherapieverständnis zu arbeiten, das unterschiedliche Verstehens- und Zugangswege ermöglicht und unseren Patientinnen und Patienten entspricht.

Uns bleibt nur der Dank an die Autorinnen und Autoren dieses Bandes und an die Teilnehmerinnen und Teilnehmer des Kongresses, die bereit sind, die gegebenen Anregungen aufzugreifen, um sie in ihrer Praxis und ihrem Leben umzusetzen.

Gottfried Fischer
Peter Schay

Literatur

Fischer, G.: (2008a) Logik der Psychotherapie. Philosophische Grundlagen der Psychotherapiewissenschaft, Kröning: Asanger
Fischer, G. et al.: (2008b) Subjektive Biologie. Biologische Grundlagen der Psychotherapiewissenschaft, Kröning: Asanger
Manifest über Gegenwart und Zukunft der Hirnforschung, in: Gehirn und Geist 6/2004, 30-37
Wetzel, M.: (2006) Sokratischer Dialog über Hirnforschung, Würzburg: Könighausen & Neumann

Psychodynamische Psychotherapie und Traumabehandlung[1] – Definition und Einführung

Gottfried Fischer

In dieser Einführung werden die Begriffe psychodynamische Psychotherapie und psychodynamische Traumatherapie erläutert. Fragt man nach einer gemeinsamen Grundlage der verschiedenen tiefenpsychologischen und psychoanalytischen Schulen oder Richtungen, so kristallisiert sich eine gemeinsame Modellvorstellung heraus, die als „psychodynamisch" bezeichnet werden kann. Sie schließt u.a. den Begriff des „dynamisch Unbewußten" ein. Da dieses Modell in Theorie und Praxis „wirklichkeitserschließend" fungiert und im Übrigen eine Abgrenzung gegenüber anderen Ansätzen erlaubt, kann von einem *psychotherapeutischen Paradigma* gesprochen werden. Das psychodynamische Paradigma begründet eine therapeutische Praxis, die darauf abzielt, stagnierende Entwicklungsprozesse freizusetzen und die Fähigkeit des Menschen zu dialektischer Selbstregulation wieder herzustellen. Während der Wortteil „dynamisch" in der Vergangenheit dazu verleitet hat, dem Begriff eine naturwissenschaftliche, etwa aus der Thermodynamik entlehnte Bedeutung zu unterstellen, wird im folgenden ein genuin *psychologisches* Verständnis entwickelt, worin die Besonderheit der psychosozialen Wirklichkeitsebene zum Ausdruck kommt, ohne „Anleihe" bei naturwissenschaftlichen Modellen. Bewegung und Entwicklung von *menschlichem Erleben und Verhalten* (als Definition von Psychologie) aus seinen inneren Gegensätzen und ihrer „Aufhebung" heraus, ist Kernannahme des psychodynamischen Paradigmas, das hierin an die Tradition des dialektischen Denkens anschließt. An inneren Widersprüchen und Konflikten, die aus traumatischen Erfahrungen entstehen, setzt die psychodynamische Traumatherapie an. Im Übergang zu einem dialektisch-*ökologischen* Denken erweitert sich das psychodynamische Paradigma um die Themen der Psychotraumatologie.

Die Wichtigkeit des Themas „Psychotraumatologie und psychologische Medizin" – eröffnet unter anderem durch die *Zeitschrift für Psychotraumatologie*

---

1 Erstpublikation dieses Beitrages: Fischer, G. (2005), Psychodynamische Psychotherapie und Traumabehandlung – Definition und Einführung, in: Fischer, G., Eichenberg, C. (Hrsg.), Jahrbuch Psychotraumatologie (2005): Traumabedingte Störungen und ihre Behandlung durch tiefenpsychologische und analytische Psychotherapie, Asanger, Heidelberg, 9-27.

und Psychologische Medizin (ZPPM) – verdeutlicht sich darin, daß dieses Praxis- und Forschungsfeld in relativ kurzer Zeit den Stellenwert eines „ätiopathogenetischen Modells" in Klinischer Psychologie, Psychotherapie und Psychiatrie erlangt hat. Traumatisierung ist sicher nicht die einzige Ätiologie psychischer Störungsbilder, wie aber die präventivmedizinischen Untersuchungen von Filetti und seiner Arbeitsgruppe (etwa 2002) zeigen, eine weit verbreitete – nicht nur bei psychischen, sondern auch bei somatischen Störungsbildern und Krankheitserscheinungen. Eine überragende ätiologische Bedeutung kommt nach Filetti und Mitarbeitern Traumatisierung in der Kindheit zu. Rechnet man die zahlreichen Ereignisse hinzu, mit denen Menschen noch in ihrem weiteren Lebenslauf, als Jugendliche und Erwachsene konfrontiert werden können, von Unfällen über Gewalttaten bis zu Kriegen und Naturkatastrophen, so nimmt die Herausforderung, die sich in Prävention, Therapie und Rehabilitation diesem neuen ätiologischen Modell stellt, Konturen an.

Im Vergleich der Psychotherapieverfahren hat die tiefenpsychologische und analytische Psychotherapie historisch eine Vorreiterrolle in Diagnostik und Behandlung psychischer Traumatisierung übernommen. Die Psychoanalyse äußerte sich zur „traumatischen Neurose" zu einer Zeit, als andere Therapierichtungen noch keinen Begriff für traumatische Erfahrungen besaßen und deren pathogene Wirksamkeit z.T. bestritten. Dieser relative Vorsprung der Psychoanalyse wurde und wird bisweilen allerdings vertan durch die unvermittelte „Anwendung" ihrer tradierten Konzepte und „Richtlinien" auf neuartige Forschungsfelder, ohne deren innere Struktur zu berücksichtigen (vgl. Diskussionsforum „Traumatherapeutische Aspekte in der Richtlinienpsychotherapie", ZPPM 2005, 3, 1, 83-88). So etwa, wenn psychoanalytische „Triebtheoretiker" darauf bestehen, die Folgen und sogar Entstehung von Traumen nach dem „Triebwunsch-/Abwehr-Modell" zu deuten. Die „vier Psychologien" der Psychoanalyse – Selbst-, Trieb-, Ich- und Objektbeziehungs-Psychologie – (Pine 1990) haben zwar eine gewisse Öffnung und Pluralismus psychoanalytischer Konzepte herbeigeführt, andererseits aber auch die Gefahr, im Nebeneinander überkommener Konzepte die Entwicklung einer begrifflich begründeten Theorie und Praxis einzufrieren. So könnten wir psychisches Trauma wahlweise oder auch simultan als Störung des Selbst, des Ich, der Objektbeziehung und/oder Triebentwicklung verstehen. Was sagt solcher „Aspektivismus" über das Wesen traumatischer Erfahrung und ihrer Folgen aus? Gegen ein schematisches Abarbeiten metapsychologischer Agenda hilft die alte Parole: „zu den Sachen selbst", auch wenn sie manch aufgeklärtem „Konstruktivisten" vielleicht naiv erscheint. Die „Sache selbst" der Psychotraumatologie: das ist die spezifische seelische Verletzlichkeit des Menschen, welche die Kehrseite seiner besonderen geistigen, kulturellen und intellektuellen Fähigkeiten ist. Psychotraumatologie als Lehre von seelischen Verletzungen, ihrer Prävention, Behandlung und Rehabilitation bezeichnet das neue Praxisfeld mit seinen Herausforderungen, Möglichkeiten und Grenzen.

Psychotraumatologie als nosologische Theorie

Ziel jeder krankheitstheoretischen oder „nosologischen" (von altgr. nosos = Krankheit) Forschung ist es, ein Symptombild mit seiner Entstehungsgeschichte, mit seiner Pathogenese und Ätiologie (= Lehre von den Krankheitsursachen) zu verbinden. Erst die Kenntnis ätiologischer und pathogenetischer Hintergründe und Zusammenhänge ermöglicht jene „kausale Therapie", die einer reinen Symptombehandlung grundsätzlich vorgezogen wird. Psychotraumatologie als Lehre von seelischen Verletzungen, ihren Ursachen und Folgeerscheinungen sowie den Möglichkeiten ihrer Behandlung kann auch insofern als „neues Störungsmodell" bezeichnet werden, als bei Traumastörungen, wie etwa der posttraumatischen Belastungsstörung (PTBS), der Zusammenhang zwischen Ätiologie und Symptombild relativ gut erforscht und transparent ist. Wie entsteht aus seelischen Verletzungen ein psychisches und/oder somatisches Störungsbild? Mit dieser Frage hat sich die Psychotraumatologie in den vergangenen Jahren intensiv und erfolgreich befaßt. Auf psychosozialer wie neurobiologischer Ebene konnten wichtige Schritte der Krankheitsentstehung, von Pathodynamik und Symptomatik geklärt werden (vgl. etwa Bering, 2005). Noch ist die Forschung auf diesem Gebiet nicht abgeschlossen. Je mehr wir jedoch von der Ätiopathogenese psychotraumatischer Störungen verstehen, desto sicherer können wir von der Symptombehandlung zu einer „kausalen Psychotherapie" (Fischer, 2005a) übergehen, zu jenem Behandlungsziel, an dem nicht nur die psychologische, sondern ebenso die somatische Medizin ausgerichtet ist.

Paradigmen der Psychotherapie

Ein psychotherapeutisches Paradigma reicht über *nosologische* Modelle und Theorien hinaus. Es verbindet sie zu einer wirklichkeitserschließenden, handlungsleitenden Konzeption, die in einer gegenstandsadäquaten Theorie konsistent begründet und empirisch verankert sein muß. Ebenso wesentlich wie Pathologie und *Pathogenese* muß das Paradigma ein Verständnis von *Salutogenese* und psychischer Gesundheit ausweisen, da Menschen niemals nur Träger von Störungen sind. Wie im körperlichen Bereich, gibt es auch bei seelischen Verletzungen eine natürliche „Wundheilungstendenz", die wir als Psychotherapeuten nur unterstützen, nach dem Motto: medicus curat, sanat natura. Zudem leidet kein Patient an einer einzelnen nosologischen Einheit oder einem einzelnen „ätiologischen Spektrum". Ein psychotherapeutisches Paradigma muß störungsübergreifend sein und kann sich auf keine besondere Nosologie oder Ätiologie beschränken. Dies ist ein Widerspruch in der Rede von und der Forderung nach einer „Traumatherapie". Dieser Ausdruck legt die Annahme nahe, als lasse sich aus einer nosologischen Einheit oder auch einem ätiologischen Spektrum unmittelbar die Therapie ableiten. Dieser Kurzschluß würde die Eigenart psychotherapeutischer Paradigmen verkennen, die wesentlich „störungs- und ätiologieübergreifende" Komponenten, wenn man will, eine besondere „Philosophie" implizieren. Was von einem psychotherapeutischen Paradigma aber zu recht erwartet werden darf, ist seine Anpassung an wesentliche Merkmale von Nosologie und Ätiopathogenese. „Universaltherapeutische" Konzepte (Kiesler, 1966, 1995) verfehlen das Kriterium der „Binnendifferenzierung", das von einem psychotherapeutischen Paradigma, welches eine wissenschaftlich begründete Praxis anleiten soll, unbedingt zu erwarten ist. Die Verfahren werden als „psychodynamische Traumatherapie" bezeichnet. Sie bewegen sich innerhalb des übergreifenden, psychodynamischen Paradigmas, das weiter unten näher bestimmt wird und haben ihre nosologische Spezifizierung in psychotraumatischen Störungen, verstanden als „Verlaufskrankheit" mit besonderer Ätiologie und Pathogenese.

Ein häufig angeführtes Argument zugunsten therapeutischer Paradigmen ist der Hinweis auf Gefahren des sog. „Eklektizismus". Befürworter von Eklektizismus verstehen darunter eine flexible, dem jeweiligen Patienten angemessene Auswahl von Techniken und Konzepten. Kritiker betonen die Gefahr von konzeptionslosem „Herumprobieren". Für und Wider von Eklektizismus scheinen mit einer Paradoxie verbunden, die sich etwa so umschreiben läßt: Wer Psychotherapie im Rahmen eines Paradigmas erlernt hat und beherrscht, kann es sich möglicherweise leisten, „eklektisch" vorzugehen. Ein konsistentes, in sich jedoch lebendiges und flexibles theoretisches Konzept bietet vor allem für *Psychotherapeut/innen in Ausbildung* eine wichtige Schutzfunktion. Es leitet an zu Selbstkontrolle und Selbstreflexion. Allzu leicht wird die Therapieführung sonst von unbewußten Tendenzen, durch Wünsche und Bedürfnisse des Therapeuten bestimmt, welche die Psychoanalyse in der Verzahnung von Übertragung und Gegenübertragung (oder auch Eigenübertragung des Therapeuten) thematisiert. Die besondere Bedeutung dieser zunächst meist unbewußten Beziehungsmuster für den Therapieerfolg wird heute von kaum einem praxiserfahrenen Kollegen in Frage gestellt. Ein paradigmatischer, theoretischer Rahmen wird u.a. als Korrektiv benötigt, gleichsam als Leitfaden, um unsere Verwicklung in Beziehungskonstellationen und -muster, die überwiegend durch kognitiv und/oder dynamisch unbewußte Kommunikation gesteuert sind, erkennen und therapeutisch handhaben zu können. Ein weiteres Argument zugunsten einer paradigmatischen

Ausrichtung ergibt sich aus der Tatsache, daß psychotherapeutische Arbeit unvermeidlich auch „Beziehungsarbeit" ist.

Ist Psychotherapie mehr als die Anwendung psychotherapeutischer Techniken?

Auf eine bejahende Antwort in dieser Frage werden sich vermutlich die meisten Psychotherapeuten einigen können. Der Umstand, daß Psychotherapie sich wesentlich in einer intersubjektiven Beziehung ereignet und die Notwendigkeit einer individuellen Fallkonzeption sind die wichtigsten Hinweise.

Mit welchen Begriffen auch immer sie beschrieben wird, wohl niemand wird die bisweilen schwierige „Beziehungsarbeit" ignorieren wollen, die den „Dreh- und Angelpunkt" psychotherapeutischer Tätigkeit bildet. Sie reicht über das Anwenden von Techniken bei weitem hinaus. Ergebnisse der Mißerfolgsforschung verdeutlichen, daß mißlingende Psychotherapien primär an der Beziehungsdynamik scheitern, die sich auf einer unbewußten bzw. unausgesprochenen Ebene zwischen Therapeutin und Patient konstelliert (vgl. Fischer, Scharrelmann, 2005b).

Mit den Variablen der Gesprächspsychotherapie nach Carl Rogers wurden in verschiedenen Experimenten Computer programmiert, deren Interventionen von den meisten Testpersonen als hilfreich und akzeptierend beurteilt wurden. Diese Experimente könnten als Argument gegen die therapeutische Beziehung und für die Bedeutung therapeutischer Techniken angeführt werden. Die „Computertherapie" ging allerdings über Wiederholen der „Klientenäußerung" und Akzentuierung ihres emotionalen Erlebnisgehaltes nicht wesentlich hinaus. Unterschiede zur realen Beziehungsgestaltung in der Psychotherapie ergeben sich u.a. aus der emotionalen Beteiligung der Therapiepartner und der dialektischen „Wechselseitigkeit" (vgl. Fischer, 1981), die ihr zugrunde liegt. Insofern geht die therapeutische Beziehungsgestaltung über das Anwenden von Techniken bei weitem hinaus und verlangt ein ganzheitliches, „dynamisches" Verständnis der sich entwickelnden Beziehung, wobei unbewußte Kommunikationsprozesse, die sich in Übertragung und Gegenübertragung äußern, ein wesentliches Medium sind. Jeder Therapeut sollte, darin ausgebildet sein, sie zu erkennen und produktiv in den Therapieverlauf einzubeziehen.

Noch unter einem weiteren Gesichtspunkt geht Psychotherapie über das Anwenden von Techniken hinaus: der Erstellung einer individuellen Fall- und Verlaufskonzeption zu Beginn einer psychotherapeutischen Behandlung. Diese wird im Gutachterverfahren der Kassenärztlichen Vereinigung zwar gefordert, jedoch nach formalistischen „Richtlinien", die dazu führen, daß immer mehr

Psychotherapeutinnen diesen wesentlichen Schritt an bezahlte Hilfskräfte delegieren. Grundsätzlich jedoch können Forderung und Notwendigkeit dieser Planungsfunktionen als Beleg gewertet werden, daß sich Psychotherapie nicht auf die Anwendung von Techniken beschränkt. Die Individualisierung psychotherapeutischer Konzepte ist eine wesentliche Voraussetzung von professioneller Arbeit. Allein aufgrund einer Zuordnung von Störungsbild und therapeutischer Technik müßte sie mechanistisch bleiben und würde die Individualität des Patienten verfehlen.

Nicht jede psychotherapeutische „Schule" vertritt ein psychotherapeutisches Paradigma

In aktuellen Diskussionen wird zwischen dem Phänomen einer psychotherapeutischen Schule und einem psychotherapeutischen „Paradigma" nicht hinreichend unterschieden. Daher sind zu dieser Unterscheidung einige Bemerkungen angebracht.

Kurz gesagt, handelt es sich bei einem psychotherapeutischen Paradigma um ein wissenschaftliches, bei einer psychotherapeutischen Schule hingegen um ein wissenschaftssoziologisches oder sozialpsychologisches Phänomen. Damit sich eine „Schule" bildet, ist eine mehr oder weniger charismatische Leitfigur vonnöten und eine Schülerschar, die bereit und auch fähig ist, die Lehren des Meisters oder der Meisterin weiterzugeben. Eine Schule in Psychotherapie oder anderen Wissenschaften bildet sich in erster Linie aufgrund von Phänomenen „sozialer Resonanz". Wie und aus welchen Motiven diese entsteht, entspricht in erster Linie einer psychologischen und/oder wissenschaftssoziologischen Fragestellung. Ein psychotherapeutischer „Guru" kann beispielsweise eine gesellschaftlich verbreitete Tendenz, wie Individualismus und absoluten Egoismus zum Therapieziel erklären („Ich bin Ich und du bist du; ich tu mein Ding, du tust dein Ding" usw.) und eine Schar von Anhängern finden, die begeistert dieser gesellschaftlich ohnehin naheliegenden Einstellung weiter zum Durchbruch verhilft. „Schulenbildung" an sich impliziert noch keinerlei wissenschaftliche, noch nicht einmal ethische Kriterien.

Bei einem psychotherapeutischen Paradigma hingegen, bestimmt man dieses nun im Sinne von Thomas Kuhn (1962, dt. 1973) oder Stephen Toulmin (1961, dt. 1968) stehen Kriterien der Wahrheit und intersubjektiven Ausweisbarkeit von Theorie, Praxis und Ergebnissen im Vordergrund. Während Kuhn bei der Frage, wie ein Paradigma-*Wechsel* zustande kommt, den wissenschaftssoziologischen Aspekt hervorhebt, betont Toulmin die immanenten, wissenschaftlichen Kriterien, die den Wechsel von Paradigmen in der Wissenschaftsgeschichte anstoßen. Wie in Religionsgemeinschaften, kommt jede nur denkbare Vermischung mit dem „Schulenprinzip" vor. Die Regeln systematischer Erkenntnisgewinnung und intersubjektiver Nachvollziehbarkeit von Forschungsergebnissen und Theoriebildung unterscheiden ein wissenschaftliches Paradigma jedoch prinzipiell vom Schulenmodell. Zwar können sich Gruppenkohäsion und Wissenschaftlichkeit in mitunter problematischer Weise vermischen. Im Extrem schaltet die Schulenkohärenz den wissenschaftlichen Fortschritt aus: Das Paradigma wird von der Schule besiegt. Ein Gegenmittel stellt die Überprüfung und Fortentwicklung des Paradigmas auf den Ebenen von Theorie, Praxis und empirischer Forschung dar. Diese drei Komponenten sollten untereinander im Gleichgewicht stehen. Wird empirische Forschung über- und Theoriebildung unterbewertet, was gewöhnlich mit einem Verständnis von Psychologie als „Erfahrungswissenschaft" einhergeht, so werden theoretische Annahmen zur selbsterfüllenden Prophezeiung und „Pseudoempirie".

Es ist nicht überflüssig hervorzuheben, daß psychotherapeutische Paradigmen in *psychologischer* Theorie und Forschung begründet sein und den wesentlichen Merkmalen des psychologischen Gegenstands entsprechen müssen. Die Bezeichnung „*Psychologische* Psychotherapie" im Psychotherapeutengesetz der BRD kommt dem entgegen. Die meisten, wenn nicht alle psychologischen Kolleginnen und Kollegen stimmen heute darin überein, Psychologie als Lehre von menschlichem *Erleben und Verhalten* (und deren gegenseitiger Beziehung) zu definieren. An diesem gegenständlichen Kriterium muß ein psychotherapeutisches Paradigma ausgewiesen sein und sich bewähren. Es reicht nicht aus, Theorien und Modelle, die dort aktuell sind, aus naturwissenschaftlichen Fächern per Analogie auf Psychologie oder Psychotherapie zu übertragen. Dieses analogische Verfahren besitzt eine lange, für die Entwicklung einer *psychologischen* Psychotherapie außerordentlich hinderliche Tradition. Beispielsweise müßte begründet werden, ob und wieweit sich menschliches Erleben und Verhalten tatsächlich nach Regeln der Kybernetik oder Systemtheorie verstehen lassen, bevor solche Modelle als „Paradigmen", noch dazu als *therapeutische* akzeptiert werden können. Die berechtigte Kritik an den naturwissenschaftlichen Metaphern der Freudschen Metapsychologie kann hier als Beispiel dienen. Systemtheorie, Synergistik, Theorien selbstorganisierender physikochemischer Prozesse oder die mathematische Chaostheorie werden nicht schon dadurch zu psychologischen und psychotherapeutischen Paradigmen, daß psychologische Phänomene in ihrer Begrifflichkeit beschrieben werden. Vielmehr ist an konkreten Phänomenen des Erlebens und Verhaltens zu zeigen, welchen *zusätzlichen* Erkenntniswert, über eine tautologische Verdopplung der Beschreibungsebene hinaus, ein naturwissenschaftliches Paradigma in der Psychotherapie besitzt. Vielleicht kann der neue Status psychologischer Psychotherapeuten als Heilberuf ihr Selbstvertrauen als *wissenschaftliche Gemeinschaft* stärken und dazu ermutigen, die psychologische Theoriebildung wieder in die eigene Hand zu nehmen, statt immer neue Versatzstücke aus den scheinbar prestigeträchtigeren Naturwissenschaften oder der Medizin auszuborgen.

Zum psychodynamischen Paradigma

Das vergangene Jahrhundert zeigt eine bislang nicht definitiv überwundene Kontroverse um Konzepte wie „Psychoanalyse", „Tiefenpsychologie", „Individualpsychologie" und andere schulenbildende Ideen der tiefenpsychologischen Richtung. Fragt man nach dem gemeinsamen Nenner dieser im Detail unterschiedlichen Ansätze, so rückt, wie erwähnt, der Begriff Psychodynamik in den Mittelpunkt. Explizit wurde dieses Konzept im „dynamischen Aspekt" der Freudschen Metapsychologie formuliert. Es umfaßt hier die folgenden Annahmen: den Primat der Bewegung oder Dynamik im Seelenleben, wie im Konzept von „Trieben" als „innerem Widerspruch" des psychischen Systems, und allgemein, daß psychische Bewegung einem Gegensatz, dem Gegeneinander psychischer Kräfte und Tendenzen entspringt. Diese Gedanken kehren bei Alfred Adler als Begründer der Individualpsychologie im Kompensationsprinzip, z.B. zwischen Minderwertigkeitserleben und Größenideen wieder oder im Spannungsverhältnis von Individualität und Gemeinsinn. Carl Gustav Jung hat die Psychodynamik als seelische Energie überhaupt aufgefaßt, die sich jedoch ebenfalls in gegensätzlichen psychischen Polen als Polaritäten, wie Introversion und Extraversion oder animus und anima usw. entfaltet. Auch das Konzept des „dynamisch Unbewußten" ist allen tiefenpsychologischen Ansätzen gemeinsam. Ein Verständnis psychischer Phänomene aus Gegensatz und Zusammenwirken polarer psychischer Tendenzen kann somit als wesentliches Prinzip des psychodynamischen Paradigmas betrachtet werden. Hiervon leiten sich die Begriffe ab, die der tiefenpsychologischen und psychoanalytischen Richtung und ihren „Schulen" gemeinsam sind.

Nun verwendet insbesondere die Freudsche „Metapsychologie" eine aus natur- und geisteswissenschaftlichen Komponenten gemischte Terminologie bzw. Metaphorik. Diese „gemischte Sprache" als solche wird weder reflektiert noch begründet. Sie wurde in der Freud-Rezeption bisweilen als eine Tugend, bisweilen als Schwäche ausgegeben. Als Tugend im Sinne der Intuition, daß seelische Phänomene Teil der Natur sind und ihre somatische Entsprechung haben. Als Schwäche im Sinne einer Vermischung unterschiedlicher Wissenschaftssprachen und ontologischer Ebenen. Die Kritik gipfelt nicht selten im Bonmot, Freud habe Psychodynamik als eine Art von „Psychohydraulik" des Seelenlebens verstanden: die Inhalte des Unbewußten lassen sich erforschen wie unterschwellige und

gegenläufige Strömungen in der Hydrologie oder Meteorologie; Verdrängte Inhalte tauchen aus der seelischen Tiefe auf, wie ein Kork an die Oberfläche des Wassers getrieben wird usw..
In der Tat findet sich auf der physikochemischen Ebene keine wirkliche Entsprechung zu dem, was „Psychodynamik" oder „psychische Dynamik" bedeutet. Weder die Bewegungslehre der physikalischen Mechanik noch die Thermodynamik der Gase oder flüssigen Körper oder die Gesetze der Entropie erfassen das Prinzip oder wesentliche Momente dieses Begriffs. Soweit Freud auf solche Konzepte zurückgriff, bewegte er sich in Metaphern, die einer expliziten Begründung und Legitimation bedurft hätten. „Psychodynamik" nach dieser naturwissenschaftlichen Tradition hin verstanden, muß als überholt betrachtet werden. Die Konzepte entsprechen medizingeschichtlich einer Zwischenposition im historischen Streit zwischen Vitalisten (wie dem Physiologen Helmholtz) und Mechanisten (wie Freuds verehrtem Lehrer Brügge), und sind in ihrer an naturwissenschaftliche Modelle des vorvorigen Jahrhunderts gebundenen Metaphorik von eher historischer Bedeutung.

Anders steht es mit der psychologischen und philosophischen Tradition, der das psychodynamische Paradigma zugehört. Angesichts des primitiven neurologischen Forschungsstandes seiner Zeit hatte sich Freud entschieden, die Psychoanalyse als Diagnostik und Therapie neurotischer Störungen primär psychologisch, statt neurologisch weiter voran zu treiben. Da die psychoanalytische Orthodoxie lange Zeit an einer „gemischten Sprache" aus physikalistischer Metaphorik und verdeckter Teleologie festhielt, blieb wiederum die psychologische Seite der Psychoanalyse bis heute vergleichsweise unterentwickelt. Ein Verständnis seelischer Phänomene aus gegensätzlichen Tendenzen heraus, das für die „tiefenpsychologischen Schulen" charakteristisch ist, ist in der psychologischen und philosophischen Tradition eng mit dialektischem Denken verbunden. In Wahrnehmung und Denken ordnen wir die Wirklichkeit nach polaren Konzepten, wie hoch – tief, groß – klein, positiv – negativ, bewußt – unbewußt usf., die eine in sich gegensätzliche Einheit bilden und insofern semiotisch produktiv sind. Die „generativen Strukturen" der Sprache selbst sind als in sich widersprüchliche Einheiten komponiert. Freud hat dem „Gegensinn der Urworte", ihrer inneren Verbindung, die unbewußt unsere Sprache wie unser Denken leitet, eine eigene Abhandlung gewidmet.

Psychodynamik besteht in einem Verständnis von seelischer Wirklichkeit, Problemlösung und Entwicklung, die durch gegensätzliche Polaritäten und deren „Aufhebung" (im dreifachen Sinne von Aufbewahren, Eliminieren und Emporheben) schon immer in Bewegung ist. Dies unterscheidet Psychodynamik von einer statischen Auffassung des menschlichen Seelenlebens, die in Motiven und *Trieben*, verstanden als *Antrieb* die das Seelenleben bewegenden „Kräfte" sieht.

Im psychodynamischen Paradigma hingegen ist menschliches Erleben und Verhalten seiner Natur und inneren Logik nach in einer Bewegung begriffen, welche die an sich unvermeidbaren Widersprüche der Erfahrung dialektisch aufhebt und so in steter schöpferischer Entwicklung bleibt. Dies entspricht dem „salutogenen" Kern des psychodynamischen Paradigmas. Ein pathologischer Zustand entsteht, wenn die produktive, in sich widersprüchliche „Einheit im Gegensatz" zerreißt und an ihre Stelle eine gespaltene Struktur oder „aufgespaltene Polarität" tritt. Die aufgespaltenen und gegeneinander isolierten Pole haben mit ihrer „selbstwidersprechenden Einheit" zugleich ihre Regulation verloren, gehen ins Extrem und führen als „oszillierendes Muster" ein Eigenleben, worin das eine unvermittelt in das andere Extreme umschlagen kann. Das sog. „Switching" bei dissoziativen oder bei Borderline-Persönlichkeitsstörungen, der abrupte Wechsel persönlichkeitstypischer Erlebniszustände, ist ein klinisches Beispiel für das „Oszillieren" gegenseitig isolierter psychischer Gegensatzpaare.

Als Unterscheidungsmerkmal von Tiefenpsychologie und Psychoanalyse gegenüber anderen psychologischen Ansätzen wird häufig „der Konflikt" und ein Verständnis von seelischen Phänomenen und Entwicklungen aus Konflikten angegeben. Konflikttheorien und -konzepte aber gibt es in anderen Schulen auch. Ein Appetenz-Aversions-Konflikt zum Beispiel oder Appetenz-Appetenz-Konflikte werden in Lerntheorie und Verhaltenstherapie seit langem berücksichtigt. Es handelt sich demnach um ein besonderes Konfliktverständnis, das sich mit dem psychodynamischen Paradigma verbindet, ein Verständnis nämlich, worin der Konflikt nicht nur negativ, als *Problem* gesehen wird, sondern als konstitutiv für menschliche Lebendigkeit und Entwicklung. Dieses positive Verständnis des Konflikts entspricht dem positiven Verständnis des *Widerspruchs* im dialektischen Denken. Entwicklungspsychologische Themen und Konflikte nach Erikson (1968, dt. 1976), wie Urvertrauen gegenüber Urmißtrauen, Autonomie gegen Scham und Zweifel, Initiative gegen Schuldgefühl usf. stellen solche untereinander verbundenen Gegensatzpaare dar. Ihre Vermittlung und sukzessive „Aufhebung" entspricht dem salutogenen Kern menschlicher Entwicklung. Mißlingt sie, so verkehrt sich ihre polare Einheit in einen aufgespaltenen Gegensatz, der sich in Verbindung mit der Extremisierung beider Pole nach einem Entweder-Oder-Muster darstellt: *Entweder* vollkommenes Vertrauen *oder* totales Mißtrauen. Die psychodynamische Therapie besteht nun darin, die Negation oder Spaltung des Gegensatzes ihrerseits zu negieren, in der therapeutischen Haltung eines *Weder* (totales Vertrauen) – *Noch* (vollkommenes Mißtrauen), mit anderen Worten: in der therapeutischen „Abstinenz". Für die Planung psychodynamischer Therapien ist dieser wichtige Schritt in KÖDOPS-Format 15 zur Ermittlung der produktiven therapeutischen Haltung operationalisiert (Fischer, 2005, zur Software-Version von KÖDOPS s. www.koedops.de).

Die psychodynamische Therapie läßt den Konflikt oder aufgespaltenen Widerspruch sich entfalten, um zunächst in der Gegenübertragung beide Pole bestimmt zu negieren und darin zum therapeutischen Arbeitsbündnis zurückzukehren. Diese „produktive therapeutische Haltung" regt die Patientin zu einer eigenen konstruktiven Lösung an. Primäres Ziel der Interventionen aber ist die „Dekonstruktion" der falschen Synthesis nach dem Prinzip einer „negativen Dialektik" (Adorno, 1973). Hierin unterscheiden sich das psychodynamische Paradigma und die Psycho-*Analyse* von einer Psycho-*Synthese*, die sich an der Sequenz von These, Antithese und Synthese ausrichtet. Auf dieser „positiven Dialektik" beruht die „Dialektisch-Behaviorale" Therapie nach Linehan (1996). Die Therapie ist hier auf Synthese ausgerichtet und trainiert „synthetisches Denken", um Spaltungstendenzen und das „Schwarz-Weiß-Denken" der Borderline-Pesönlichkeitsstörung zu überwinden. Dagegen beschränkt sich die Therapeutin im psychodynamischen Paradigma in ihren Interventionen auf die „Dekonstruktion" (im Sinne des „Dialektischen Veränderungsmodells", Fischer, 1996) der „aufgespaltenen Polaritäten", ihrer „falschen Synthese", verhält sich in ihrer Haltung des „*Weder-Noch"* abstinent und überläßt es der Patientin, den Konflikt dialektisch aufzuheben. Auch wenn beide Paradigmen dialektisch aufgefaßt werden, bleibt die Unterscheidung zum verhaltenstheoretischen Paradigma erhalten.

Das *psychodynamisch-dialektische* Verständnis von Seelenleben und menschlicher Entwicklung kann als der wesentliche „gemeinsame Nenner" der tiefenpsychologischen Schulen bezeichnet werden. Konflikthafte Gegensätze, Paradoxien und Widersprüche werden als Bestandteil des menschlichen Lebens betrachtet. Sie sind von sich aus weder pathologisch nach „pathogen". Ihre dialektische Aufhebung und Fortentwicklung gehört zum menschlichen Leben. Erst wenn diese natürliche Dialektik qua „Selbstheilungskraft" des Menschen durchbrochen wird, durch schwere Traumatisierung z.b., tritt ein pathologischer Zustand ein, der von den aufgespaltenen und gegeneinander isolierten Polaritäten beherrscht wird. Diese „Pathodynamik" kann grundsätzlich nach Modellen der physiko-chemischen Ebene abgebildet werden: nach dem Kräfteparallelogramm der physikalischen Bewegungslehre, nach thermodynamischen, kybernetischen, synergistischen Modellen oder nach Regeln der Entropie. Näher an der „Sache selbst" allerdings sind pathophysio-logische Modelle z.B. der Neurobiologie, die es gestatten, unterbrochene neurophysiologische Regelkreise zur Pathodynamik der psychischen Ebene in Beziehung zu setzen.

Die psychodynamische *Therapie* zielt darauf ab, freie Beweglichkeit, Entwicklungsmöglichkeiten und „Selbst-Regulation" wiederherzustellen und den Rückwurf auf das pathophysiologische Regulationsprinzip aufzuheben. In diesem therapeutischen Ansatz ist das psychodynamische Paradigma keineswegs „defizitorientiert" (s.u.), wie bisweilen unterstellt wird. Sein Anknüpfungspunkt ist die Entwicklungsdialektik als die natürliche Selbstheilungstendenz unserer Patientinnen und Patienten.

„Wir möchten die Lehre vom Unbewußten auf ihren Entdecker anwenden, sagen: Freuds bewußte Intention war gewiß am ideal naturwissenschaftlich-mathematischer Exaktheit orientiert, seine unbewußte folgte jedoch dem Zug des dialektischen Denkens." Diese Erkenntnis von Walter Schraml aus dem Jahre 1963, Hochschullehrer für Klinische Psychologie an der Universität Freiburg und Psychoanalytiker, ist heute so aktuell wie damals. Wir haben inzwischen gelernt, das Verhältnis von Natur- und Geisteswissenschaften in der Psychologie neu zu justieren. Der Fortschritt der naturwissenschaftlichen, z.b. neurobiologischen Forschung, der in der Psychotraumatologie besonders deutlich ist (Fischer & Riedesser, 2003; Bering, 2005), ermöglicht uns heute, die Funktionen unseres Geistes und unserer Seele in der Arbeitsweise unseres Gehirn wieder zu erkennen, was bei einem primitiveren Forschungsstand der Neurowissenschaft noch nicht möglich war. Der reduktionistische Materialismus führte vielmehr zwischen Neurologie und Psychologie einen „Kurz-Schluß" herbei, indem er psychische Störungen hypothetisch auf ein seiner Neurologie nach noch unbekanntes „Nervenleiden", eine „Neurose", zurückführte. Je weiter wir wissenschaftlich in die Arbeitsweise unseres Gehirns und Körpers vordringen, desto eindrucksvoller finden wir seine genuin psychologischen Funktionen auf der neuronalen Ebene wieder (vgl. etwa Solms, Turnbull, 2002, dt. 2004). Geht man davon aus, daß die menschliche Natur „an sich", ihrer Möglichkeit nach, schon Seele oder Geist, und die Seele die für sich, d.h. selbstreflexiv und ihrer selbst bewußt gewordene menschliche Natur ist, so erscheint die Übereinstimmung zwischen einem genuin psychologischen Ansatz und fortgeschrittenen neurowissenschaftlichen Erkenntnissen plausibel. Mit dem Fortschritt von Gehirnforschung und Biochemie erfahren die differenziertesten Konzepte der menschlichen Psyche und „psychologischen Logik" ihre Bestätigung. Psychodynamik wird zur Biopsychodynamik und bezieht die intrasomatische Teilstrecke menschlichen Handelns mit ein (vgl. Mosetter, Mosetter, 2005; Schäfer et al., 2005).

Phänomenologie, Hermeneutik, Dialektik

Dies sind die wichtigsten „geisteswissenschaftlichen" Methoden, von denen auch die modernen und postmodernen Verzweigungen, wie etwa Strukturalismus, Dekonstruktivismus usw. abgeleitet sind. Freud war mit diesen Methoden im Kern durchaus vertraut, insbesondere mit den Anfängen des phänomenologischen Denkens und Verstehens. Über vier Semester verfolgte er die Vorlesungen des Wiener Philosophen und Psychologen Franz Brentano, Lehrer und unmittelbarer Vorläufer von Edmund Husserl, dem Begründer der phänomenologischen

Philosophie und Psychologie. Mit dem technischen Ratschlag, stets von der seelischen Oberfläche auszugehen und nicht von der „Tiefe" des Unbewußten, bildet das phänomenologische Element in Freuds Theorie und Praxislehre die Anfangs- und Endstufe der psychoanalytischen Erkenntnis. Dieses Prinzip richtet sich gegen die Illusion eines unmittelbaren Zugangs zu „dynamisch unbewußten" Phänomenen, die sich zu den Kunstsprachen mancher der gegenwärtigen tiefenpsychologischen und psychoanalytischen Schulrichtungen, wie etwa bei Bion (zur Erkenntniskritik vgl. Darmstädter, 2001) verselbständigt hat. Das hermeneutische Element der Psychoanalyse wurde wiederholt herausgearbeitet, insbesondere durch Paul Ricoeur, dem wir die Unterscheidung zwischen einer „dogmatischen" und einer undogmatisch, offenen Hermeneutik verdanken (1977). Die dogmatische Hermeneutik ist näher eine Exegese unterstellter Gesetze und metaphysischer Annahmen über *das* Funktionieren *der* Psyche, die den lebendigen Kontakt zur Phänomenologie der Praxis verliert.

Phänomenologie und Hermeneutik stehen in einem Gegensatz zueinander wie Erscheinung und Wesen und lassen sich erst von der dialektischen Erkenntnisstufe aus als eine in sich gedoppelte Einheit fassen. Anders als in den strukturalistischen und linguistischen Varianten der Psychoanalyse, wie etwa bei Jacques Lacan, bildet die Erkenntnistriade von Phänomenologie, Hermeneutik und Dialektik den Kern psychodynamischer und -analytischer Methodik. Diese Methode kann deswegen als „autonom" bezeichnet werden (vgl. Bubner, 1974; Fischer, 1996, 2005b), weil sie ihre Erkenntnis von innen heraus, aus den immanenten Widersprüchen der psychischen Bewegung gewinnt. Das psychodynamische Verständnis seelischer Wirklichkeit ist auf der Ebene von Phänomenologie und Hermeneutik jeweils vorausgesetzt, wird aber erst in der Dialektik therapeutischer Veränderung, also auf der dialektischen Ebene erreicht. Einsicht und Veränderung fallen in diesem Paradigma zusammen, allerdings nur dann, wenn der Kreis von Phänomenologie, Hermeneutik und Dialektik geschlossen ist. Das kann mit folgenden Überlegungen noch näher verdeutlicht werden.

Phänomenologie und Hermeneutik implizieren einander und gehen in ihrem Beitrag zur psychotherapeutischen Erkenntnis notwendig auseinander hervor. Die klinische Phänomenologie zeigt das „positiv Gegebene", nicht in der Form positivistischer Seinsbestimmungen, sondern bereits in jener reflektierten Form, wie dessen Welt und Selbst dem Subjekt „erscheint" oder ihm als „Phänomen" gegeben ist (von altgr. phainomenon = das Erscheinende). Eine psychotherapeutische Deutung als „hermeneutische Operation" überschreitet diese reine Immanenz des Bewußtseins, indem sie auf dynamische Phänomene, auf Gegensätze und Widersprüche aufmerksam macht, die als solche dem Bewußtsein entgehen, soweit sie isoliert gegeneinander gehalten werden und insofern ein Eigenleben führen. Erst wenn der aufgespaltene Gegensatz als Widerspruch oder genauer

„Selbstwiderspruch" erfahrbar wird, tritt nach dem psychodynamischen Paradigma eine therapeutische Veränderung ein: als Übergang vom Sein zum Werden. Blieben die voraufgehenden Stufen von „Einsicht", jeweils auf der phänomenologischen und hermeneutischen Ebene, noch kontemplativ, so gerät in der dialektischen Erfahrung der aufgespaltene Gegensatz in Bewegung. „Dialektik der Veränderung" (Fischer, 1996) ist die Rückverwandlung von Statik in Dynamik. In dieser dialektischen Erfahrung, die mit dem Prozeß der therapeutischen Selbst-Veränderung zusammenfällt, ist die psychodynamische Therapie ihrer Form und ihrem Ziel nach begründet. Sie ist hier Grund und Ziel auch der phänomenologischen und hermeneutischen Erkenntnismethodik – im Unterschied zu Therapieformen, welche entweder die phänomenologische oder die hermeneutische Ebene zum Selbstzweck erheben und sie von der dialektischen Bewegung trennen. Wegen der engen, ja untrennbaren Verbindung von emotionaler Bewegung qua Psychodynamik und dialektischer Erfahrung als einsichtiger Veränderung sollte das psychodynamische Paradigma vollständiger auch als *psychodynamisch-dialektisch* bezeichnet werden.

Psychodynamik und Dialektik

Die Triade von Phänomenologie, Hermeneutik und Dialektik entspricht der von Erscheinung, Wesen und Begriff. Die begriffliche Fassung der Psychoanalyse hat Freud auf der Stufe der „Metapsychologie" in Angriff genommen, die allerdings in schwer durchschaubarer Weise mit naturwissenschaftlichen Metaphern und Spekulationen durchmischt ist. Dies wurde einerseits kritisiert und als Verbindung der Psychologie zur Biologie andererseits auch immer wieder zu rechtfertigen versucht. Am dynamischen Gesichtspunkt wurde diese Kontroverse historisch besonders oft abgehandelt. Für ein genuin psychologisches und philosophisches Verständnis des dynamischen Gesichtspunkts jedoch spricht der Umstand, daß dieser in einem Fundierungsverhältnis zu den anderen metapsychologischen Konzepten steht. Der Begriff des Unbewußten beispielsweise ist in der Psychoanalyse speziell der des dynamischen Unbewußten. Wegen des Unbewußten wurde die Psychoanalyse in ihren Anfängen und bisweilen auch noch heute heftig bekämpft, weil er als eine Degradierung von menschlichem Bewußtsein und Geist empfunden wurde. Heute wissen wir, daß über 90% der in einem umschriebenen Zeitabschnitt verarbeiteten Informationsmenge außerbewußt prozessiert wird (Bargh & Chartrand, 1999) – eine späte Bestätigung der Freudschen Entdeckung.

Dennoch ist „außerbewußte Informationsverarbeitung" mit dem dynamisch Unbewußten nicht deckungsgleich. Erstere umfaßt jenen Teil aktuell verarbeiteter Information, die das Bewußtsein aktiv von sich ausschließt oder als ihm zugehörig negiert. Während außerbewußte Informationsverarbeitung und Bewußtsein bzw. das Vorbewußte in der Sprache der Metapsychologie zwei unterschiedliche Funktionen ausüben, die bei psychischen Akten, wie Wahrnehmung, Erinnerung oder Denken funktionell zusammenwirken, bilden bewußte und unbewußte Informationsverarbeitung bei dynamisch unbewußten Phänomenen eine dialektische Einheit, die sich in ständiger innerer Bewegung befindet, als Bewegung etwa von Negation (Unbewußtwerden) und Negation dieser Negation (Bewußtwerden). Der produktive dialektische Prozeß von Unbewußt- und Bewußt-*Werden* entspricht dem *salutogenetischen* Moment im psychodynamischen Paradigma. Der *pathogenetische* Prozeß hingegen verläuft im Rückwurf vom (Bewußt-)*Werden* auf das *Sein*, ein Dasein, einen Zustand der Unbewußtheit. So entstehen Strukturen, die als „unbewußt" im pathodynamischen Sinne zu bezeichnen sind. Sie können mit dem üblicherweise verwendeten Konzept eines „unbewußten Konfliktes" nicht zutreffend erfaßt werden. Der Umgang mit und die Auflösung von Konflikten ist im psychodynamischen Paradigma das *salutogenetische* Moment. Man könnte von einem „aufgespaltenen Konflikt" sprechen, von einem Konflikt, der als Konflikt nicht mehr zugänglich ist, obgleich der Gegensatz oder die aufgespaltene Polarität „an sich" fortbesteht. Hier nimmt der Begriff eine weitere Bedeutung an, die über das traditionelle Konzept der Verdrängung und die Wunsch-/Abwehr-Dynamik hinausreicht. Es ergibt sich eine Erweiterung der Abwehrtheorie um das Konzept der *Dissoziation*. Kontrollmechanismen vom Typus Dissoziation führen zu einer Aufspaltung der Persönlichkeit in „horizontale" Segmente, während Verdrängung einer „vertikale" Spaltung entspricht. Die negative, ausgrenzende Tätigkeit des Ich wird bei der „horizontalen Spaltung" gegen sich selbst gekehrt. Freud hat das Konzept einer „Spaltung des Ich im Abwehrvorgang" eingeführt. Dies trifft für die Verdrängung zu. Das Ich spaltet sich in eine verdrängende und eine verdrängte Tendenz. In diesem Widerspruch steht das Ich auf beiden Seiten. Das „dynamisch Unbewußte" ist sein „unbewußtes Wissen": ein Wissen, von dem es weiß (um verdrängen zu können), aber nicht wissen will, daß es davon weiß. In der Dissoziation jedoch dissoziiert das Ich in sich selbst. Es spaltet sich auf bzw. wird aufgespalten in unterschiedliche „Ich-Zustände" (Federn, 1952, dt. 1978). Diese Variante von Pathodynamik ist, wie wir heute wissen, eine typische Folgeerscheinung insbesondere von schwerer und schwerster Traumatisierung. Um zu verstehen, was das Ich spaltet, sind Erklärungen angebracht, wie sie in Neuropsychologie und -biologie des Traumas inzwischen entwickelt wurden. An diesem Punkt geht die Psychodynamik in Biopsychodynamik über. Ist damit nicht doch das Ende der Psychologie erreicht? Bestätigt nicht dieser Übergang die Fundierung der Psychologie durch Neurobiologie? Erweist sich nicht hier die Pathophysiologie als die Wahrheit jeder psychologischen Pathodynamik oder von „Psychodynamik" überhaupt?

Im Gegenteil kommt alles darauf an, gerade in diesem Extrempunkt am psychodynamischen Paradigma festzuhalten. Gleichzeitig aber durchläuft das psychodynamische Paradigma eine entscheidende Transformation. Es ist nicht mehr identisch mit der neurotischen Trieb-/Abwehr-Dynamik und daher auch nicht mit dem Modell des „unbewußten Konflikts". Das Konzept einer „ich-strukturellen" Störung bzw. Störung der „Ich-Struktur" erfaßt Phänomene der Dissoziation nur negativ. Ob Dissoziation nun ein vom Ich verursachter oder aufgrund neuropsychologischer Prozesse passiv erlittener Vorgang ist, entscheidend für das Paradigma ist die Einsicht, das „das Ich" keine feste, in sich abgeschlossene Struktur, sondern eine Funktion ist. Es ist die dialektische Funktion als solche (vgl. Landis, 2002). Aus diesem Grund geht das Konzept einer Störung der Ich-„Struktur" am Wesen dissoziativer „Störungen" (als aktives und passives Phänomen) vorbei, ebenso am Phänomen der Psychose. Ein psychodynamisches Verständnis dieser Phänomene ist identisch mit dem Versuch zu verstehen, was das Ich aus dem macht, woraus es gemacht ist bzw. worunter es zu leiden hatte. Im Bereich psychotraumatischer Störungen geht das Modell der Verdrängung in das der „Kompensation" über. Um die Traumadynamik zu erfassen, haben Fischer und Riedesser (2003) die Konzepte von Traumaschema (TS) und Traumakompensatorischem Schema (TKS) vorgeschlagen. Wie Alfred Adler gezeigt hat, nimmt der Mensch defizitäre Zustände, seien sie nun sozialer, somatischer oder psychischer Natur, nicht passiv hin, sondern ist unter allen Umständen und mit allen verfügbaren Mitteln um deren „Kompensation", ihren Ausgleich bemüht. Im dynamischen Spannungsfeld von TS und TKS ist bei traumatisierten Patienten das psychodynamische Paradigma repräsentiert (vgl. KÖDOPS-Format 7, Fischer, 2000, 2005a). Das psychodynamische Paradigma hält an der Möglichkeit von psychologischem Verstehen und Erklären psychopathologischer Phänomene fest auch und gerade in Bereichen, die durch somatische Einflüsse verzerrt und überlagert sind. In dieser Programmatik sind Bedeutung und Zukunft des psychodynamischen Paradigmas in Klinischer Psychologie, Psychotherapie und Psychologischer Medizin begründet.

Kontrastierend kann erwähnt werden, daß alternative Modelle die Möglichkeit, Menschen durch (pathogene) Umwelteinflüsse zu steuern, zum Anlaß nahmen und nehmen, sich von der psychologischen Ebene als eigenständiger Sphäre überhaupt abzuwenden und die psychologische Wissenschaft auf pathologische Tiermodelle zu gründen. Dies ist etwa bei der Konditionierungstheorie der Fall, wofür der Pawlowsche Hund als Symbol steht. Inzwischen wurde das Konditionierungskonzept zum unhinterfragten Standard in Psychologie und Medizin. Dabei wird zweierlei übersehen. Pawlows Hund ist schon als „Tiermodell" ungeeignet. Er ist gefesselt und mit verschiedenen Messinstrumenten versehen, von seiner natürlichen Umgebung und Lebensbedingungen also in extremer Weise abgeschnitten. Einer zentralen Erkenntnisquelle, nämlich seiner Motorik beraubt, ist das Tier gezwungen, vital bedeutsame Änderungen seiner Umgebungsbedingungen wie die Fütterung passiv zu registrieren und hinzunehmen. Wäre der Hund frei, so würde er loslaufen und den „unkonditionierten Stimulus" vom „konditionierten" in kurzer Zeit unterscheiden. Die Geltung dieses „Lernmodells" beruht wesentlich auf den beschränken kognitiven Möglichkeiten eines gefesselten Tieres und eignet sich aus diesem Grunde als anthropologisches Modell des Stalinismus und anderer totalitärer Systeme. Mit seiner Reduktion auf denaturierte Verhaltensmöglichkeiten rückt Pawlows Tiermodell in die Nähe traumatischer Situationen (vgl. Fischer & Riedesser, 2003, 140 ff.). Von daher ist es einerseits geeignet, pathophysiologische Zusammenhänge aufzuzeigen, andererseits aber auch Verhaltenssteuerung in totalitären Systemen.

Psychodynamische Traumatherapie

Diese besteht in der Verbindung von Psychotraumatologie mit dem psychodynamischen Paradigma. Wir hatten gesehen, daß sich die Logik des psychodynamischen Paradigmas in einem dialektischen Verständnis rekonstruieren läßt. Dies ist in einem naturwissenschaftlichen Verständnis bisher nicht gelungen. Bestrebungen letzterer Art haben vielmehr zu einer beträchtlichen Verwirrung und Diskreditierung von psychodynamischem Denken geführt. Das psychodynamische Paradigma sollte daher auf einer rein psycho-„logischen" Ebene begründet und entfaltet werden. Dabei geht es allerdings über „Introspektion" und einen „intrapsychischen" Gesichtspunkt hinaus, der lange Zeit die Psychoanalyse beherrscht hat.

In verschiedenen Beiträgen wurde der Unterschied zwischen einer „formalistischen" gegenüber einer dialektischen Fassung der Psychoanalyse dargestellt (z.B. Fischer, 1998, Neuaufl. 2005b; Landis, 2001, 2002). In der formalistischen Fassung wird das Seelenleben „monadologisch", als in sich geschlossenes System behandelt, so auch das „System unbewußt". Die Untersuchungseinheit einer dialektischen Psychoanalyse hingegen bilden Verhältnisbestimmungen, wie „bewußt *und* unbewußt" oder „Innenwelt *und* Außenwelt" usf.. Es wird angenommen, daß Innenwelt oder Unbewußtes kein selbständiger Gegenstand sind, sondern sich als Moment der „konkreten Totalität" dieser Begriffe untersuchen lassen. Um den konstitutiven Umweltweltbezug des menschlichen Seelenlebens, der im psychodynamisch-dialektischen Verständnis schon angelegt ist, weiter deutlich zu machen, wurde der Begriff „dialektisch-ökologisch" eingeführt (Fischer & Riedesser, 2003; Hanna, 2003). Auf der Stufe des dialektisch-ökologischen Denkens wird das psychodynamische Paradigma zur Psychotraumatologie und bezieht dieses nosologische Modell in seine Konzeptbildung ebenso ein, wie in seine psychotherapeutische Praxis. So wird die traumatische Erfahrung als „ökologischer Kontext", und zwar als „determinativer Kontext" der Traumadynamik gefaßt. In den Konzepten einer „formalistischen Psychoanalyse" kann das psychotraumatologische Modell aus Gründen der Erkenntnislogik nur randständig bleiben. Erst mit dem Übergang zu ihrer explizit dialektischen Erkenntnisstufe wird Psychoanalyse zur Psychotraumatologie.

Der dialektisch-ökologische Ansatz in der Psychotraumatologie unterscheidet sich von einem kausal deterministischen, wie er in der Definition der sog. „posttraumatischen Belastungsstörung" (PTBS) in den gegenwärtigen diagnostischen Manualen zum Ausdruck kommt. Hier wird schon terminologisch das belastende Ereignis als „traumatisch" definiert. Ist es vorüber („post ... "), so ist auch die Störung eine „post"-traumatische. In behavioristischer Tradition wird das Ereignis mit dem Erlebnis verwechselt. Das Trauma als seelische Verletzung ist demgegenüber als das fortwirkende Element zu verstehen, worin die Störung besteht. Der behavioristische Kurzschluß zwischen Ereigniskategorie und „posttraumatischer Belastungsstörung" läßt unerklärlich erscheinen, daß nach mittelschweren bis schwer belastenden Ereignissen etwa 2/3 der betroffenen Personen keine Symptomatik im Sinne des PTBS entwickeln. Hier wird dann häufig differentiell psychologisch auf Schutzfaktoren oder „Ressourcen" zurückgegriffen, die der einen Person zur Verfügung stehen sollen, der anderen nicht. Noch häufiger aber auf „genetische Faktoren". Diese gehen mit einer spezifischen „Vulnerabilität" einher. Dieser „Faktor" soll dann erklären, weshalb die eine Person traumatisiert ist und die andere nicht. Auch ein Rückgriff auf mehr oder weniger hilfreiche „Faktoren" überdeckt leicht die dialektische Natur der traumatischen Erfahrung, die bei jeder betroffenen Person, nicht nur bei den durch „Ressourcen" begünstigten, zum Versuch führt, sie zu überschreiten oder zu „kompensieren" (negieren). Diese „traumakompensatorische" Tendenz ist wesentlich für das psychodynamische Verständnis von psychischer Traumatisierung. Konzepte dieser Art unterscheiden das psychodynamische Paradigma ebenso sehr von deterministischen Modellen wie von der intrapsychischen, monadischen Version von Psychodynamik. Mit der klassischen Theorie der Abwehrmechanismen als Versuch einer Selbststabilisierung des psychischen Systems läßt sich das Wesen der traumatischen Erfahrung ebenso wenig begreifen wie über einen deterministischen Ereignisbegriff, der zu „Verhaltensdefiziten" führen soll. Die *Beziehung* von Ereignis und Erlebnis als dialektischer Prozeß der Negation oder „Aufhebung" einer potentiell traumatischen Situation entscheidet über den Eintritt einer „seelischen Verletzung" und ihre „Verarbeitung" im weiteren Leben. Ist das „Trauma", diese Erschütterung des menschlichen Selbst- und Weltverständnisses, einmal eingetreten, so verwandeln sich die spontanen traumakompensatorischen Bestrebungen in den persönlichkeitstypischen Kontrollstil, worin sich Abwehr- und Copingmechanismen mit dissoziativen Schutzmechanismen aus der traumatischen Situation verbinden. Die *Psychodynamik* der traumatischen Erfahrung mit ihren spontanen „traumakompensatorischen" Bestrebungen verwandelt sich in die *Pathodynamik* des Traumas, mit Isolierung und Oszillieren der „aufgespaltenen Polarität" von überflutender Erinnerung versus Vermeidung. Können die „vier Psychologien" der Psychoanalyse zwar „Aspekte" zur Diagnose von Traumafolgestörungen beitragen, kommt es für die psychodynamische Traumatherapie entscheidend darauf an, die Pathodynamik des Traumas möglichst individuell und in den Worten und Bildern des Patienten selbst zu bestimmen, also zunächst auf der phänomenologischen Ebene. Führen die „vier Psychologien" oder auch die Konfliktbeschreibungen der „Operationalisierten Psychodynamischen Diagnostik", OPD (1996) leicht zu einem Negativkatalog (das Selbst ist erschüttert, das Ich ist in seinen Funktionen beeinträchtigt, die Nähe-Distanz-Regulation der Objektbeziehung ist gestört usf.), so schließt sich das phänomenologisch-dialektische Vorgehen an die subjektive Weltsicht der Betroffenen an: Wie hat es zur Katastrophe kommen können?; was kann eine vergleichbare Bedrohung in Zukunft verhindern?; wie kann das Trauma, die seelische Verletzung, überwunden werden? Auf diese Fragen einer „naivpsychologischen Traumatheorie" finden alle Betroffenen ihre höchst individuelle Antwort. Sie fällt mehr oder weniger „irrational" aus und ist mehr oder bewußt vs. unbewußt motiviert. Diese Konzepte stehen im Mittelpunkt der Traumadiagnostik nach dem *Kölner Dokumentationssystem für Psychotherapie und Traumabehandlung* (KÖDOPS, Fischer, 2000). Sie bilden, zusammen mit dem persönlichkeitstypischen Kontrollstil, das „traumakompensatorische Schema" (TKS) der betroffenen Persönlichkeit. An diese höchst individuellen Selbst-Schutztendenzen und -ziele in ihrer subjektiven Formulierung knüpft die dialektische Interventionslinie der psychodynamischen Traumatherapie an. Das traditionelle Therapieziel einer „Ichstärkung" wird im dialektisch-ökologischen Verständnis als Stärkung und Differenzierung des TKS verwirklicht.

Psychodynamik-Pathodynamik-dialektisch-ökologisches Denken

Wir haben in dieser Einführung ein Verständnis dessen erarbeitet, was nach unserem aktuellen wissenschaftlichen Kenntnisstand als „Psychodynamik" und entsprechend als „psychodynamische Traumatherapie" bezeichnet werden kann. Oft blieben diese Begriffe in der Vergangenheit unbestimmt, was zu einer beträchtlichen terminologischen Verwirrung führte und führt, die bisweilen höchst praktische Auswirkungen hat.

So wird in den Richtlinien zur psychotherapeutischen Behandlung der psychodynamische Aspekt als „unbewußter Konflikt" umschrieben, der durch die genetische und strukturelle Perspektive zu ergänzen sei. Dies stimmt im wesentlichen mit unseren Ausführungen überein. Und doch sind in der Terminologie und den Definitionen der „Richtlinien", besonders aber in der landläufigen Verwendung dieser Begriffe, Probleme enthalten, die von den bislang entwickelten Erkenntnissen her aufgezeigt werden können.

Zunächst wird der Begriff „psychodynamisch" sowohl als Oberbegriff für seelische Phänomene und Abläufe im allgemeinen als auch für Phänomene und Prozesse verwendet, die näher als „Pathodynamik" zu bezeichnen wären. In der klinischen Umgangssprache mag das hingehen. An die wissenschaftliche Begriffsbildung sind aber andere Forderungen zu stellen. Es führt zu komplizierten Mißverständnissen, wenn der Allgemeinbegriff einer Theorie zugleich die pathologischen Phänomene bezeichnet. Hier handelt es sich nicht um einen „dialektischen Widerspruch", sondern schlicht um einen Denkfehler, der allerdings eine unerfreuliche „Dialektik" nach sich zieht. Dies soll an der bisherigen Außendarstellung des psychodynamischen Paradigmas verdeutlicht werden.

Tiefenpsychologie und Psychoanalyse wird in letzter Zeit verstärkt eine einseitige „Defizitorientierung" und „Pathologisierung" von Patienten vorgehalten. Für manche Kritiker ist damit das psychodynamische Paradigma bereits in seinem Kern „erledigt", andere, zumeist selbst Therapeuten dieser Richtung, möchten diesen „Mangel" ausgleichen durch eine salutogenetische Orientierung, verstärkte Mobilisierung von Ressourcen, Ergänzung durch einen systemischen Ansatz, durch Psychosynthese, Esoterik, positives Denken usf.. Wie auch immer man diese Meinungen und Ansätze beurteilen mag, vom psychodynamischen Paradigma her gesehen, entspringen sie einer Einseitigkeit und Schwäche seiner bisherigen Begrifflichkeit. Wer nämlich den Allgemeinbegriff Psychodynamik nicht von den pathologischen Varianten unterscheidet, hat keine Konzepte für Gesundheit oder Gesundwerden. Eine „Korrektur" des Paradigmas muß dann durch Ergänzung von außen erfolgen. Darin ist das psychodynamische Denken aufgegeben und durch Eklektizismus ersetzt.

Gegen die Unterscheidung von Gesundheit und Krankheit im psychodynamischen Paradigma, aber auch in anderen Ansätzen, wird gerne eingewandt, daß zwischen beidem, wenn überhaupt, so allenfalls ein „fließender Übergang" bestehe und eine Abgrenzung im übrigen auf die Diskriminierung der Patienten hinauslaufe. So kann der Verzicht auf klare Begrifflichkeit als eine Form „liberaler Tugend" ausgegeben werden. Jetzt läßt sich den Kritikern entgegenhalten, das psychodynamische Paradigma *vermeide* jede Pathologisierung und verfahre demnach immer schon salutogenetisch, ressourcenorientiert usf.. Zwischen Kritik und Verteidigung besteht nunmehr eine Pattsituation, die ähnlich wie Kippbilder der Gestaltpsychologie, mal in dieser, mal in jener Lage zu sehen sind. Diese paradoxe Konstellation gibt Gelegenheit, sie von dem abzugrenzen, was zu recht als „dialektischer Widerspruch" bezeichnet wird. Kurz gesagt, kommen paradoxe Kommunikationssituationen durch logische Fehler zustande, ein dialektischer Widerspruch aber folgt ganz im Gegenteil aus der weiter geführten und „zu Ende gedachten" Logik unserer Begrifflichkeit. Dialektisches Denken trägt dazu bei, Paradoxien zu erkennen, ihren immanenten Widerspruch zu begreifen und ihn aufzulösen.

Die begriffliche Schwäche der „Gesundheits-/Krankheits-Paradoxie" besteht darin, daß ein Begriff mit seinem Oberbegriff gleichgesetzt oder die „spezifische Differenz" zwischen beiden ausgelöscht wird. Ist Psychodynamik der Allgemeinbegriff, so hat er seinen Gegensatz, sein Anderes, in einem Konzept von statischem Sein, das kein Werden, keine Entwicklung kennt. Wird Psychodynamik nun als Oberbegriff festgehalten, so steht dem eine Art „Psycho-Statik" gegenüber. Die Vermittlung zwischen beidem, die Negation dieser Negation, wäre ein Gebilde, das beide Aspekte vereinigt, also gleichsam „psychostatisch" funktioniert, jedoch die Psychodynamik zu seiner Grundlage hat. Dies nun entspricht dem sog. „Wiederholungszwang", der den Kern der Pathologie im psychodynamischen Paradigma ausmacht. Dieser ist mit dem Ausdruck „Pathodynamik" zutreffend bezeichnet.

Mit dem Zustand der Pathodynamik ist ein Krankheitsbild, eine „neue Unmittelbarkeit" gegeben, die ihrerseits schon ein Resultat ist: sie ist die Einheit von Dynamik und Statik unter dem Primat der Statik. Die Aufhebung des pathologischen Zustands erfolgt nun als vermittelte Rückkehr zur dynamischen Position. Dies erfordert den Schritt, die Statik selbst als Moment der Dynamik aufzugreifen, das Sein als Moment des Werdens. Dies ist deshalb möglich und naheliegend, weil „Psychodynamik" den negativen Teil im Gegensatzpaar der Ausgangslage bildet. Als Dynamik oder Werden *negiert* sie das statische Sein und nimmt *als Negativität* den Primat für jede Bestimmung und Entwicklung ein. Wird nun das *statische* Moment in der Dynamik betont, so wird es als solches negiert. Als Stärkung und Differenzierung des „Traumakompensatorischen Schemas" in der Traumatherapie, als Ich-Stärkung in der Therapie der Neurosen usf., leiten therapeutische Strategien, welche Stabilität und Statik betonen und fördern, letztlich vom Sein zum Werden zurück. Damit schließt sich ein spiralförmiger Kreislauf, dessen unterschiedliche Momente im einzelnen als *Dynamik I* vs. Statik, als Pathogenese und Pathodynamik, schließlich als Salutogenese und *Dynamik II* bezeichnet werden können. Dieser Kreis gibt die konkrete Totalität, den Begriff von Gesundheit und Krankheit im psychodynamischen Paradigma wieder. Als Verbindung und Übergehen der Gegensätze sind Gesundheit und Krankheit selbst als dynamische Begriffe, als Krank- und Gesund-*Werden* gefaßt.

Im Ergebnis bleibt festzuhalten, daß das psychodynamische Paradigma eigene, immanente Möglichkeiten der Theoriebildung und kreativen therapeutischen Konzeptentwicklung bereithält und sich das Einfügen äußerer Hilfsmittel insofern erübrigt. Immanentes, dialektisches Denken ist erforderlich, um die psychologische Kraft des psychodynamischen Paradigmas zu entfalten. Hierin besteht zugleich der Vorzug der Psychoanalyse, so weit sie ihren phänomenologischen Ausgangspunkt konsequent entwickelt. Durch seine innere Begrifflichkeit ist das Paradigma in Bewegung und kann sich in der „unendlichen Freiheit des Begriffs" (Hegel) den Herausforderungen der klinischen Praxis und gesellschaftlichen Entwicklung stellen.

Eine zweite Schwierigkeit, die der „Gesundheits-/Krankheits-Paradoxie" an Folgen nicht nachsteht, ergibt sich im psychodynamischen Paradigma durch Abstraktion vom Umweltbezug, wie sie für die formalistische Position von Psychoanalyse und Tiefenpsychologie kennzeichnend ist. Auch diese Kritik wurde in der Vergangenheit ähnlich behandelt wie die oben erwähnte Paradoxie. Statisch-orthodoxe Vertreter von Tiefenpsychologie und Psychoanalyse ignorieren die Kritik. Für die Kritiker wird sie teils zum Anlaß, das psychodynamische Paradigma überhaupt abzulehnen, für Kritiker aus den eigenen Reihen, es zu ergänzen. Das Resultat sind etwa *psychodynamisch-systemische* Ansätze in verschiedenen Spielarten. Die immanente Lösung schließt daran an, daß ein dialektisches Verständnis von Subjekt-Umwelt-Beziehung und Intersubjektivität zum Kernbestand von psychodynamisch-dialektischem Denken gehört. Der Umweltbezug kann weiter verdeutlicht werden durch die von Fischer und Riedesser (2003) für die Psychotraumatologie eingeführte Begriffsverbindung „dialektisch-ökologisch". Ökologisches Denken stellt insofern eine immanente, dialektische Erweiterung von Psychodynamik und Dialektik dar, als der Situations- oder Umweltbezug schon auf der phänomenologischen Ebene die Voraussetzung dafür ist, die Erfahrung und den traumatischen Prozeß eines Individuums zu verstehen. Im Unterschied zum systemischen Denken, wird im dialektisch-ökologischen Ansatz das Individuum als Bezugspunkt und Zentrum seiner Erfahrungswelt festgehalten. Das Individuum wird als Schnittpunkt seiner Verbindungen zur Um- und Mitwelt erfaßt. Insofern kann dialektisch-ökologisches Denken als „subjektive Systemtheorie" bezeichnet werden.

Über seine Spezifizierung als *Pathodynamik* leistet das psychodynamische Paradigma seinen eigenständigen Beitrag zur Krankheitslehre. Auf der Stufe des dialektisch-*ökologischen* Denkens wird es zur Psychotraumatologie. Als dialektisches Begreifen von Störungsbildern reicht es über das Klassifizieren von Symptomen wesentlich hinaus. Eine Kritik der klassifikatorischen Diagnostiksysteme von ICD und DSM, aber auch der OPD (1996) hat Elisabeth Landis (2001) vorgelegt. Die Autorin führt alternative, kreative Ordnungsgesichtspunkte ein, unter denen sich das Klassifizieren entlang von äußeren Merkmalen in psychodynamisches Verstehen und immanent-dialektisches Begreifen der Phänomene überführen läßt. Kritisch wird auch der multiaxiale Ansatz nach der OPD betrachtet, der die innere Logik und Beziehung von Genese und Dynamik zerreist. Unter dem genetischen Aspekt stellt die Sequenz von Symptomatologie, Pathogenese (Pathodynamik) und Ätiologie eine dialektische Triade dar, die „rückwärts" und „vorwärts" gelesen werden kann: Um die Symptomatik zu verstehen, müssen wir die Pathodynamik kennen, und in dieser wiederum ist der ätiologische, der determinative Kontext des Störungsbildes „aufgehoben". Dies ist die rückwärtige, begründende Lesart. Die „Realgenese" des Störungsbildes vollzieht sich in umgekehrter, progressiver Richtung, wobei Ursache und Wirkung auf jeder der drei Ebenen durch die Verwandlung von Dynamik in Statik, von Negation in Entzweiung, von Dialektik in Dualismus vermittelt sind.

Löst man die „Pathodynamik" aus ihrem begrifflichen Kontext, so kann im Sinne schlechter Abstraktheit von *der* Psychodynamik einer Persönlichkeit gesprochen werden. Gegen unterschiedliche ätiopathogenetische Kontexte bleibt diese Abstraktion gleichgültig. Begrifflich abgetrennt von der Genese, von Ätiologie und Entstehungsgeschichte (Pathogenese), führt „Pathodynamik" allenfalls noch das Eigenleben eines dysregulierten „kybernetischen Systems". Nimmt man die relative Beliebigkeit der „vier psychoanalytischen Psychologien" hinzu, so gerät Psychodynamik vollends zu einer Wortmarke und ist aller Besonderheiten und Konturen beraubt. Warum sollte man nicht die „Psychodynamik" einer vergewaltigten Frau nach der klassischen Trieb-Wunsch-/Abwehr-Dynamik deuten? Schließlich entspricht diese „Interpretation" ohnehin den traditionellen „Herrenwitzen" und der Einstellung breiter Kreise der Bevölkerung zu einem solchen Vorfall. Hier soll nicht weiter ins Detail gegangen werden. Vielleicht wird aber deutlich, daß „Psychodynamik", wie der Ausdruck landläufig und leider auch in den Psychotherapierichtlinien verwendet wird, nicht immer den Kriterien des „psychodynamischen Paradigmas" entspricht und damit nicht immer Kriterien eines wissenschaftlichen Sprachgebrauches. An entscheidenden Bruchstellen wird das Paradigma vom „Schulenprinzip" besiegt. Zwischen dogmatischer Enge und postmoderner Beliebigkeit liegt der Weg wissenschaftlicher Begriffsbildung. Hier kann das nosologische Modell Psychotraumatologie wegweisend für das psychodynamische Paradigma werden. In der Traumaforschung ist es gelungen, Ätiopathogenese und „Pathodynamik der traumatischen Erfahrung" miteinander zu verknüpfen. Zur Biopsychodynamik der traumatischen Erfahrung liegen wichtige Erkenntnisse vor. Theorie und Forschung im psychodynamischen Paradigma auf seiner „dialektisch-ökologischen" Erkenntnisstufe sind für andere Ätiologien ebenso zu wünschen.

Literatur

Adorno, Th. W. (1973): Negative Dialektik. In: Ges Schriften Bd. 6. Frankfurt/M.: Suhrkamp.
Arbeitskreis OPD (1996): Operationalisierte Psychodynamische Diagnostik. Bern: Huber.
Bargh, J. A. & Chartrand, T.L. (1999): The unbearable automaticity of being. American Psychologist, 54, 462-479.
Bering, R. (2005): Verlauf der Posttraumatischen Belastungsstörung. Grundlagenforschung, Prävention, Behandlung. Habilitationsschrift, Philosophische Fakultät der Universität zu Köln.
Schäfer, A., Schönebeck, B., Kamp, M. & Bering, R. (2005): Psycho-physiologische Regulation des Herz-Kreislaufsystems bei der posttraumatischen Belastungsstörung. Zeitschrift für Psychotraumatologie und Psychologische Medizin, 2, 19-30.
Bubner, R. (1974): Dialektik und Wissenschaft. Frankfurt/M.: Suhrkamp.
Darmstädter, T. (2001): Ursprünge des Psychischen. Wilfred R. Bions Formulierungen einer psychoanalytischen Erkenntnistheorie. Tübingen: Edition diskord.
Erikson, E.H. (1968, dt. 1976): Identität und Lebenszyklus. Frankfurt/M.: Suhrkamp.
Federn, P. (1952, dt. 1978). Ichpsychologie und die Psychosen. Frankfurt/M.: Suhrkamp.
Filetti, V.J. (2002): Belastungen in der Kindheit und Gesundheit im Erwachsenenalter: die Verwandlung von Gold in Blei. Zeitschrift für psychosomatische Medizin und Psychotherapie, 48, 359-369.
Fischer, G. (2005a): Kausale Psychotherapie. Ätiologieorientierte Behandlung psychotraumatischer und neurotischer Störungen. Heidelberg: Asanger.
Fischer, G. (2005b): Konflikt, Paradox und Widerspruch. Ausstieg aus dem Labyrinth – für eine dialektische Psychoanalyse. Heidelberg: Asanger.
Fischer G. (2000): Kölner Dokumentations- und Planungssystem für Psychotherapie Traumabehandlung KÖDOPS. Köln: Deutsches Institut für Psychotraumatologie.
Fischer, G. (1996): Dialektik der Veränderung in Psychoanalyse und Psychotherapie. Modell, Theorie und systematische Fallstudie. Heidelberg: Asanger.
Fischer, G. (1981): Wechselseitigkeit. Interpersonelle und gegenständliche Orientierung in der sozialen Interaktion. Bern: Huber.
Fischer, G., Riedesser, P. (2003): Lehrbuch der Psychotraumatologie (3., aktual. u. erw. Aufl.). München: UTB Ernst Reinhardt.
Fischer, G., Scharrelmann, D. (2005): Von dr Logik des Misslingens zur Logik des Erfolgs in der Psychotherapie – Lernen aus Forschungsergebnissen und klinischer Forschung. In: G. Fischer, Konflikt, Paradox und Widerspruch Ausstieg aus dem Labyrinth – für eine dialektische Psychoanalyse (S. 133-154). Heidelberg: Asanger.
Hanna, M. (2003): Misconceptualisations of Trauma or Reification in the Psychotraumatology Research an Survivors of Violence. Berlin: Logos.
Kiesler, D.J. (1966): Some myths of psychotherapy research and the search for a paradigm. Psychological Bulletin, 65, 110-136.
Kiesler, D.J. (1995): Resarch Classic: „Some myths of psychotherapy research and the search for a paradigm" revisited. Psychotherapy Research, 5, 91-101.

Kuhn, T. (1962, dt. 1973): Die Struktur wissenschaftlicher Revolutionen. Frankfurt/M.: Suhrkamp.

Landis, E.A. (2001): Logik der Krankheitsbilder. Gießen: Psychosozial-Verlag.

Landis, E. (2002): Die ICD-10 und die Frage nach den natürlichen Krankheitseinheiten bei psychischen Erkrankungen. Psyche, 7, 630-656.

Linehan, M.M. (1996): Dialektisch-Behaviorale Therapie der Borderline-Persönlichkeitsstörung. München: CIP-Medizin.

Mosetter, K., Mosetter, R. (2005): Dialektische Neuromuskuläre Traumatherapie. Zeitschrift für Psychotraumatologie und Psychologische Medizin, 2, 31-45.

Pine, F. (1990): Die vier Psychologien der Psychoanalyse und ihre Bedeutung für die Praxis. Forum der Psychoanalyse, 6, 232-249.

Ricoeur, P. (1977): The question of proof in Freud's psychoanalytic writings: Journal of the American Psychoanalytic Association, 25, 835-871.

Schraml, W.J. (1963): Das dialektische Denken in der Psychoanalyse. In H. Hiltmann & F. Vonessen, Dialektik und Dynamik der Person (S. 121-132). Köln: Kiepenheuer und Witsch.

Solms, M.. Turnbull, O. (2004): Das Gehirn und die innere Welt. Neurowissenschaft und Psychoanalyse. Düsseldorf: Walter.

Toulmin, S. (1961, dt. 1968): Voraussicht und Verstehen. Ein Versuch über die Ziele der Wissenschaft. Frankfurt/M.: Suhrkamp.

Integrative psychotherapeutische Diagnostik bei Traumatisierungen und PTBS

Peter Osten[1]

Die dargestellten Inhalte dieses Beitrags beschränken sich auf zentrale Aspekte des Themas „Diagnostik" – im Sinne von „genau erkennen" und „unterscheiden" – und lassen (unter Umständen wichtige) Randthemen bzw. kritische Diskussionen im Rahmen der Traumatherapie aus. Es werden das Verständnis von Trauma und traumatischer Reaktionen vor dem Hintergrund der Integrativen Therapie (Petzold 2003a) und ihrer Diagnostik (Osten 2000) als dispositionell verankerte „emergency reactions" dargestellt, was zur Darstellung eines synergetischen Modells der klinischen PTBS-Symptomatik führt. Anschließend werden aktuelle Daten zur Lebenszeitprävalenz der Traumaexposition im Allgemeinen eingebracht und im Hinblick auf die Risiken, nach einer Traumatisierung eine PTBS zu entwickeln, spezifiziert. Dabei wird auch auf die gendertypische Risikoverteilung und auf konditionale Risiken eingegangen. Auf der Ebene der querschnittlichen Diagnostik werde ich Ursachen, Modi und Typen von Traumatisierungen definieren. Ein Einblick in die Neurobiopsychologie der traumatischen Erfahrung und Verarbeitung zeigt die Charakteristika der mnestischen Verarbeitung bei Traumatisierungen auf, erhellt das Verständnis der traumatischen Reaktion sowie einiger Bestandteile der klinischen PTBS-Symptomatik. Danach werde ich in die PTBS-Diagnosegruppen von ICD und DSM einführen und die Bedeutung der Komorbidität bei PTBS aufzeigen. Dies führt zum Thema der längsschnittlichen Diagnostik, die für die prozessuale (lebensbiographische) Erfassung von primären und sekundären Ätiologiefaktoren bei PTBS unerläßlich ist.

---

1 Aus dem Fritz-Perls-Institut für Integrative Therapie, Europäische Akademie für psychosoziale Gesundheit, Düsseldorf (D) und der Donau Universität Krems (A), Departement für Psychosoziale Medizin und Psychotherapie.

Verständnis von Traumatisierung und PTBS in der Integrativen Therapie

Nach den letzten, breit angelegten Untersuchungen aus dem Forschungskreis um das DSM herum (Norris 1992; Resnik et al. 1993; Breslau 1998) sind Männer wie Frauen im Durchschnitt zu etwa 86% *mindestens ein Mal im Leben* einem traumatischen Ereignis ausgesetzt; Studien mit etwas detaillierterer Definition der traumatischen Erfahrung erreichen immerhin auch noch einen Prävalenzwert von 60% in der Allgemeinbevölkerung (Breslau 1991). Wenn man diese Sachlage aus einer evolutionär-psychologischen Sicht betrachtet, kann man sie so deuten, daß traumatische Erfahrungen einen signifikanten Normalfall des Lebens darstellen (Buss 2004), und daß wir folglich für die Erfahrung und Verarbeitung von extremen Belastungen wahrscheinlich sowohl biologisch und psychisch als auch von unserer Sozialkompetenz her bestens ausgestattet sind. Insofern gehen wir in der Integrativen Therapie, was das grundlegende Verständnis von Traumatisierungen und deren Verarbeitung betrifft, von „emergency reactions" aus, die auf zwei ineinander verschränkten Ebenen, einerseits auf der Basis dispositionell angelegter biopsychosozialer Strukturen, andererseits auf dem Boden erworbener Verarbeitungs- und Kompensationsmechanismen, ablaufen (Petzold et al. 2000; van der Kolk et al. 2000). Damit kommen im Erleben und in der Verarbeitung traumatischer Erfahrungen sowohl universelle als auch individuelle Mechanismen als „Verarbeitungssynergeme" zum Tragen, und jede dieser beiden Ebenen verdient eine eigene diagnostische Einschätzung und Betrachtung.

Die Verarbeitungsprozesse einer Extrembelastung werden von daher zunächst als Überleben sichernde Reaktionen verstanden, die – durch reduzierte Kontextwahrnehmungen – möglichst fokussierte Gefahreneinschätzungen mit entsprechenden Handlungs-Reaktionen ermöglichen. Im weiteren Verlauf der Verarbeitung – dem „Traumaprozesses" (Fischer/Riedesser 1998) – spielen Faktoren der mnestischen Enkodierung, Abspeicherung und des Wiederabrufs von Traumaerinnerungen eine zentrale Rolle, die, wie wir sehen werden, einerseits eine weitere wichtige Schutzfunktion im Sinne eines „normalen Lebensvollzugs" des traumatisierten Menschen darstellen, andererseits jedoch genau das „Problem" – die klinische Symptomatik der PTBS – darstellen können. Im weiteren – weicheren, nicht mehr allein durch biologische Faktoren bestimmten – Verarbeitungsprozeß der Traumatisierungen kommen dann sowohl erworbene Kompensationsmechanismen als auch interaktive Prozesse mit dem sozialen Umfeld der traumatisierten Person zunehmend zum Tragen. Ob, wann und warum aus einer traumatischen Erfahrung eine posttraumatische Störung i.e.S. entsteht, hängt daher vom Zusammenspiel vieler vernetzter Faktoren ab, die im Verständnis der Integrativen Therapie zu einem „synergetischen Ätiologie-Verständnis" der

PTBS führen (Petzold et al. 2000; Yehuda/McFarelane 1997; van der Kolk et al. 2000; Schiepek 2004; de Girolamo 1993). An erster Stelle stehen hierbei die *Art*, die *Dauer*, die *Häufigkeit* und *Intensität* des Traumas. Zwar stehen diese Faktoren, wie wir sehen werden, nicht allein im Raume, aber auf den ersten Blick scheint es dennoch einleuchtend, daß, je massierter traumatische Erfahrungen auf das Individuum einwirken, desto größer das Risiko der Entwicklung einer klinisch relevanten PTBS ist. Des weiteren sind natürlich auch das *Alter* und jeweilige *Entwicklungsstand* bedeutsam, also die jeweils vorhandenen oder fehlenden Möglichkeiten der emotionalen *Einschätzung* (valuation), der kognitiven *Verarbeitung* (appraisal) und der *Bewertung* der traumatischen Erfahrung (attribution). Und damit ragen nicht nur persönliche sondern auch *gendertypische Verarbeitungsfolien* in den Raum der Verarbeitung mit hinein, denn Mädchen und Jungen, Männer und Frauen attribuieren traumatische Erfahrungen unter Umständen sehr unterschiedlich[2] (Bischof-Köhler 2004; Hagemann-White/Lenz 2002). Ganz generell spielen damit individuelle, eben auch gendertypische, aber auch *kontextuelle Faktoren*, also geographische, gesellschaftlich-ethnisch-kulturelle, schichtspezifische Attributionen der traumatischen Erfahrung eine kardinale Rolle bei der Frage, ob sich beim Individuum im Gefolge einer Traumatisierung eine klinische relevante Symptomatik entwickeln wird oder nicht (DeVitto/McArthur 1978; Försterling/Stiensmeier-Pelster 1994). Kontextuelle Bewertungen beeinflussen die Vorstellungen (Antizipationen) des Individuums, in wie weit es die traumatischen Erfahrungen auch als solche werten darf, um in der Balance zwischen Selbst- und Fremdbewertung noch ausgewogen bleiben zu können[3]. Darüber hinaus laufen über diese Einschätzungen auch Erwartungen von Trost und Schutz aus der Umgebung (Petzold et al. 2000; idem 2004c).

Damit wird ein weiterer wichtiger Prädiktor für das Entstehen einer PTBS nach Traumatisierungserfahrungen angeschnitten, die Frage nach dem Wechselspiel zwischen Vulnerabilität, Ressourcen und Resilienzen (Wilson/Raphael 1993). In der Integrativen Therapie unterscheiden wir zwischen (a) dispositionel-

---

2 Während ein Mann ein „blaues Auge" bei entsprechender motivationaler Sachlage einer körperlichen Auseinandersetzung unter Umständen als „Trophäe" oder wenigstens als „notwendiges Übel" attribuiert, würde eine Frau diese Gewalterfahrung wahrscheinlich ganz anders bewerten, vom Stereotyp her sich wahrscheinlich eher als „Opfer" sehen und die Dinge entsprechend auch weiter verarbeiten. Diese Einschätzung fußt natürlich nicht nur auf der genderspezifischen Ebene sondern auch auf der Ebene gesellschaftlich-kulturell-enthischer Werteschablonen (Bischof-Köhler 2004; Bourdieu 1993a).

3 Es ergibt sowohl von der internalen als auch von der externalen Attribution her ein völlig anderes Bild der Einschätzung und Bewertung, ob ein Individuum auf deutschen Straßen überfallen und ausgeraubt wird oder dasselbe in brasilianischen Favela passiert. Das dürfte über die kognitiv-emotionale Bewertung hinaus bis hinein in praktisch-juristische Einschätzungen reichen.

len, (b) biographischen (erworbenen) und (c) aktuellen Vulnerabilitäten und Ressourcen, wobei Vulnerabilitäten im Sinne der Ätiologie nur zum Tragen kommen, wenn aktuelle Ressourcenlagen überfordert werden und Ressourcen nur dann unterstützend zum Tragen kommen können, wenn sie im Individuum als „Coping-, Creating- und Performanzstile" (Petzold 1997p) repräsentiert sind und im Falle einer Akutbelastung – internal und external – auch aktiviert und abgerufen werden können. In diesem Zusammenhang kommen auch prä- und komorbide Störungen bei Traumatisierungen zum Tragen, die die persönliche Ressourcenlage und damit die Verarbeitungsmöglichkeiten erheblich einschränken können (Jerusalem 1990). In diesem Bild geht es also um ein in der Frage der Entstehung von posttraumatischen Störungen prädikatives *synergetisches Zusammenspiel* von Vulnerabilität und Resilienz. Verschiedene Forschungsgebiete – etwa die Longitudinalforschung (Rutter 1988; Kahn/Antonucci 1980; Werner 1985), die Salutogenese- und Resilienzforschung (Petzold et al. 1993; Welter-Enderlin/Hildenbrand 2006), die Gesundheitspsychologie (Renneberg/ Hammelstein 2004), die Critical-Life-Event-Forschung (Filipp 1990) sowie Teile der Entwicklungswissenschaften (Petermann et al. 2004) – haben diesbezüglich eine Fülle von Material und Definitionen von protektiven Faktoren[4] zusammengetragen, und konnten mit erdrückender Beweislage aufzeigen, *daß* und auch *auf welche Weise* gut bewältigte Extremerfahrungen genau nicht zu weiterer biologischer, psychischer und sozialer Pathologie führen, sondern sogar zur Bildung von Resilienz beitragen können. In dem Ausmaß, in dem positive Attributionen, kognitive und emotionale Einschätzungen sowie internale und externale protektive Faktoren zum Tragen kommen können, sollten für das Individuum kausale Bedeutungszusammenhänge erkennbar werden, prospektive Handlungsmöglichkeiten zur Verfügung stehen oder Sinnhaftigkeiten erarbeitet werden können. Auf diese Weise – mit gut funktionierenden Coping- und Creatingstilen und -performanzen – werden traumatische Erfahrungen in den meisten Fällen, wie die im folgenden Abschnitt dargestellten Zahlen zur Prävalenz der Traumatisierungen zeigen, sehr gut verarbeitet. Hier noch einmal die synergetisch zusammenwirkenden Ätiologiefaktoren im Überblick (Petzold et al. 2000):

---

4 z.B. nach Antonovsky (1997; vgl. Lorenz 2004) die „Generalizised Resistance Ressources", etwa Intelligenz, Wissen, Bildung, materieller Wohlstand, Rationalität, Flexibilität, Weitsichtigkeit, Konnektivierungsfähigkeit, Unterstützung, durch soziale Netzwerke, positive soziale Einstellung, wodurch „Kohärenzsinn" entstehe (Verstehbarkeit) – „Handhabbarkeit" – „Bedeutsamkeit"); vgl. aber auch andere Konzeptuierungen, etwa der Gesundheitspsychologie (Schwarzer 2004; Faltermaier 2005; Hurrelmann/Kolip 2002; Becker 1997) oder der Entwicklungswissenschaften (Petermann et al. 2004).

- Art, Dauer, Häufigkeit, Intensität der Traumatisierung
- Alter, Entwicklungsstand, Geschlecht, Verarbeitung und Attribution
- gendertypische Verarbeitungsstile
- kontextuelle Einschätzungen und Bewertungen (Kultur, Ethnie, Schicht, Geographie)
- dispositionelle und erworbene Ressourcen und Resilienzen bzw. Vulnerabilität
- Prä- und Komorbidität (Störungen und Krankheiten i.e.S.)
- Coping- und Creatingstile und -performanz, Handlungsoptionen, Sinnzuordnung

Prävalenz von Traumatisierungen und die Risiken, eine PTBS zu entwickeln

In bezug auf die Prävalenz der Traumaexposition und die Risiken, nach Traumatisierungen eine klinisch relevante PTBS zu entwickeln, gilt es, verschiedene Perspektiven einzunehmen. Zunächst müssen wir uns als Diagnostiker die Zahlen für die Traumaexposition an sich vergegenwärtigen, und dann sollten wir diese in bezug auf die Geschlechter weiter typisieren; für beides gibt es qualitativ gute Untersuchungen (Kulka et al. 1990; Norris 1992; Resnik et al. 1993; Kessler et al. 1995). Weiterhin sollten wir signifikante Risikofaktoren für beide Geschlechter in Erfahrung bringen, denn Männer und Frauen sind in der Regel anderen Arten von Traumatisierungen ausgesetzt (Breslau et al. 1998). Schließlich bestehen sog. „konditionale Risiken", die uns Auskunft darüber geben, daß unterschiedliche Arten von Traumatisierungen auch unterschiedliche Risiken, eine PTBS zu entwickeln, in sich bergen (idem). Hierzu nun einige Zahlen.

Gendertypisiertes Risiko

Im Querschnitt der Untersuchungen aus den 90er Jahren haben sich die Zahlen für die Lebenszeitprävalenz für eine Traumaexposition für beide Geschlechter von 1990-1998 mehr als verdoppelt, bei den Männern von 43,0% auf 92,2% und für die Frauen von 36,7% auf 87,1%. Dieser Anstieg ist natürlich auf Interpretation angewiesen. Der wichtigste Faktor diesbezüglich ist mit Sicherheit ein zunehmendes Problembewußtsein bzgl. der Traumatisierungen und ihrer Langzeitfolgen in den 90er Jahren, das in der Entwicklung von DSM-III nach DSM-IV zu erweiterten und differenzierenden Definitionen von Trauma und PTBS-Symptomatik geführt hat, was dann wiederum für eine extendiertere Verwendung des Traumabegriffes gesorgt hat (Breslau et al. 1998). Dabei sind Männer und Frauen in der Signifikanz unterschiedlichen Formen von Traumatisierungen ausgesetzt, Männer sind mehr involviert in gewaltsame Auseinandersetzungen und in Unfälle, sie werden auch häufiger Augenzeugen von Gewalttaten; Frauen dagegen sind mehr betroffen von sexuellen Übergriffen und körperlicher Gewalt (idem). Keine Variation zwischen den Geschlechtern bestehen dem gegenüber bei Traumatisierungen durch Naturkatastrophen, Erfahrungen von Traumatisierungen anderer („partizipatives Trauma") oder von Tod einer nahe stehenden Person. Interessanterweise gibt es wesentlich mehr Daten zu sog. „Impakt-Traumatiserungen", also isolierte, einmalige Traumata, als zu lang anhaltenden Traumatisierungen, allen voran den Deprivationstraumen der Kindheit und Jugend.

Wie schon erwähnt, verarbeiten Männer und Frauen traumatische Erfahrungen genderspezifisch, die drücken ihr subjektives Empfinden oder Leiden auf eine je typische Weise aus und tragen dem gemäß auch unterschiedliche Risiken, nach Traumatisierung eine PTBS zu entwickeln. Sehen wir uns hierzu einige Zahlen an.

Gendertypisiertes PTBS-Risiko

Studie	Traumaexposition %		PTBS-Risiko %	
	♂	♀	♂	♀
Breslau et al. 1991	43,0	36,7	6,0	11,3
Kessler et al. 1995	60,7	51,2	5,0	10,4
Breslau et al. 1998	92,2	87,1	10,2	18,3

Tabelle 1: Gendertypisiertes PTBS-Risiko; aus: Kapfhammer (2003)

Zunächst kann man hier den schon erwähnten Anstieg der Traumaexposition an sich von 1991 bis 1998 nachvollziehen, wobei hier die Männer durchgängig eine höhere Expositionsrate ausweisen als Frauen. Im Zweiten zeigt sich mit hoher Signifikanz, daß bei weitem nicht jede, sondern höchstens jede fünfte (♀) bis zehnte (♂) Traumatisierung eine klinische Symptomatik hervorbringt. Alle anderen Fälle bleiben subklinisch, was PTBS angeht, was aber nicht zwingent heißt, daß die Traumatisierungen gut bewältigt werden konnten und die Menschen „gesund" sind; genauso denkbar wäre, daß sie etwa in Depressionen, Angst- und dissoziative und somatoforme Störungen, Zwangsstörungen, Eßstörungen, Sucht- und Abhängigkeitsstörungen eingereiht wurden, was unter Umständen bedeutet, daß die Ätiologie dieser Störungen dann unerkannt geblieben ist.

Interessant an diesem Vergleich der Untersuchungen ist auch, daß sich die Zahlen im Verhältnis der Traumaexposition zum PTBS-Risiko parallel mit verschoben haben. Von 1991 bis 1998, zwar mit leicht abfallender Tendenz über die Untersuchung von Kessler et al. (1995) hinweg, hat sich das schwerpunktmäßige

Verhältnis gehalten, in dem zwar mehr Männer Traumatisierungen ausgesetzt sind, dem gegenüber aber Frauen, obwohl sie nach diesen Untersuchungen weniger oft traumatisiert werden, häufiger eine klinisch relevante PTBS entwickelt haben. Auch diese Zahlen bedürfen einer Interpretation, die uns überdies weitere Einblicke in gendertypische Verarbeitungsformen geben kann.

Dem evolutionspsychologisch unterlegten Bild des Mannes entspricht es viel eher als dem der Frau, heldenhaft und stark zu sein oder als erfolgreicher Bezwinger von Herausforderungen zu gelten[5] (Buss 2004; Grammer 1995), was dazu führen könnte, daß er freizügiger ist mit der Preisgabe von Informationen über das Ausgesetztsein in Bedrohungen oder Kampfhandlungen und deren Bewältigung. Dieser Umstand könnte die Zahlen auf Seiten der Männer nach oben gebracht haben. Demgegenüber dürfte er knauseriger sein mit der Selbstöffnung und Preisgabe von subjektivem Leiden, denn dies schwächt sowohl sein Selbstbild als auch seine soziale Prestigesituation. Tatsächlich geben Männer weniger oft und weniger gerne als Frauen zu, daß ihnen überhaupt etwas fehlt, in der Depressionsforschung etwa weisen sie wesentlich extendiertere Kompensationskarrieren auf als Frauen (Rohde/Marneros 2006; Rieder/Lohff 2007); bevor Männer (in der Signifikanz) sich selbst, ihrer sozialen Umgebung oder eben ihren Untersuchern gegenüber eine depressive Symptomatik zugeben, kompensieren sie über in der Regel lange Zeitspannen die Probleme über Leistungsakzeleration, über riskantes Verhalten (Geschäfte, Sport, Autofahren), über Alkohol und extendierte Sexualität (Klotz 2002; Merbach et al. 2002). Dies wiederum könnte die Zahlen des PTBS-Risikos bei Männern nach unten drücken.

Eine dementsprechende Gegenbewegung finden wir, wenn wir basale evolutionäre Motivationen auch bei den Frauen ansehen, die ihren Fortbestand (Überlebenssicherung), ihr Prestige und ihre Dominanzpositionen wesentlich weniger über Kompetitivität sondern viel mehr über Proximität und Prosozialität regulieren. Gerade der Ausdruck von Angst und Depressivität ist ja sehr approximativ und bindungssensibel, weshalb sich Frauen wahrscheinlich nur aus diesem Grunde schon erheblich leichter damit tun, die mit Trauma assoziierten Symptomatiken zum Ausdruck zu bringen. Diese basalen Motivationen beider Geschlechter kommen natürlich in Form kulturell und individuell überarbeiteter Muster zum Tragen (Maccoby 2000; Neises/Schmidt-Ott 2007). In Summe gesprochen (und vorbehaltlich kulturell-ethnischer Unterschiede) sollte damit eine höhere PTBS-Vulnerabilität bei Frauen eher angezweifelt werden.

---

5 weil er damit spezifische Signale setzt, aufgrund derer Frauen auf dem Boden ihrer eigenen evolutionären Ausstattung insofern reagieren, als daß sie in bezug auf ihre langfristigen Partnerschaftswünsche geeignete Qualitäten für Zeugung (Selektion) und Aufzucht von Nachwuchs (Überlebenssicherung) erkennen (Buss 2004).

Weitere signifikante Risikofaktoren

In Erweiterung dieser Fakten haben Breslau et al. (1998) und Norris (1992) longitudinale, demographische, familienpsychologische, psychosoziale und lebensbiographische Daten erhoben und konnten für Traumaexposition und PTBS-Risiko verschiedene Gruppen ausmachen, die ich hier im Überblick aufzeige. Auch hier findet sich der gendertypisierte Zusammenhang, daß die Risiken für eine Traumexposition im Schwerpunkt die Männer trügen, dem gegenüber die Frauen das stärkere Risiko, an einer PTBS zu erkranken. Dies muß, wie gezeigt, kritisch bewertet werden. Im Überblick:

Signifikante Risikofaktoren

Traumaexposition	PTBS - Risiko
⇨ niedriger Erziehungsstatus	⇨ familiäre Stressoren in der Kindheit
⇨ geringes Einkommen	
⇨ Extraversion	⇨ körperliche Gewalterfahrung
⇨ Verhaltensauffälligkeiten in der Kindheit	⇨ Angststörungen
⇨ „männlich"	⇨ „weiblich"
⇨ Neurotizismus (PS)	⇨ Neurotizismus (PS)

Tabelle 2: Signifikante Risikofaktoren für Traumaexposition und PTBS-Risiko nach Breslau et al. (1998)

Konditionale PTBS-Risiken

In einem weiteren Sample haben Breslau et al. (1998) konditionale Risiken für PTBS ermittelt, bei denen mit abnehmendem Gewicht die sexuellen Traumatisierungen am häufigsten zur Entwicklung einer PTBS führen (49,0%) und Naturkatastrophen am seltensten (3,8%). Dazwischen liegen Traumatisierungen durch körperliche Gewalt, Unfälle, Tod einer nahe stehenden Person aus dem unmittelbaren sozialen Netzwerk der Person und Traumatisierungen durch Partizipation an einer bedrohlichen Situation. Auch hier wurden deprivative Traumata nicht in die Untersuchung mit einbezogen, weshalb dieser Bereich weiterhin Spekulationen ausgesetzt bleibt. Diese Ergebnisse beziehen sich natürlich auf das Untersuchungsland (Amerika); die Frage, ob sie auch auf andere Kulturen (Asien, Afrika) übertragbar sind, bleibt ebenso offen.

Die Daten im Überblick:

Konditionales PTBS-Risiko
nach Traumaexposition

⇨ sexuelle Gewalt	49,0%
⇨ körperliche Gewalt (manuell und mit Waffen)	31,9%
⇨ Unfälle	16,8%
⇨ Tod einer nahen Person aus dem Netzwerk	14,3%
⇨ partizipatives Trauma (Augenzeuge)	7,3%
⇨ Naturkatastrophen	3,8%

Tabelle 3: Konditionale PTBS-Risiken nach Breslau et al. (1998)

Ursachen, Modi und Typen von Traumatisierungen

Das sich in den letzten beiden Jahrzehnten erweiternde Bewußtsein von Traumatisierungen und ihren Folgen hat eine inflationäre Verwendung des Traumabegriffes nach sich gezogen, die es erforderlich machte, Ordnungen in die diagnostischen Strukturen einzuführen. Verschiedene Forschergruppen haben sich um diese Thematik bemüht (Petzold et al. 2000; van der Kolk et al. 2000; Sachsse 2004; Wilson/Raphael 1993; Fischer/Riedesser 1998); zusammenfassend lassen sich die wichtigsten diagnostisch relevanten Kriterien unter drei Gruppen subsumieren, die wiederum aussagekräftig sind in bezug auf ihr immanentes PTBS-Risiko. Traumatisierungen werden demnach geordnet (A) nach ihre Ursache; (B) nach ihrem Modus und (C) nach ihrem Typ, der schließlich Schwere und Nuance der posttraumatischen Störung charakterisiert.

Ursachen von Traumatisierungen

Bei den Ursachen der Traumatisierung werden, mit aufsteigenden Risiko, eine PTBS zu entwickeln (1) „natural destaster"; (2) „technical desaster" und (3) „man made desaster" unterschieden. Menschen scheinen Naturkatastrophen und ihre Folgen noch am besten von allen Traumatisierungen verarbeiten zu können. Evolutionspsychologisch gesehen verwundert das nicht, denn die ca. 82.000 Generationen[6] von Menschen, von denen aus man heute die Menschheitsentwicklung rechnet, waren stets Naturkatastrophen ausgesetzt und haben mit Sicherheit auf diesem Gebiet bessere Adaptionen entwickeln können als auf dem wesentlich jüngeren Gebiet der „technical desasters". Für „man made desasters" scheinen wiederum andere Gesetzmäßigkeiten der Verarbeitung zu gelten; Menschen nehmen weder folgenschwere Fehler noch vorsätzliche bösartige Handlungen von Mitmenschen als naturgegeben hin, vielmehr erlaubt uns unsere neurobiopsychologische Ausstattung kausale Zusammenhänge herzustellen, Motivationen zu erkennen, Vorsätzlichkeiten und verdeckte Absichten zu erkennen, über große Zeiträume zu bilanzieren, Folgen zu antizipieren, und vor allem Schuld- und Verantwortungsfragen aufzuwerfen; von der emotionalen Seite der Traumatisierungen noch gar nicht gesprochen. Diese letzte Gruppe von Traumatisierungen führt also mit dem größten Risiko aller drei in eine PTBS-Symptomatik, was wiederum die wesentliche Stellung von subjektiven und kollektiven Bewertungsschemata in der Entwicklung von PTBS aufzeigt (Petzold et al. 2000).

Modi von Traumatisierungen

Vom *Modus* des Traumas her unterscheiden wir fünf Gruppen, die erneut in absteigender Tendenz die Risiken einer PTBS widerspiegeln; im Überblick:

Modus des Traumas

⇒ viktimisierendes Trauma
⇒ deprivatives Trauma
⇒ partizipatives Trauma
⇒ kollektives Trauma
⇒ sekundäres Trauma
   („indirekte traumatoforme Belastung")

Tabelle 4: Modi von Traumatisierungen nach Petzold et al. (2000); van der Kolk et al. (2000); Lemke (2006)

---

6 1994 wurden in Äthiopien die Überreste des Ardipithecus ramidus (Alter rund 4,4 Millionen Jahre), 1995 Reste eines Australopithecus anamensis (Alter rund 4,2 Millionen Jahre), entdeckt. Erste Interpretationen sehen diese beiden Arten als wichtige Zwischenglieder in der Entwicklung zum Menschen. Gut belegt ist der zuerst 1973 entdeckte Australopithecus afarensis (unter anderem »Lucy«), nachweisbar bis vor knapp 3 Mill. Jahren. Um diese Zeit trat auch der Australopithecus africanus auf; vgl. Tattersall (1997).

Bei viktimisierenden Traumata werden die Menschen zu Opfern von (sexueller oder anderer) Gewalt, Folter, Entführung, Vertreibung, Erpressung und Unterdrückung etc. in lebensbedrohlichem Ausmaß. Diese Gruppe von Traumatisierungen führt nach den oben genannten Untersuchungen am häufigsten zur Entwicklung einer PTBS (Norris 1992; Kessler et al. 1995; vgl. Maercker 1998; Basoglu 1992; Stoffels 1994; Petzold 1986).

Wie bereits erwähnt, gibt es wenige Langzeituntersuchungen, die sich dezidiert um die Langzeitfolgen von deprivativen Traumata bemüht haben. Insofern ist eine Einschätzung bezüglich des PTBS-Risikos nicht auf gleicher qualitativer Ebene möglich, wie bei anderen Arten von Extremerfahrungen. Dies hängt sehr wahrscheinlich mit der erschwerten Operationalisierbarkeit der kausalen Rückführbarkeit von psychischen und psychosomatischen Störungen auf deprivative Erfahrungen in den ersten zehn Lebensjahren zusammen. Längsschnittliche, lebensbiographische Explorationen erfordern qualitative Interviews, deren Outcome viele „weiche", interpretierte Fakten enthalten; schlechte Erinnerungstätigkeit bei der untersuchten Klientel trägt ihr Übriges zu diesem Problem bei. Viele der neueren Untersuchungen auf diesem Gebiet weisen jedoch in die Richtung, daß Deprivationstraumata sich entweder auf gleicher Risikoebene wie viktimisierende Traumata befinden oder aber unmittelbar darunter (Passow 1970; Langmeier/ Matejcek 1983; Rutter 1988; Ewald 1994; Braden 2007).

Mit weitaus geringerem PTBS-Risiko liegen sog. „partizpative Traumata" hinter der ersten Gruppe von viktimisierenden und deprivativen Traumatisierungen (Petzold et al. 2000). Gemeint sind damit das Beobachten oder das unmittelbare Beteiligtsein an den verschiedensten Formen von Traumatisierungen. Die Empathieforschung (Eisenberg/Strayer 1987) und vor allem die neueren Forschungen über die Funktionsweise von Spiegelneuronen (Rizzolati et al. 2002, 2003) belegen in evidenter Weise, daß und auch wie genau unsere neurobiopsychologischen Systeme auf das Beobachten und Miterleben streßvoller Situation reagieren. Die Partizipation an einer Situation, in der andere Personen (durch Gewalteinwirkung, Unfälle, Folter etc.) in lebensbedrohlicher Weise zu Schaden kommen, löst bei der miterlebenden Person extremen Streß und Bedrohtheitsgefühle aus, die auf die Verarbeitungssysteme des Menschen traumatisierenden Charakter haben können. Hierzu mehr im Abschnitt über die Neurobiopsychologie von Trauma und PTBS.

Vom natürlichen Empfinden her völlig evident, aber noch weniger gut untersucht wie die deprivativen Traumata sind die (Langzeit-) Folgen und Risiken sog. „kollektiver Traumatisierungen" (Petzold et al. 2000). Damit gemeint sind die Extremerfahrungen von Menschen bei Gruppenentführungen, partizipative Gewalterfahrungen bei Folter, aber natürlich auch Kriegserfahrungen, allem voran des Erleben von Genozid-Handlungen, etwa von in KZs inhaftierten jüdischen Menschen (Peltzer et al. 1995; Stepanek 2007). Ob sie vom PTBS-Risiko her, wie hier angedeutet, an vorletzter Stelle anzusiedeln sind, ist fraglich und mehr von Unwissenheit als von Sicherheit bestimmt.

Der Begriff der „sekundären Traumatisierung" schillert derzeit noch am meisten von den bisher genannten. Einerseits wurden damit die psychischen Belastungen der Helfer von Traumatisierten in Kriegs- und Krisengebieten bezeichnet, die, nach einiger Zeit dieser Tätigkeitsausübung, ähnliche Symptombilder wie partizipativ Traumatisierte entwickelten (Stamm 2002). Andererseits wird der Begriff für die Entwicklungssituation von Kindern traumatisierter Eltern verwendet. Gemeint sind die Folgen eingeschränkter elterlicher Empathiefähigkeit durch die typischen Vermeidungsdynamiken bei PTBS sowie die Folgen von Übergeregtheit (*hyperarousal*), Abstumpfung (*numbing*) und intrusiver Gefühlslagen, die Kinder, jedenfalls bis zur Beendigung der Pubertät, wegen bis dahin noch unzureichender Verarbeitungsfähigkeiten, sowohl unter deprivativen als auch überfordernden Extremstreß geraten lassen können (Streek-Fischer 2006; Landolt 2004). Hinsichtlich der ersten Versuche in diese Begrifflichkeit Abgrenzungen zu schaffen (Lemke 2006) muß noch abgewartet werden, ob sie auf breiter Ebene angenommen werden. Van der Kolk et al. (2000) schlagen sinnvollerweise vor, den Begriff ganz fallen zu lassen und ihn durch den schärfer auf den Inhalt bezogenen Begriff der „indirekten traumatoformen Belastung" zu ersetzen. Dies trüge dem Umstand Rechnung, daß es sich hierbei nicht mehr um Traumatisierungen i.e.S. handelt.

Typen von Traumatisierungen

An Typen von Traumata werden derer drei Arten unterschieden, die sich einerseits auf die Charakteristik der Traumatisierung beziehen, andererseits je einen diagnostischen Typ hervorbringen, der auch Aussagen über die Prognose der Störungen beinhaltet (Fischer/Riedesser 1998).

Die einfachste Form mit auch der besten Heilungsprognose stellen sog. „singuläre Traumata" dar; gemeint sind einmalig aufgetretene Extremerfahrungen, auch „impact-trauma" (van der Kolk et al. 2000) genannt, die meistens auch nach ihrer Ursache benannt werden, etwa „Vergewaltigungstrauma", „Foltertrauma", „Unfalltrauma" etc.; sie bringen, wenn sie zu klinisch relevanten PTBS-Symptombildern führen, sog. „spezifische Traumatisierungen" (*s*PTBS) hervor, die, wenn sie schnell zur Behandlung kommen, durch typische traumatherapeutische Behandlungsverfahren in der Regel gut remittieren (Debriefing, EMDR, kognitive Umstrukturierung).

Eine schwerwiegendere Form mit auch bereits schlechteren prognostischen Chancen stellen die sog. „prolongierten oder persistierenden Traumatisierungen" dar; gemeint sind hiermit Extrembelastungen, die über längere Zeiträume intermittierend oder mit andauernder Wirkung das Individuum unter traumatischen Streß bringen. Die typischste Form sind Vernachlässigungs- und Deprivationstraumata (Egle et al. 1996; Terr 1991; Perry et al. 1995), die in der Regel über längere Zeiträume hin bestehen und Kinder bezüglich ihrer dispositionellen Erwartungsmuster frustrieren, zurückweisen und irritieren (Weaver et al. 2004; Damon 1980); den Folgen solcher Dynamiken habe ich eine eigene Untersuchung gewidmet (Osten 2007). In diese Rubrik zählen aber auch anhaltende Traumatisierungen von psychischer, manueller oder sexueller Gewalt, familiäre Stressoren, etwa durch Krankheit, Drogen oder Alkoholismus der Eltern, anhaltende Traumatisierungen unter bestimmten Haftbedingungen (Guantanamo), politische Verfolgung etc.; dieser Typ bringt in der Folge, wenn durch ihn PTBS entsteht, sog. „basale Traumatisierungen" (*b*PTBS) hervor. In seinen Heilungschancen steht er weit hinter dem ersten, ist behandlungstechnisch aufwendiger, erfordert meist längere Therapiespannen, stärkere strukturierende Durcharbeitung (kognitiv und emotional) und mehr Ressourcenorientierung[7].

Der schwerwiegendste Typ von Traumatisierungen entsteht, wenn Menschen über längere Dauer oder die gesamte Lebensspanne hin, anhaltend oder intermittierend, mehreren unterschiedlichen Formen von Traumatisierungen ausgesetzt sind, seriell unter Überforderung und Extrembelastungen geraten, Ressourcenlagen immer wieder akkumulativ überschritten werden, so daß sich sog. „serielle oder kumulative Traumatiserungskarrieren" ergeben – ohne protektive Entlastungen, die eine Resilienzbildung fördern könnte -, die dann den Typ der sog. „komplexen Traumatisierung" (*k*PTBS) hervorbringen. Prognostisch stellen diese Menschen die schwierigste Behandlungsgruppe dar. Viele Menschen mit Alkohol- und Drogenproblemen, mit emotional instabilen Persönlichkeiten, auch Eßstörungen, somatoformen Störungen und chronischen Schmerzsyndromen müssen wahrscheinlich in diese Gruppe eingeordnet werden, obwohl der ätiologische Hintergrund dieser Reaktionen diagnostisch oft nicht traumaspezifisch zugeordnet wird (etwa wenn nur querschnittlich das Symptom untersucht wird und keine längsschnittliche, kausal orientiere Exploration erfolgt).

---

7 Trost- und Trauerarbeit, „normatives Empowerment" (Petzold/Regner 2006), d.h. Ermutigung, sich für die eigenen Rechte stark zu machen, was oftmals mit volitionstherapeutischer Arbeit verbunden sein muß: gebrochener bzw. beschädigter Wille muß wieder gekräftigt werden (Petzold/Orth 2007; Petzold 2004c).

Neurobiopsychologie der Traumaexposition und der posttraumatischen Belastungsstörung

Sehen wir uns, nach diesen querschnittlichen, diagnostischen Einteilungen, die neurobiopsychologischen Verarbeitungsmuster während der Traumaexposition und im Rahmen der voll entwickelten PTBS näher an, so werden Phänomenologie, Hintergründe und Mechanismen der (weiter unten dargestellten) DSM-IV-Symptomatik der PTBS transparenter; gleichzeitig werden mit diesem Zugang differenzierende diagnostische Möglichkeiten und weiterhin auch therapeutische Interventionsmöglichkeiten eröffnet (Friedman et al. 1995). In diesem Abschnitt geht es um die mnestische Informationsverarbeitung und Enkodierung während einer Traumatisierung und deren Folgen für die spezifische Charakteristik des Wiederabrufs von Traumaerinnerungen. Dies wird weiter unterlegt mit einer kurzen Betrachtung der neurotransmissorischen Situation bei PTBS (Krystal et al. 1998; Bremner/Marmar 1998).

Normale und traumaassoziierte mnestische Informationsverarbeitung

Traumatische Erfahrungen haben eine nachhaltige Wirkung auf die Systeme der mnestischen Verarbeitung, was bereits im Moment der Traumatisierung, durch eine besondere Form der Reizverarbeitung unter Extremstreß, seinen Anfang nimmt und komplexe Folgen für die Wahrnehmungen und den Wiederabruf traumatischer Gedächtnisinhalte hat (Kapfhammer 2000; Yehuda/McFarelane 1997; Schiepek 2004). Um dies zu verstehen, müssen wir uns zunächst die Reizverarbeitung unter normalen Umständen vergegenwärtigen und dann zusehen, wir sich dieser Prozeß unter traumatischen Bedingungen verändert (Krystal et al. 1995, 1998).

In einer expliziten Informationsverarbeitung garantieren vielschichtige Stationen zwischen Thalamus, polymodalen Assoziationsarealen des Neokortex, frontalem Kortex, hippokampaler und amygdaloider Formationen eine exakte Prozessierung von faktischen Wissensinhalten und zielgerichtetem Handeln. Sie erstellen eine differenzierte, bewußtseinsfähige kognitiv-emotionale „Landkarte", die episodische (sequentielle), semantische und autobiographische, also auf Identitätsprozesse bezogene, „Gedächtnis-Synergeme" erzeugt (idem). Dieses processing ist komplex und benötigt relativ lange Verarbeitungs-Zeitspannen[8].

---

8 Der Traum in seinem Aspekt als hippocampales Geschehen gilt typischerweise als ein „Nebenprodukt" der Einspeicherung in implizite Gedächtnissysteme, was unter anderem einen Hinweis gibt auf Träume als Intrusionsphänomene bei Menschen mit PTBS (Lurija 2001).

Grob schematisch dargestellt sieht das mnestische processing unter Normalbedingungen so aus, daß Reize über die sensorischen Modalitäten hereinkommen und zunächst im *Thalamus* zu einer sensorischen Integration gebracht werden. Danach werden sie in *neokortikale Zentren* geleitet, in denen eine Assoziierung mit bewußtseinsfähigen Inhalten geschieht, das heißt, der Inhalt des Wahrgenommenen wird mit vorgängigen Erfahrungen auf expliziter Ebene abgeglichen. Dieser Prozeß führt in *präfrontale Zentren*, in denen in der Regel ziel- und planvolles Handeln, Antizipationen und persönlichkeitsorientierte Selektionen vorgenommen werden. Gleichzeitig werden die Reizinhalte in *hippocampale Regionen* geleitet, die nicht durchgängig bewußtseinsfähig sind; hier werden die Wahrnehmungen implizit kontextualisiert, das bedeutet, mit „Anlagewissen" und „erworbenen Wissen, das aber gerade nicht bewußtseinsfähig ist" (neuronales Unbewußtes) verbunden (Spitzer 2004). In diesem komplexen processing existiert ein paralleler Informationsverarbeitungspfad, der rasch und unmittelbar vom Thalamus zur Amygdala führt. Hier erfahren die sensorischen Informationen eine *basale emotionale Einschätzung und Bewertung*. Durch diese affektive Verstärkung ist die Amygdala entscheidend an einer im Hippocampus vermittelten Konsolidierung von Gedächtnisinhalten beteiligt. Diese beiden Pfade wirken im Normalfall interaktiv zusammen. Präfrontale Zentren sorgen in diesem Prozeß für sinnvolle, zielgerichtete und identitätsangemessene Attributionen und Handlungsantworten. Die lineare Abfolge der einzelnen Schritte in der folgenden Abbildung hat didaktischen Charakter; tatsächlich laufen die Prozesse der mnestischen Verarbeitung komplex ineinander verschränkt ab; im Überblick:

Mnestische Informationsverarbeitung	
normales processing	Funktion
Thalamus	sensorische Integration
▼ Neokortex	bewusste Assoziationen
▼ Frontalhirn	kognitive Bewertung
▼ Hippokampus	implizite Kontextualisierung
▼ Amygdala	emotionale Bewertung

Tabelle 5: Normale, explizite Informationsverarbeitung (vereinfachte Darstellung), aus: Kapfhammer (2000)

Diese beiden parallelen Pfade können durch Einwirkung starker Stressoren dissoziieren (Bremner/Marmar 1998; Metcalfe/Jacobs 1998; LeDoux 1998). Die

Amygdala organisiert, über neurohumorale und transmissorische Prozesse, einfache motorische, viszerale, neuroendokrine und neurochemische Abwehrreaktionen. Normalerweise besteht auf dieser Ebene wieder ein Anschluß an präfrontale Zentren, so daß – über Modifizierung und Hemmung der Impulse – ein intentional sinnvolles Handeln organisiert wird. Dissoziiert die Verarbeitung unter Extremstreß, spielt sich diese Abfolge primär unbewußt ab, und die entsprechenden affektiven und Handlungsimpulse werden dem impliziten Gedächtnis zugeordnet, das heißt es gibt keine neuronale Anbindung dieser Prozesse an bewußtseinsfähige Zentren (Neokortex, Frontalhirn). Unter Extremstreß werden die Prozesse des expliziten Gedächtnisses dysfunktional, die des impliziten hingegen sensibilisiert (Kapfhammer 2000).

Unter traumaassoziierten Bedingungen zerfallen also die normalerweise parallel ablaufenden Reizverarbeitungssysteme und es wird hauptsächlich der „schnellere" Weg von Thalamus über die Amygdala „geschaltet", unter Einbezug von marginalen Funktionen des hippocampalen Bereichs. Dies ermöglicht schnellere sensumotorische, perzeptiv-viszerale sowie affektiv-neurohumorale Reaktionen und Handlungsantworten, weshalb wir bezüglich des Processing der Enkodierung und Speicherung traumatischer Erfahrungen an die Charakteristik einer dispositionellen Notfallreaktion denken, die es ermöglicht, über schnelle neuroanatomische Schaltkreise, schnell Gefahrenaspekte einzuschätzen (neurohumoral) und sichernde Handlungsimpulse (perzeptiv-viszeral-motorisch) zu initiieren (Yehuda/McFarelane 1997; Petzold et al. 2000). Auch hinsichtlich des Wiederabrufs von traumatischen Gedächtnisinhalten muß man zunächst an eine dispositionell verankerte Reaktion denken; zumindest die Option „mnestische Blockade" eröffnet ja immerhin teilweise einen besseren Lebensvollzug nach einer Traumatisierung (Markowitsch 2001).

Dieses Geschehen beinhaltet nun einige Dinge, die es uns ermöglichen die symptomatischen Erscheinungsformen bei Traumatisierten besser zu verstehen. Im traumaassoziierten Processing der Gedächtniseinspeicherung ist – durch die Funktionsweise der „emergency reaction" – vorderhand die Aufmerksamkeit auf zentrale Informationsaspekte reduziert, wodurch eine reduzierte Kontextwahrnehmung eintritt. Zunächst werden alle Reize über den Thalamus der Verarbeitung zugeführt; aber unter dem Wegfallen oder der Marginalisation von neokortikalen und präfrontalen Funktionen – dies beginnt also bereits beim unmittelbaren Erleben des Traumas – leidet die Korrektheit des sensorischen Transfers in nachgeschaltete kortikale Strukturen; es kann zu Diskonnektionen von Wahrnehmungsverarbeitung, kognitiver und emotionaler Attribution sowie autobiographischen Funktionen kommen (Austausch von impliziten und expliziten Gedächtnisspeicher). Damit ist der explizite Informationsverarbeitungspfad unterbrochen.

Aber auch auf dem zweiten – „schnelleren" – Pfad können die differentiellen Effekte von Extremstreß auf Amygdala und Hippocampus im äußersten Fall zu einer funktionellen Dissoziation dieses Komplexes führen, worunter auch hippocampale Leistungen gestört werden können. Damit sind die Voraussetzungen eines Transfers in explizite Gedächtnissysteme eingeschränkt oder gar nicht mehr gegeben. Reize können nicht weiter mit impliziten und expliziten Gedächtnisinhalten abgeglichen und spezifiziert werden und dem Individuum fehlen dadurch die Möglichkeiten der Vernetzung seiner Erfahrung mit bereits abgespeicherten, normalerweise bewußtseinsfähigen Inhalten, was zu der für Traumatisierungen typischen Einengung des Bewußtseins und den spezifischen Auffassungsstörungen führt (z.b. „Tunnelblick", „sich selbst von oben sehen"). Die Speicherung traumatischer Eindrücke erfolgt nicht selten ausschließlich durch eine Enkodierung der affektiven Aspekte von Angst, Panik und Horror über die Amygdala (*amygdaloides hyperarousal*) – allenfalls gekoppelt mit der Speicherung optischer Eindrücke, weil die Amygdala vielfältige Projektionen zu Arealen der visuellen Verarbeitung besitzt -, beide Ebenen aber sind häufig getrennt von einer kontextuellen Spezifizierung im Hippocampus und der autobiographischen Einordnung im präfrontalen Kortex. Schon die sensorischen Afferenzen zur Amygdala können dissoziationsbedingt Merkmale einer Fragmentierung der Informationen aus der traumatischen Gesamtszene aufweisen, für kontextuelle Faktoren der Traumatisierung gilt das im Besonderen. Auch nach der unmittelbaren Traumatisierung werden sensorische Reize und Kontextfaktoren nicht mehr weiter (kognitiv, emotional, attributionell) verarbeitet.

Stattdessen wird ein neuronales Traumaerinnerungsnetz generiert, das bereits durch sensorische Reize (visuell, akustisch, olfaktorisch, gustatorisch und kinästhetisch), die mit der ursprünglichen Traumasituation in einer (möglicherweise nur partiellen oder zufälligen) räumlichen und zeitlichen Kontingenz standen, in seiner Gesamtheit ausgelöst werden kann; hiermit sind sog. „flash-back" Phänomene gemeint (Kapfhammer 2000; Flatten 2004). Während der Traumatisierung werden vorrangig perzeptive Details ohne Würdigung des speziellen Gesamtkontextes „konditioniert". Diese Verzerrungen haben damit bedeutungsvolle Auswirkungen für die Charakteristik späterer Erinnerungsleistungen, die ich im nächsten Abschnitt darstellen werde. Dieser Prozeß zunächst im Überblick:

Mnestische Informationsverarbeitung	
traumaassoziiertes processing	veränderte Funktion
Thalamus ▼	→ sensorische Wahrnehmung
Neokortex ▼	→ (-) bewusste Assoziationen
Frontalhirn ▼	→ (-) kognitive Bewertung
Hippokampus ▼	→ (-) Konnektivierung
Amygdala	→ (+) Emotionalisierung

Tabelle 6: Traumaassoziierte Informationsverarbeitung (vereinfachte Darstellung), aus: Kapfhammer (2000)

Auf den hier grau formatierten Ebenen der Informationsverarbeitung geschehen die wesentlichen Veränderungen der Informationsverarbeitung unter Extremstreß (Bremner/Marmar 1998). Das direkte (dispositionell verankerte) „Durchschalten" von Thalamus auf Amygdala auf dem zweiten Pfad erzeugt ein „amygdaloides hyperarousal"; mit dem Überspringen von neokortikalen und präfrontalen Strukturen entfallen Möglichkeiten der expliziten Zuordnung und der sinn- und planvollen Handlungsorganisation. Die fehlende marginalisierte oder ganz fehlende Kontextualisierung der Traumaeindrücke (Hippocampus) führt zu Orientierungslosigkeit und Demarkationsproblemen (Depersonalisation, Derealisation) und unterbricht die Möglichkeiten des Transfers in bewußte Verarbeitungssysteme (Neokortex). Dadurch entstehen einerseits mnestische Blockaden (oder sogar Amnesie der traumatischen Situation), andererseits neuronale Informationsnetze mit spezifischen Wiederabrufdynamiken, die einige psychopathologische Auffälligkeiten aufweisen.

Die Aufmerksamkeit ist dabei auf zentrale Informationsaspekte reduziert; es besteht eine eingeschränkte Kontextwahrnehmung. Die Wahrnehmung, Auffassung und Verarbeitung der sensorischen Eindrücke kann in Folge fehlender Assoziations-, Konnektivierungs- und Bewertungstätigkeiten eingeengt oder verzerrt sein. Vom Ich-Erleben her können Demarkations- und Entfremdungsphänomene auftreten, während affektiv entweder höchste Erregungszustände das Bild dominieren oder emotionale Erstarrung (*freeezing*). Was die Enkodierung betrifft, sind die bevorzugten Speichermodi visuell, sensumotorisch, emotional und nonverbal. Bei diesem Prozeß handelt es sich damit vorwiegend um eine nur auf Komponenten und Fragmente gestützte Enkodierung mit mangelhafter bewußter Konnektivierung und schlechter Kontextualisierung. Zwar werden die traumaassoziierten Inhalte rasch in Langzeitgedächtnisspeicher enkodiert; die Vorgänge des aktiven Memorierens sind jedoch behindert und fragmentarisch; es können mnestische Blockaden oder sogar Amnesien für das Traumaerleben vorkommen (Krystal et al. 1995, 1998). Damit fehlen die Grundlagen zur Wiederbearbeitung dieser Inhalte im Sinne der Einordnung in das autobiographische Gedächtnis.

Folgen für die Charakteristik des Wiederabrufs von Traumaerinnerungen

Die dargestellte traumaassoziierte Informationsverarbeitung markiert zum Teil schwerwiegende Folgen, was die Charakteristik des Wiederhabrufs von Traumaerinnerungen angeht, die ich nun weiter ausarbeite. Die präsentierten Merkmale beziehen sich nun auf Menschen mit einer klinisch relevanten PTBS, gelten aber in Abschwächung aller Merkmale auch für traumatisierte Menschen, die subklinische Symptome aufweisen, etwa depressive und Angstsymptomatik, somatoforme Störungen usw.

Bei traumatisierten Menschen besteht oft ein deutlicher Aufmerksamkeitsbias[9] hinsichtlich des processings von traumaassoziierten Schlüsselreizen, was zu einer Sensibilisierung führt, innerhalb derer Reize übergeneralisiert werden und schließlich zu der spezifischen (Über-)Ängstlichkeit oder zu den Vermeidungshaltungen und -handlungen führen können. Es kann zu Auffassungsstörungen mit Überempfindlichkeits- und Schreckreaktionen kommen. Dem gegenüber stehen mnestische Blockaden, die ein aktives Memorieren verhindern und bis hin zu Vollamnesien hinsichtlich des Traumaerlebens reichen können; diese können oft über Jahrzehnte hin anhalten, bis sich durch reduzierte Arousal-Zustände (verschiedener Genese, spontan, aber auch durch psychotherapeutische Interventionen) plötzlich Fragmente zur Wiedererinnerung bringen (Krystal et al. 1995). Sowohl intero- als auch exterozeptive Schlüsselreize können hier verantwortlich sein. Dies wird in der Regel als unangenehm bis aversiv erlebt, weil das Aufkommen der Erinnerung als intrusiv und wenig kontrollierbar erscheint. Die aufkommende Wiedererinnerung stellt meist nur Fragmente der Gesamtsituation des Traumas dar, weshalb sie der ursprünglichen traumatischen Situation schlecht zuzuordnen ist; sie ist meist begleitet mit heftigen emotionalen (Affektdurchbrüche) und vegetativen Reaktionen (Schwitzen, Übelkeit, Herzrasen, Palpitationen, Fluchtimpulsen). Zusätzlich zur sensumotorisch und optisch fragmentierten Wahrnehmung kann das Erleben von Zeit, Raum und Körpererleben verzerrt sein.

---

9 „bias" (engl.): Überhang, Vorurteil, Befangenheit, Überdeterminierung, Überfokussierung

Das Trauma-flash-back kommt mit einem assoziierten Gefühl der Realerfahrung, was eine schlechte kognitive, emotionale und attributionelle Diskriminationsfähigkeit bewirkt. Das unter dem Einfluß eines flash-backs stehende Individuum erlebt, als ob die real vorfindliche Situation die kausale Struktur für sein Erleben darstellen würde und kann entweder schlecht oder gar nicht Erkennen, daß es ich bei den vorfindlichen Phänomenen um (u.U. fragmentierte) aufkommende Erinnerungen auf allen Ebenen handelt. Die wiedererinnerbaren Kerninformationen des Traumas perseverieren in der Regel[10] und sind gegenüber dem Vergessen oft resistent. Wenn das über Jahre geht, entsteht auch ein Gefühl (Attribution) der Unveränderbarkeit dieser Prozesse (Kapfhammer 2000).

Neuroimaging- und fMRT-Untersuchungen des cerebralen processing bei Traumatisierten zeigen eine erhöhte rechthemisphärische Aktivität (anteriorer ventraler Gyrus und rechte Amygdala), während die untersuchten Personen entweder von real erlebten Traumainhalten erzählten oder traumabezogenen visuellen Imaginationen ausgesetzt waren. Eine Aktivierung in eng mit der Amygdala assoziierten limbischen Strukturen ging mit einer erhöhten Aktivität des rechtsseitigen visuellen Kortex einher, begleitet vom Auftreten intensiver flash-backs. Gleichzeitig aber war das linksseitige Broca-Areal deaktiviert, das verantwortlich für die verbale Enkodierung von Erlebnissen angesehen wird. Diese Lateralisierungsphänomene einer rechtshemisphärischen Emotionalisierung gegenüber einer ungenügenden oder fehlenden Verbalisierungsmöglichkeit durch die linke Hirnhälfte belegen einen schlechten Transfer von Traumaerfahrungen in sprachdominante Zentren. Durch diesen „sprachlosen Terror" – auch auf der Ebene des Gehirns nachweisbar – kann man das vorrangig somatisierte Erleben vieler Traumatisierter nachvollziehen (Kapfhammer 2000; Rauch et al. 1996; Shin et al. 1997, 2001).

Kontrolle und Attribution von Traumaerfahrungen – vor allem eben auch durch eine der menschlichen Verarbeitung gemäßen Modus der „narrativen Praxis" – wird somit erschwert oder gar verunmöglicht. Traumatische Erfahrungen entziehen sich so einer kognitiven, emotionalen aber auch attributionellen Einschätzung und damit den Möglichkeiten einer Umbewertung. Davon sind auch die Weiterführung persönlichkeitsbildender Strukturen sowie wichtige Funktionen der Identitätsbildung betroffen. Durch die Blockierung präfrontaler Systeme fehlen funktionale Voraussetzungen für die Modifizierbarkeit der traumatischen Erfahrungen in weiterführende selbstreferentielle Konzepte und Prozeßbildungen (kognitive und emotionale Kontextualisierung, Umbewertung, Einbettung der Traumaerfahrung in größere sinngebende Kontexte etc.; vgl. Krystal et al. 1998).

---

10 als wiederkehrende Gefühle, Bilder, Phantasien, Träume, Erinnerungen, als perseverierender Druck sie erzählen zu müssen

Auf der Ebene der autonomen Körperreaktionen bleiben eine Überempfindlichkeit in der Antwort auf Streß, Hypervigilanz, Schlafstörungen, eine autonomes Hyperarousal (Reizbarkeit, Übererregtheit) oder Numbing (emotional-affektives Abgestumpftsein als Vermeidungskompensation oder Ausgebranntsein) sowie somatoforme Abwehrreaktionen (die im Leben und sozialen Umfeld von Patienten oft psychodynamische und interaktive Funktionen übernehmen) zurück. Dabei kann ein reduziertes *arousal*, zum Beispiel durch Schlaf, Alkohol, Entspannung, diese Dissoziationsphänomene auflockern und zu flash-back Phänomenen führen, was dann letztlich zu der Dauerstreßbelastung, ohne rechte Möglichkeiten zur Rekreation, führen kann (Yehuda/McFarelane 1997; Petzold et al. 2000). Die Folgen für den Wiederabruf von Traumaerinnerungen im Überblick:

- Aufmerksamkeitsbias: Vermeidung, Ängste, Übergeneralisierung von Reizen
- mnestische Blockaden und Amnesie, aktives Memorieren dagegen erschwert
- intrusiver und perseverierender Abruf durch intero- und exterozeptive Schlüsselreize
- Wiedererinnerung als „flash-back" fragmentiert und von heftigen emotionalen und vegetativen Phänomenen begleitet
- zeitliches, räumliches und körperliches Erleben können dabei verzerrt sein
- schlechte Diskriminationsfähigkeit bzgl. der kausalen Verortung von „flash-back" Phänomenen
- Kerninformationen der Traumas können perseverieren
- schlechte Verbalisierbarkeit der Erinnerungen
- schlechte Modifizierbarkeit im Sinne des autobiographischen Gedächtnisses und damit des Identitäts- und Persönlichkeitsprozesses
- autonome (vegetative) Körperreaktionen

Neurotransmissorische Situation bei PTBS

Mit diesen Prozessen der mnestischen Enkodierung und des Wiederabrufs von Traumaerinnerungen gehen auf der Ebene des Gehirns eine schier unfaßbare Anzahl von neurotransmissorischen und auf der Ebene des Körpers ein ebenso komplexes Geschehen an peripheren und biochemischen (organischen, muskulären, orthopädischen, faszialen) Prozessen einher, die oft als Folge oder Korrelat von Traumatisierungen angesehen werden, im Eigentlichen aber direkter körperlicher und psychischer Ausdruck des traumabezogenen Geschehens sind und auf der biologischen Ebene – als Ängste, Depressionen, Dissoziationsphänomene, somatoforme Störungen, Zwangsstörungen, Eßstörungen, bis hinein in das psychotische Erleben – gut nachweisbar sind (Möller et al. 2000)[11]. Aus diesem Komplex möchte ich im Rahmen dieser Arbeit nur die Veränderungen bzw. Dysfunktionen bei den fünf wichtigsten, in Funktion und Pathologie am breitesten untersuchten, Neurotransmittern herausgreifen, weil diese einen unmittelbaren Bezug zur dargestellten mnestischen Informationsverarbeitung und auch zum Verständnis der Psychopathologie bei PTBS herstellen.

Mehrere Neurotransmittersysteme regulieren die zwischen den neuroanatomischen Zentren vermittelte Informationsverarbeitung bei traumatisierender Stressoreneinwirkung. Dysfunktionen lassen sich zwar isoliert beschreiben, müssen aber stets im dynamischen Zusammenspiel aller Systeme verstanden werden, körperlich, psychisch und auch sozial, denn der Mensch ist ein „offenes System", das auf interne und externe Reize gleichermaßen reagiert wie auch agieren kann; ich zitiere nach Kapfhammer (2000):

Noradrenalin: Spielt in seiner Normalfunktion eine wichtige Rolle in der initialen Streßbewältigung, es kommt bei Streßeinwirkung zu einer erhöhten Noradrenalinantwort im Organismus. Dies bereitet ein grundlegendes Kampfoder Flucht-Muster vor, führt normalerweise zu einer Konsolidierung der Streßerinnerung und erleichtert den *recall* dieser Erfahrungen. Bei akuter Exposition von traumatischem Streß kommt es zu einer Überantwort von Noradrenalin, wodurch die integrierende und kontextualisierende Funktion des Hippocampus abnimmt und die amygdalazentrierte Informationsspeicherung überwiegt. Ein hypernoradrenerger Zustand führt gleichzeitig zu einer Einschränkung präfrontalen Strukturen; dieses reziproke Verhältnis bedingt eine verringerte Hemmung von inadäquater Informationsprozessierung und kann hierdurch Sensitivierungen und flash-backs auslösen. Darüber hinaus behindert es die Löschung solcher automatisierter Muster.

Serotonin: Besitzt allgemein eine hemmende Wirkung auf die neuronale Aktivität, eine balancierte Funktionalität zentriert und pointiert die Wahrnehmung und scheint eine entscheidende Voraussetzung für eine flexible Realitätsorientierung und den situationsadäquaten Einsatz von Reaktionen zu sein. Während es normalerweise die noradrenerge Reagibilität und das autonome arousal moduliert, kommt es unter prolongiertem Streß relativ rasch zu einem Abfall der Serotoninkonzentration, woraus eine inadäquate Informationsverarbeitung, Ent-

---

11 Hierzu liegen einerseits eine ebenso erdrückende Beweislage der Wirkung von Streß auf psychische und körperliche Prozesse vor (Garmency 1981; Weiner 1992; Haggerty et al. 1994; Hobfoll 1998; van der Kolk et al. 2000; Yehuda/McFarelane 1997; Wittstein et al. 2005) als auch neuere biochemische Untersuchungen, die die Wirkungsweise von traumatischem Streß auf die unmittelbare muskulärfasziale und organische Körperebene belegen (Mosetter/Mosetter 2006; vgl. Petzold 2003d). Die biologisch orientierte Psychiatrie (Möller et al. 2000) kann hierzu bestes Datenmaterial zu allen Störungsbildern der ICD und des DSM vorlegen.

fremdung, Trance- und Depersonalisationszustände, Halluzinationen, Depressionen, Apathie sowie Schlafstörungen resultieren können. Weiterhin können gestörte Impulskontrolle, aggressive Durchbrüche und zwanghafte Reinszenierungen von traumabezogenen Verhaltensmustern Folge einer serotonergen Dysregulation sein (van der Kolk et al. 2000).

Dopamin: Spielt physiologische eine hemmende Rolle in der neokortikalen Informationsverarbeitung; es steuert unter anderem auch die selektive Aufmerksamkeit. Ein prolongierter hochemotionaler Streß erhöht den dopaminergen turnover, besonders in der Amygdala. Eine veränderte Dopaminsensitivität und - transmission wird seit langem in einem pathogenetischen Kontext mit dem Auftreten schizophrener Psychosen diskutiert. Im Rahmen eines voll ausgeprägten PTBS-Syndroms können auch psychosenahe Symptome eine Rolle spielen, etwa überwertige Ideen, abnormes Bedeutungserleben, Wahnstimmungen, Illusionen oder Halluzinationen, wofür dopaminerge Dysregulationen mit verantwortlich sein dürften (Kapfhammer 2000).

Opioide: Im Normalfall hemmen Opioide die Schmerzwahrnehmung und reduzieren die v.a. noradrenerg getriggerte Panikeffekte. Die Amygdala ist besonders reich an Opiatrezeptoren und bei traumatisierten Menschen finden sich erhöhte Opioddysregulationen, was zu affektiver Betäubung (numbing) und sogar motorischer Erstarrung führen kann (*freezing*). Dies erlaubt einerseits dem Organismus unter gewöhnlichen Umständen, überwältigenden Streß nicht bei klarem Bewußtsein überstehen zu müssen, andererseits bewirkt es, daß traumatische Erfahrungen nicht exakt erinnert werden können. Eine Folge hoher Opiatkonzentration sind allgemein negative Interferenzen mit Lern- und Gedächtnisprozessen und im speziellen eine Dyskonnektion des Amygdala-Hippocampus-Komplexes. Auch hier gibt es mögliche Übergänge zu psychotischem Erleben. Opioide haben damit einen kurzfristigen adaptiven Vorteil, die Langzeiteffekte einer dauerhaften Dysregulation (v.a. im Zusammenhang mit der HPA-Streßhormonachse) können jedoch in Depressionen und Angstzustände führen, zu einem erhöhtem Risiko zum Substanzmißbrauch und schließlich sogar zu neuroanatomischen Atrophien des Hippocampusvolumens (van der Kolk et al. 2000; Sapolsky 2000).

Glutamat: Die grundlegende Rolle der exzitatorischen Aminosäure Glutamat ist in der Regulation von Bewußtsein, Integration von Wahrnehmung und Lernvorgängen zu sehen, wodurch diesem Neurotransmitter in der Vermittlung posttraumatischer Reaktionen, speziell der dissoziativen Prozesse, eine Sonderstellung zukommt. Die Wirkung von Glutamat auf neuronale Bahnungen wurde medikamenteninduziert (Ketamin) untersucht (Krystal et al. 1998). Dabei erzeugte ein hyperglutamaterger Zustand auf der *perzeptiven Ebene* zunächst diskrete Benommenheit oder ein Leichtigkeitsgefühl im Kopf, die Aufmerksamkeit kann sich einengen, unter traumatösen Bedingungen wird sie zum Tunnelblick. Die Zeitwahrnehmung kann sich verlangsamen, auch die Propriozeption verschiebt sich, es kann zu Störungen des Körperbildes kommen. Auf der *kognitiven Ebene* können die Leistungen im Abstrahieren, in der Auffassungsgabe und beim Problemlösen behindert sein; es kann ein Kontrollverlust über die formalen Denkabläufe bis hin zur Inkohärenz eintreten. Das Identitätsgefühl leidet bis hin zur Überzeugung, die Identität ganz verloren zu haben. Wahnideen können sich einstellen, aber keine Phänomene „multipler Persönlichkeit". Auf der *affektiven Ebene* wirken niedrige Dosierungen anxiolytisch, höhere jedoch führen erst zu Euphorie, dann zu Angst und Panik. Diese Affekte werden aber vorwiegend auf die Veränderungen auf den vorgehenden beiden Ebenen bezogen.

Das Symptombild der PTBS in ICD-10 und DSM-IV

Zwischen den Symptombildern der PTBS in der ICD-10 und dem DSM-IV gibt es eine Reihe von Unterschieden, die hier aus Platzgründen nicht tiefgehend diskutiert werden. Beide Instrumente fordern in unterschiedlicher Gewichtung Symptome aus insgesamt sechs Symptomgruppen:

- **Traumaexposition**: Es muß eine Erfahrung von definierten traumatischen Kriterien und Ausmaßen stattgefunden haben;
- **Intrusion**: Es müssen wiederkehrende, durch das Individuum nicht steuerbare Wiedererinnerungen an das Trauma selbst oder Elemente davon vorhanden sein;
- **Vermeidung**: Neben der Unfähigkeit sich an das Trauma oder Teile davon zu erinnern, müssen bewußte und unbewußte Merkmale der Vermeidung nachgewiesen werden;
- **Autonomes Hyperarousal**: Es müssen Symptome einer durch das Individuum nicht steuerbaren Übererregung oder einer emotionalen Abstumpfung (numbing) nachgewiesen werden;
- **Zeitfaktoren**: Für die Einteilung in traumaassoziierte Diagnosegruppen werden Zeitfaktoren von Beginn, Auslöser und Verlauf in Beziehung gesetzt;
- **Kontextuelle Störungen**: Es müssen Störungen im allgemeinen Lebensvollzug vorhanden sein.

In den drei (in beiden Instrumenten gleichermaßen geforderten) psychopathologisch wesentlichen Hauptclustern: Intrusion, Vermeidung und Hyperarousal, ermöglicht die ICD zwar eine höhere Flexibilität, schränkt aber die operationale

Klarheit dafür ein. Die ICD kennt z.b. kein Symptom der emotionalen Betäubung (*numbing*), das auf der psychopathologischen Ebene, zusammen mit flashbacks und Alpträumen die klinisch relevante Kernsymptomatik der PTSD charakterisiert. Des weiteren fehlen beiden Instrumenten die zentrale Kategorie der schlechten Diskriminationsfähigkeit zwischen Traumaerinnerung und Realsituation (s.o.), die selbst bei geringgradigen Traumatisierungen mit subklinischer PTBS so gut wie immer vorhanden ist. In der ICD sind außerdem die autonomvegetativen Symptome nur optional, während sie im DSM obligat sind. Von daher favorisiert klinische Erfahrung und konzeptuelle Präzision bei der Diagnose PTBS immer das DSM.

Die folgende Übersicht über die zentralen Symptomgruppen der PTBS beinhaltet neben den in Überschneidung gebrachten Symptome von beiden Instrumenten einige Merkmale, die in der Integrativen Therapie eine besondere Rolle spielen, darunter Körperreaktionen und Probleme im sozialen Umfeld und im allgemeinen Lebensvollzug. Die Darstellung ersetzt somit nicht das genaue Studium in ICD und DSM, vor allem nicht die Auswahl der minimal zu fordernden Symptome nach beiden Instrumenten, sondern es gibt einen umfassenden Überblick mit dem Ansinnen auf Vollständigkeit in der Darstellung der Symptomatik (Dilling et al. 1999; Saß et al. 1996; Petzold et al. 2000; van der Kolk et al. 2000):

Traumaexposition

⇨ erleben, beobachten oder konfrontiert sein mit einem Ereignis, das

⇨ den tatsächlichen oder drohenden Tod oder ernsthafte Verletzung oder Gefahr der körperlichen Unversehrtheit

⇨ der eigenen oder der Person eines anderen beinhaltet

⇨ intensive Furcht, Hilflosigkeit und Entsetzen

Intrusion

⇨ wiederkehrende, eindringliche, belastende Wahrnehmungen, Erinnerungen und Träume

⇨ autonome oder getriggerte flash-backs, als ob das traumatische Ereignis oder Teile davon wiedererlebt würden

⇨ fehlende / unzureichende Diskrimination von Auslöserreizen; schlecht angepasste (Kausal-)Attributionen

⇨ vegetative, körperliche Reaktionen, diffuses Körpererleben und Körperbild

Vermeidung / Dissoziation

⇨ bewusstes Vermeiden von Schlüsselreizen

⇨ Unfähigkeit, sich an das Erlebnis oder Teile davon wiederzuerinnern

⇨ eingeschränkte Bandbreite des Affekts (numbing)

⇨ vermindertes Interesse oder verminderte Teilnahme an lebensweltlichen Aktivitäten, Kompensationsverhalten

⇨ Gefühl der Losgelöstheit oder Entfremdung

⇨ Gefühl der eingeschränkten Prospektion

Autonomes Hyperarousal

⇨ Konzentrationsschwierigkeiten

⇨ Tonuserhöhung (Bewegung, Blicke, Stimme)

⇨ übermäßige Wachsamkeit, Empfindsamkeit

⇨ Reizbarkeit, „cholerische Wutausbrüche"

⇨ Erregungszustände, übermäßige Schreckreaktionen

⇨ Ein- und Durchschlafstörungen

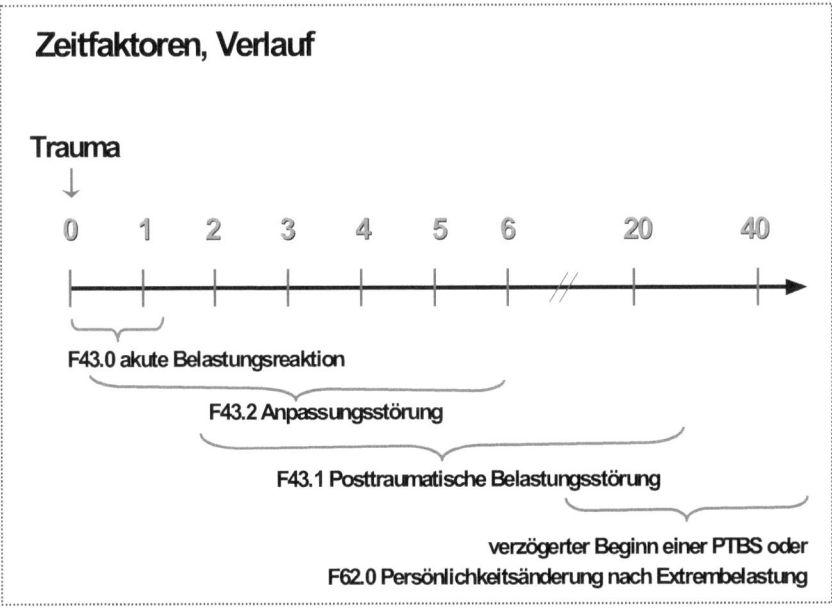

Eine interessante Ebene ist hier die der Zeitfaktoren (Zahlenangaben in Monaten), weil sie die Überschneidung von insgesamt vier verschiedenen Diagnosegruppen verdeutlicht. Die Klammern zeigen den jeweils verzögerten Beginn und das ungefähre Ende der Störung bei den mindergradigen Diagnosen auf (F43.0 und F43.2), während bei den schwerwiegenderen Formen das Ende weit offen und letztlich undefiniert bleibt. Wenn die Symptome einer verifizierbaren PTBS erst recht spät einsetzen, ein eindeutiges Trauma aber nachzuweisen ist, ist die Diagnose der PTBS von F62.0 (Persönlichkeitsänderung nach Extrembelastung) oft nur schwer abzugrenzen, in jedem Falle aber in Erwägung zu ziehen.

Traumaspezifische Diagnostik in der Praxis der Integrativen Therapie

Es liegt in der Natur der traumaspezifischen Diagnostik (wie auch der Traumatherapie selbst), daß sie ohne längsschnittliche, biographische Diagnostik nicht auskommen könnte. Eine reine querschnittliche psychopathologische Diagnostik könnte Intrusionen und Hyperarousal feststellen, aber schon mit der Symptomgruppe „Vermeidung" kommt die Frage herein, *was denn vermieden wird und womit*, und damit begibt man sich schon auf die Fährte der Exploration lebensgeschichtlicher Erfahrung, um überhaupt die Ebene 1 („Traumaexposition") verifizieren zu können. Traumatherapie impliziert nicht primär das Ansinnen einer symptomorientierten Therapie sondern eine Arbeit an und mit den kausalen Strukturen der Störung; sie muß es ermöglichen, soweit das gefahrlos geschehen kann, Traumaerinnerungen einer erneuten Bewertung und Modifikation zuzuführen, damit sie wieder Bestandteil einer integren Persönlichkeit und Lebenserfahrung werden können. Dabei spielt auch die Arbeit mit den Emotionen (Trauer, Wut, Angst) und den traumaassoziierten Bedürfnissen (nach Zeugenschaft, Schutz, Trost und Orientierung) eine Rolle. Dies macht es erforderlich, daß nicht nur traumaassoziierte Lebensphasen, sondern die gesamte Lebensspanne, zusammen mit Ressourcen der Lebensgeschichte und Resilienzen der Persönlichkeit in den Blick genommen werden. Wenn man sich die Punkte vergegenwärtigt, die ich oben im Punkt über die Folgen für den Wiederabruf von Traumaerinnerungen[12] aufgeführt habe, stellen diese im Grunde ein nahezu vollständiges Programm für die Traumatherapie zusammen, das nur noch auf die spezifische Symptomlage des Klienten abgestimmt werden muß. Dabei beziehen sich alle Punkte auf die Arbeit an den kausalen Strukturen der Störung.

Ein weiteres Argument für die Unverzichtbarkeit längsschnittlich-biographischer und vor allem entwicklungspsychologisch orientierter Anamnesen und Ex-

---

12 Repititiv: Aufmerksamkeitsbias: Vermeidung, Ängste, Übergeneralisierung von Reizen; mnestische Blockaden und Amnesie, aktives Memorieren dagegen erschwert; intrusiver und perseverierender Abruf durch intero- und exterozeptive Schlüsselreize; Wiedererinnerung als „flash-back" fragmentiert und von heftigen emotionalen und vegetativen Phänomenen begleitet; zeitliches, räumliches und körperliches Erleben können dabei verzerrt sein; schlechte Diskriminationsfähigkeit bzgl. der kausalen Verortung von „flash-back" Phänomenen; Kerninformationen der Traumas können perseverieren; schlechte Verbalisierbarkeit der Erinnerungen; schlechte Modifizierbarkeit im Sinne des autobiographischen Gedächtnisses und damit des Identitäts- und Persönlichkeitsprozesses; autonome (vegatative) Körperreaktionen.

plorationen (Osten 2000) liefert die Tatsache, daß die meisten symptomatischen Bilder der PTBS eine Vielzahl differentialdiagnostischer Überlegungen erfordern; sie überlappen zuweilen mit beinah der gesamten Palette von anderen, isolierten Störungsbildern: Depressionen, Angststörungen, dissoziativen- und Zwangstörungen, somatoformen Störungen, Eßstörungen, sexuellen Störungen, Sucht- und Abhängigkeitserkrankungen, Persönlichkeitsstörungen bis hin zur Suizidalität und zur Wahnbildung.

Gerade also bei Verdacht auf traumabedingte Störungen ist es nötig, nicht allein querschnittlich psychopathologisch zu explorieren, sondern eventuelle Komorbiditäten differentialdiagnostisch im Verlauf der *gesamten* Lebens- und Krankheitsgeschichte abzugrenzen, und dies wäre ohne biographische Exploration, die allein die Akkumulationsdynamiken zwischen verschiedenen Lebensphasen und Störungen aufdecken kann, nicht möglich. Menschen mit traumatischen Erfahrungen tragen, um nur ein Beispiel zu nennen, ein signifikant erhöhtes Komorbiditätsrisiko an einer Suchtstörung zu erkranken, weil alle Suchtmittel, auf unterschiedliche Weise zwar und nur vorübergehend (Soyka 2000a, b; Kapfhammer 2000), aber dennoch die Hyperarousal-Zustände von PTBS sehr effektiv herunterregulieren können und für Stimmungsaufhellungen sorgen.

Des weiteren spielen – wie ich das oben, im synergetischen Ätiologie-Verständnis von Trauma und PTBS dargelegt habe, Prä- und Komorbiditäten für die Ausbildung von PTBS eine entscheidende Rolle. Nur, weil man etwa überhaupt nur eine Traumatisierung im Lebenslauf eines Menschen vorfindet, ist es noch nicht bewiesen, daß alle vorfindlichen Symptome auch auf dieses zurückgeführt werden können. Menschliche Lebensläufe brauchen eine differentielle Betrachtung von Ereignissen und Ereignisauffassung und -bewertung, eine differentielle Betrachtung von Belastungs-, Bewertungs-[13] und Bewältigungskarrieren, denn „ ...das Leben schlägt nicht nur Wunden, es heilt auch" (Petzold et al. 1993). Die Pathologie muß im Verbund mit Ressourcen und Resilienzen gesehen werden und das Symptombild in ätiologischer Hinsicht als eine „synergetische Akkumulation" von beiden Ebenen. Dies gilt nicht allein, aber im Speziellen natürlich für serielle und Komplextraumatisierungen.

Während also die querschnittliche Diagnostik ein Bild der aktuellen Psychopathologie und der Komorbiditäten sowie des aktuellen Lebensvollzuges liefert, zusammen mit einem Bild der „Copingperformanz", erarbeitet die längsschnittliche Diagnostik die biographische Akkumulation mitsamt eventueller Prämorbidi-

---

13 die Bedeutung der Einschätzung, Bewertung und Attribution des Traumaerlebens zum einen sowie die gute Spontan-Verarbeitung durch die erlebende Person mittels oft zufällig auftauchender Ressourcen zum anderen wird in diesem Zusammenhang vielfach eklatant unterschätzt und durch die meist mittelschichtsspezifischen Einschätzungen von Psychotherapeuten in der Erfahrung des Patienten wertend „überschrieben".

täten und den synergetischen Verlaufskriterien; darüber hinaus erkennt sie „Coping- und Creatingstile" (Petzold 2007a; Petzold/Sieper 2007a; Petzold et al. 2006), kreative, ideenreiche Problemlösungen von betroffenen Einzelnen sowie Gruppen, Familien usw. was wiederum für die Behandlungsplanung von Bedeutung ist. Erst so können PTBS-Diagnosen fundiert gestellt und auch halbwegs fundierte Prognosen ausgesprochen werden.

In der initialen Phase einer Traumatherapie können in der Integrativen Therapie vor allem standardisierte Instrumente zur Erfassung von PTBS zum Einsatz kommen, von denen hier die wichtigsten genannt seien:

- PDEQ – Peritraumatic Dissociation Experiences Questionnaire (Marmar et al. 1994)
- PTSS – Posttraumatic Stress Syndrome Questions Inventory – 10 (Weisaeth 1993)
- SCL-90 – Symptom Check-Liste (Derogatis/Franke 2002)
- DIPS – Diagnostisches Interview bei psychischen Störungen (Margraf et al 1991)
- M-CIDI – Münchener Composite International Diagnostic Interview (Wittchen et al. 1996)
- PTSD-I – PTSD – Interview (Watson et al. 1991)
- CAPS – Clinican Administered PTSD Scale (Nyberg/Gromberger 1992)

Dem Anspruch nach intersubjektiver Validierung von Symptomen und Erfahrungen aus der Lebensgeschichte (Petzold 2003f) werden diese Instrumente natürlich nur zum Teil gerecht, weshalb in der Integrativen Therapie eine Vielzahl weiterer semiprojektiver Erhebungsinstrumente geschaffen wurden, die mehr auf gemeinsame Deutung mit dem Patienten und vor allem schon auf die narrative Praxis ausgelegt sind, die in der Integrativen Traumatherapie – neben andern, z.b. leibbezogenen Interventionen – eine hervorragende Rolle spielt (Petzold et al. 2000); von diesen seien hier einige genannt.

Den spezifischen Problemen der Ängste und der Vermeidung, der mnestischen Blockaden, der „Sprachlosigkeit" und der Identitätsstörungen begegnen wir in der Integrativen Diagnostik, in dem wir, neben den verbalen Explorationsmethoden – die natürlich nicht nur verbal sind, sondern vor allem menschliche Begegnung darstellen (Petzold 2003f; Schmitz 1992) –, szenischen und atmosphärischen Interviews (Osten 2000; Althen 1991), vielfach nonverbale Erhebungs-Instrumente einsetzen, die sich schwerpunktmäßig auf die sechs in ICD und DSM beforderten Symptomgruppen beziehen.

Hierzu gehört prominent der Einsatz von kreativen Medien (Petzold/Orth 1990, 1994), mit denen etwa „Lebenspanoramen" – mit Farben nach Imaginationen und Zeitreisen gemalte Übersichtskarten über die gesamte Lebensspanne – angefertigt werden können, die dann auf nonverbaler Ebene (auf der auch der Patient sich noch „verstecken" kann) einen Einblick in Lebensgeschichte (Traumaexposition, Zeitfaktoren) und ihre Verarbeitung geben (Petzold/Orth 1993b). Oder „body-chart" Techniken[14], mit denen körperliche Symptomatik zusammen mit dem Körpererleben (Körperbild, phantasmatischer Leib) erfaßt werden können (Petzold/Orth 1991). In diesem Bereich, eben wenn somatoforme Störungen vorliegen oder Entfremdungserleben, kommen auch „Symptombilder" zum Einsatz, in denen Patienten sowohl körperliche als auch psychische Symptome frei malen/ausdrücken können. Hier haben alle intrusiven-, Vermeidungs- und Hyperarousal-Phänomene ihren Platz. Des weiteren können – bei somatoformen Störungen – Schmerz- und Symptomkarten ausgefüllt werden, kleinere Skizzen von Vorder- und Hinteransicht des Körpers in die der Patient etwa mit rotem Stift seine Wahrnehmungen der Störung einträgt, und die dann Einblick in Lokalisation, Intensität, Ausstrahlungen, situatives Auftreten und Verlauf geben können (Heinl/Heinl 2004; Adler/Hemmeler 1988).

Im Zusammenhang mit Problemen aus dem Lebensvollzug werden „Soziale Netzwerkkarten" angefertigt (Petzold 2003; Petzold/Orth 2007), „atomhafte" Bilder, in denen der Patient seine relevanten sozialen Bezüge – mit abnehmender Dicht und Bedeutung nach außen hin – einzeichnet.

Dem folgen meist emotional intensivere diagnostische Techniken, die aber eher schon im prozessualen Verlauf der Traumatherapie zum Einsatz kommen, etwa die Arbeit mit Tonerde, die zu den verschiedensten Themen eingesetzt werden kann. Natürlich benötigt der Therapeut hierfür eine spezielle Ausbildung und klinische Erfahrung.

Eine weitere Technik bezieht sich auf szenische Elemente der Traumaerfahrungen, in der, mit Gegenständen oder Stühlen, etwa Familieninszenierungen aufgebaut werden, um synergetische Qualitäten und Motivationen der unmittelbaren Umgebung von Traumatisierungen erfaßt werden können (Moreno 19934; Satir/Baldwin 1998). Dies hat aber nichts mit „Familienaufstellungen" zu tun[15] (Osten 2007).

---

14 Der Patient malt ein großes Bild aus, das durch das Nachzeichnen seiner gesamten Körperumrisse auf einem großen Blatt Papier entstanden ist.
15 Die Integrative Therapie verfolgt hinsichtlich des Verständnisses von Familiendynamik keinen dezidiert „familiensystemischen" Blickpunkt, sondern zentriert auf eine evolutionspsychologische Grundlegung familiärer und geschwisterlicher Motivationen und daraus resultierenden Dynamiken, in denen die dispositionell verankerten „Ressourcenakquisestrategien" aller Beteiligten, zusammen mit erworbenen Strategien, zu einer spezifischen „Synergie" führen. Diese erklärt transgenerationale Phänomene auf eine andere Weise, als das die familiensystemische Theorie bislang tut (Osten 2007).

Diagnostik mit kreativen Medien stellt somit einen „Zwischenbereich" dar, der einerseits die Wiedererinnerung und den Ausdruck des Traumaerlebens erleichtert (mnestische Blockaden, schlechte Verbalisierbarkeit), andererseits erneuten Intrusionen und flash-back-Gefahren insofern vorbeugt, als daß die Dinge zwar gezeigt, für Patient und Therapeut gleichermaßen aber immer noch im Bereich des Symbolischen verborgen bleiben können. Somit besteht eine differenzierende indikative Option zu entscheiden, ob, wann und wie dieses Material in der Therapie dann weiteren Verbalisierungsversuchen, emotionaler Differenzierung und Modifikation zugeführt werden soll.

Literatur

Adler, R., Hemmeler, W. (1988): Praxis und Theorie der Anamnese. Stuttgart: Fischer.
Althen, U. (1991): Das Erstinterview in der Integrativen Therapie. Integrative Therapie 17, 421-449.
Antonovsky, A. (1997): Salutogenese. Zur Entmystifizierung der Gesundheit. Tübingen: dgvt.
Basoglu, M. (1992): Torture and its Consequences. Cambridge. University Press.
Becker, P. (1997): Psychologie der seelischen Gesundheit. Bd. I: Theorien, Modelle, Diagnostik. Göttingen: Hogrefe.
Bischof-Köhler, D. (2004): Von Natur aus anders. Stuttgart: Kohlhammer.
Braden, J.P. (2007): Deafness, Deprivation, and IQ. Berlin:Springer.
Bremner, J.D., Marmar, C.R. (1998): Trauma, memory, and dissociation. Washington: American Psychiatry Press.
Breslau, N., Davis, G.C., Andreski, P. et al. (1991): Traumaitic events and posttraumaitc stress disorder in urban population of young adults. Arch.Gen.Psychiatry 48, 216-222.
Breslau, N., Kessler, R.C., Chilcoat, H.D. et al. (1998): Traumaitic events and posttraumaitc stress disorder in community. The 1996 Detroit Area Syurvey of Trauma. Arch.Gen.Psychiatry 55, 626-632.
Buss, D.M. (2004): Evolutionäre Psychologie. Heidelberg: Pearson Studium.
Damon, W. (1980): Patterns in children's social reasoning: a two year longtudinal study. Child Development 53, 1010-1017.
De Girolamo, G. (1993): International perspectives on the treatment and prevention of posttraumatic stress disorder. In: Wilson/Raphael (1993), 935-946.
Dillng, H., Freyberger, H.J. (1999): Taschenführer zur Klassifikation psychischer Störungen (ICD-10). Bern: Huber.
Egle, U., Hoffmann, S., Joraschky, P. (1996): Sexueller Mißbrauch, Mißhandlung, Vernachlässigung. Stuttgart: Schattauer.
Eisenberg, N., Strayer, J. (1987): Empathy and its development. Cambridge: Cambridge UP.
Ewald, M. (1994): Sensorische Deprivation. Ein umfassender Überblick. Ettlingen: Ettlinger.
Faltermaier, T. (2005): Gesundheitspsychologie. Stuttgart: Kohlhammer-Urban.

Filipp, S.-H. (1990): Kritische Lebensereignisse. München: Psychologie Verlags Union.

Flatten, G. (2004): Posttraumatische Belastungsreaktionen aus neurobiologischer und synergetischer Perspektive. In: Schiepek (2004), 404-422.

Franke, G.H. (2002): Manual zum SCL-90-R, Symptomcheckliste von L.R Derogatis. Göttingen: Beltz.

Friedman, M.J., Charney, D.S:, Deutsch, A.Y. (1995): Neuro-biological and clinical conse-quences of stress. From normal adaption to PTSD. Philadelphia: Lippincott-Raven.

Garmezy, N. (1981): Children under stress. Perspectives on antecedents and correlates of vulnerability and resistance to psychopathology. In: Rubin, A.I. et al. (Hg.): Further Explorations in Personality. New York: Wiley, 196-269.

Grammer, K. (1995): Signale der Liebe. Die biologischen Gesetze der Partnerschaft. München: dtv.

Hagemann-Withe, C., Lenz, H.-J. (2002): Gewalterfahrungen von Männern und Frauen. In: Hurrelmann/Kolip (2002), 460-490.

Haggerty, R.J., Sherrod, L.R., Garmezy, N., Rutter, M. (1994): Stress, risk, and resilience in children and adolescents. Process, mechanisms, and interventions. Cambridge: University Press.

Heinl, H., Heinl. P. (2004): Körperschmerz – Seelenschmerz. Die Psychosomatik des Bewegungssystems. München: Kösel.

Hobfoll, S.E. (1998): Stress, culture, and community. The psychology and philosophiy of stress. New York: Plenum.

Hurrelmann, K., Kolip, P. (2002): Geschlecht, Gesundheit, Krankheit. Männer und Frauen in Vergleich. Bern: Huber.

Jerusalem, M. (2000): Persönliche Ressourcen, Vulnerabilität und Stresserleben, Göttingen: Hogrefe.

Kahn, R.L., Antonucci, T.C. (1980): Convoys Over the Life Course: Attachment, roles, and social support. In: Baltes, P.B., Brim, O.G. (Hg.): Life Span Development and Behaviour. New York: Academic Press, 253-286.

Kapfhammer, H.-P. (2000): Anpassungsstörung, akute und posttraumatische Belastungsstörung. In: Möller et al. (2000), 1283-1301.

Kessler, R.C., Sonnega, A., Bromet, E. et al. (1995): Posttraumatic stress disorder in the National Comorbidity Survey. Arch. Gen.Psychiatry 52, 1048-1060.

Klotz, Th. (2002): Spezifische gesundheitsprobleme von Männern. In: Hurrelmann/Kolip (2002), 241-257.

Knoll, N., Scholz, U., Rieckmann, N. (2005): Einführung in die Gesundheitspsychologie. München: UTB-Reinhardt.

Kolk, B.A., van der, McFarelane, A.C., Weisaeth, L. (2000): Traumatic Stress. Grundlagen und Behandlungsansätze, Theorie, Praxis und Forschung zu posttraumatischem Streß sowie Traumatherapie. Paderborn: Junfermann.

Krystal, J.H., Bennet, A.L., Bremner, D., Southwick, S.M., Charney, D.S. (1995): Toward a cognitive neuroscience of dissociation and altered memory functions in posttraumatic stress dirorder. In: Friedman et al. (1995), 239-269.

Krystal, J.H., Bremner, D., Southwick, S.M., Charney, D.S. (1998): The emerging neurobiology of dissociation: implications for treatment of posttraumatic stress disorder. In: Bremner/Marmar (1998), 321-363.
Kulka, R.A., Schlenger, W.E., Fairbank, J.A. et al. (1990): Trauma and the Vietnam war generation. New York: Brunner-Mazel.
Landolt, M.A. (2004): Psychotraumatologie des Kindesalters. Göttingen:Hogrefe.
Langmeier; J., Matejcek, Z. (1983): Psychische Deprivation im Kindesalter. Kinder ohne Liebe. München: Urban und Fischer.
LeDoux, J.E. (1998): Das Netz der Gefühle. Wie Emotionen entstehen. München: Hanser.
Lemke, J. (2006): Sekundäre Traumatisierung. Klärung von Begriffen und Konzepten der Mittraumatisierung. Heidelberg: Asanger.
Lurija, A.R. (2001): Das Gehirn in Aktion. Einführung in die Neuropsychologie. Reinbek: Rowohlt.
Maccoby, E.E. (2000): Psychologie der Geschlechter. Sexuelle Identität in den verschiedenen Lebensphasen. Stuttgart: Klett-Cotta.
Maercker, A. (1998): Posttraumatische Belastungsstörungen – Psychologie der Extrembelastungsfolgen bei Opfern politischer Gewalt. Pabst: Lengerich.
Margraf, J., Schneider, S., Ehlers, A. (1991): DIPS. Diagnostisches Interview bei psychischen Störungen. Handbuch, Interviewleitfaden, Protokollbogen. Berlin: Springer, 2. Aufl. 1994.
Markowitsch, H.J. (2001): Mnestische Blockaden als Streß- und Trauma-folgen. Z. f. Klin. Psych. Psycho-ther. 30/3, 204-211.
Marmar, C.R., Weiß, D.S:, Schlenger, W.E., Faibank, J.A., Jordan, J.A., Kulka, R.A., Hough, R.L. (1994): Peritraumatic dissociation and posttraumatic stress in male Vietnam veterans. American Journal of Psychiatry, 151, 902-907.
Meltzoff, A., Prinz, W. (2002): The imitative mind. Development, Evolution and Brain Bases (Cambridge Studies in Cognitive and Perceptual Development). Cambridge: Cambridge UP.
Merbach, M., Singer, S., Brähler, E. (2002): Psychische Störungen bei Männern und Frauen. In: Hurrelmann/Kolip (2002), 258-272.
MetcalfeJ., Jacobs, W.J. (1998): Emotional memory: The effects of „cool" and „hot" memory systems. In: Bowers, G. (Hg.): The psychology of learning and motivation. New York: Academic Press, 187-222.
Möller, H.-J., Laux, G., Kapfhammer, H.-P. (2000): Psychiatrie und Psychotherapie. Berlin: Springer.
Moreno, J.L. (1934): Who shall survive? A new approach to the problem of human interrelations. Washington: Nervous and Mental Disease Publ.
Mosetter, K., Mosetter, R. (2006): Myoreflextherapie. Bd . 1: Muskelfunktion und Schmerz. Bd. 2: Spezielle Myoreflextherapie und Aspekte des menschlichen Seins. Konstanz: Vesalius.
Neises, M., Schmidt-Ott, G. (2007): Gender, kulturelle Identität und Psychotherapie. München: Dustri.
Norris, F.H. (1992): Epidemiology of trauma: Frequency and impact of different potentially traumatic events on different demographic groups. Jour. Consult. Clin. Psychology 60, 409-418.

Nyberg, E., Fromberger, U. (1992): Clinican Administered PTSD Scale. Freiburg: Albert-Ludwigs-Universität.
Osten, P. (1996): Kreative Wahrnehmung, kreativer Ausdruck. Methoden und Wirkweisen der Integrativen Kunsttherapie. Zt. f. Musik-, Tanz- und Kunsttherapie, 7, 145-160.
Osten, P. (2000): Die Anamnese in der Psychotherapie. Klinische Entwicklungspsychologie in der Praxis. München: UTB-Reinhardt, 2. Aufl.
Osten, P. (2007): Verhaltensdipositionelle Muster der Ressourcenakquise bei Kindern im familiären Kontext. Bedeutung in der Persönlichkeitsentwicklung und in der Ätiologie psychischer und psychosomatischer Störungen. Krems: Donau Universität, Departement für psychosoziale Medizin und Psychotherapie.
Papoušek, M., Chuquisengo, W., de (2003): Auswirkungen mütterlicher Traumatisierungen auf Kommunikation und Beziehung in der frühen Kindheit. In: Brisch, K.H. (Hg.): Bindung und Trauma. Stuttgart: Klett-Cotta, 136-159.
Passow, A,H, (1970): Deprivation and disadvantage. Hamburg: Unesco Institute for Education.
Peltzer, K. & Abduljawad, A. & Bittenbinder, E. (1995): Gewalt und Trauma: Psychopathologie und Behandlung im Kontext von Flüchtlingen und Opfern organisierter Gewalt. Frankfurt a. M.: IKO.
Perry, P.D., Pollard, R.A., Blakely, T.L. (1995): Childhood trauma. The neurobiology of adaption, and „use-dependent" development of the brain: How „states" become „traits". Inf. Ment. Health 16, 271-291.
Petermann, F., Niebank, K., Scheithauer, H. (2004). Entwicklungswissenschaft. Entwicklungspsychologie, Genetik, Neurophysiologie. Berlin: Springer.
Petzold, H. (1986): Was nicht vergessen werden kann: Psychotherapie mit politisch Verfolgten und Gefolterten. In: Petzold, H. (Hrg.): Psychotherapie und Friedensarbeit. Paderborn: Junfermann.
Petzold, H. (2003f): Das Ko-respondenzmodell als Grundlage der Integrativen Therapie und Agogik. In: Petzold (2003), Bd. I, 19-90.
Petzold, H. (2003f): Das Ko-respondenzmodell als Grundlage der Integrativen Therapie und Agogik. In: Petzold (2003), Bd. I, 19-90.
Petzold, H. G., Josić, Z. (2007): Integrative Traumatherapie – ein leibtherapeutischer Ansatz nicht-exponierender Therapie Gestalttherapie 1/2007, 61-97.
Petzold, H. G., Orth,I. (2007): „Der schiefe Turm fällt nicht ... weil ich das w i l l!" – Kunst, Wille, Freiheit. Kreativ-therapeutische Instrumente für die Integrative Therapie des Willens: Willenspanorama, Zielkartierungen, Ich-Funktions-Diagramme. In: Petzold, Sieper (2007a) 553 – 596.
Petzold, H., Orth, I. (1990): Die neuen Kreativitätstherapien. Handbuch der Kunsttherapie. Bde. I und II, Paderborn: Junfermann.
Petzold, H., Orth, I. (1991): Körperbilder in der Integrativen Therapie. Darstellungen des phantasmatischen Leibes durch „body charts" als Technik projektiver Diagnostik und kreativer Therapeutik. Integrative Therapie, 17, 117-146.
Petzold, H., Orth, I. (1993b): Therapietagebücher, Lebenspanorama, Gesundheit- und Krankheitspanorama als Instrumente der Symbolisierung und karrierebezogenen Arbeit in der Integrativen Therapie. In: Petzold/Sieper (1993), Bd. I, 125-172.

Petzold, H., Orth, I. (1994): Kreative Persönlichkeitsdiagnostik durch mediengestützte Techniken in der Integrativen Therapie und Beratung. Integrative Therapie, 20, 340-391.
Petzold, H.G. (2003a): Integrative Therapie. Modelle, Theorien und Methoden für eine schulenübergreifende Psychotherapie, Bde. I, II, III. Paderborn: Junfermann, 2. Aufl. überarbeitet und erweitert; erste Auflage von 1993.
Petzold, H.G. (2003d): Das Leibsubjekt als „informierter Leib" – embodied and embedded. Leibgedächtnis und performative Synchronisationen. Petzold, H.G. (2003a), 1051-1092.
Petzold, H.G. (2004c): Integrative Trauer- und Trostarbeit – ein nicht-exponierender, leibtherapeutischer und lebenssinnorientierter Ansatz risikobewußter Behandlung. Bei: www. FPI-Publikationen.de/materialien.htm – POLYLOGE: Materialien aus der Europäischen Akademie für psychosoziale Gesundheit – 03/2004.
Petzold, H.G. (2004c): Integrative Trauer- und Trostarbeit – ein nicht-exponierender, leibtherapeutischer und lebenssinnorientierter Ansatz risikobewußter Behandlung. Bei: www. FPI-Publikationen.de/materialien.htm – POLYLOGE: Materialien aus der Europäischen Akademie für psychosoziale Gesundheit – 03/2004.
Petzold, H.G. (2006b): Entwicklungen in der Integrativen Therapie als „biopsychosozialökologisches" Modell – Überlegungen zu Hintergründen und proaktiven Perspektiven. „Integrative Therapie" 40 Jahre „auf dem Wege und auf der Suche" Europäische Akademie für Psychosoziale Gesundheit, Hückeswagen, mimeogr. Erw. (2006b). Bei www. FPI-Publikationen.de/materialien.htm – Polyloge: Materialien aus der Europäischen Akademie für psychosoziale Gesundheit – Jg. 2006.
Petzold, H.G., Goffin, J., Oudhof, J. (1993): Protektive Faktoren und Prozesse – Die positive Perspektive in der longitudinalen klinischen Entwicklungspsychologie und ihre Umsetzung in der Praxis in der Integrativen Therapie. In: Petzold/Sieper (1993), Bd. I, 173-267.
Petzold, H.G., Josić, Z., Ehrhardt, J. (2006): Integrative Familientherapie als „Netzwerkintervention" bei Traumabelastungen und Suchtproblemen. Erw. von dies. 2003. In: Petzold, H.G., Schay, P., Scheiblich, W. (2006): Integrative Suchtarbeit. Wiesbaden: Verlag für Sozialwissenschaften. 119-157.
Petzold, H.G., Regner, F. (2006): Integrative Traumatherapie – engagierte Praxis für Gerechtigkeit – Menschenrechte. Ein Interview mit Hilarion Petzold durch Freihart Regner. Psychologische Medizin 4 (2006) 33-55.
Petzold, H.G., Sieper, J. (2007a): Der Wille, die Neurowissenschaften und die Psychotherapie. 2 Bde. Bielefeld: Sirius, Aisthesis.
Petzold, H.G., Wolf, H.U., Landgrebe, B., Josic, Z., Steffan, A. (2000): Integrative Traumatherapie. Modelle und Konzepte für die Behandlung von Patienten mit posttraumatischer Belastungsstörung. In: van der Kolk et al. (2000), 445-579.
Rauch, S.L., van der Kolk, B.A., Fisher, R.E. et al. (1996): A symptom provocation study of post-traumatic stress disorder using positron emission tomography and script-driven imagery. Arch. Gen. Psychiatry 53, 380-387.
Renneberg, B., Hammelstein, Ph. (2006): Gesundheitspsychologie. Heidelberg: Springer.
Resnik, H.S., Kilpatrick, D.G., Dansky, B.S. et al. (1993): Prevalence of civilian trauma and posttraumatic stress disorder in a representative national sample of women. Jour. Consult. Clin. Psychology 61, 984-991.

Rieder, A., Lohff, B. (2007): Gender Medizin. Geschlechtsspezifische Aspekte für die klinische Praxis: Geschlechtsspezifische Aspekte für die Klinische Praxis. Wien: Springer.

Rizzolati, G., Craighero, L., Fadiga, L. (2003): The mirror system in humans. In: Stamenov/Gallese (2003), 37-59.

Rizzolati, G., Fadiga, L., Fogassi, L., Gallese, V. (2002): From mirror neurons to imitation: facts and speculations. In: Meltzoff/Prinz (2002), 131-152.

Rohde, A., Marneros, A. (2006): Geschlechtsspezifische Psychiatrie und Psychotherapie. Ein Handbuch. Stuttgart: Kohlhammer.

Rupprecht, R., Müller, N. (2000): Neuroendokrinologische und psycho-neuroimmunologische Grund-lagen psychiatrischer Erkrankungen. In: Möller et al. (2000), 141-162.

Rutter M. (1988): Studies of psychosocial risk. The power of longitudinal data. Cambridge: Cambridge University Press.

Sachsse, U. (2004): Traumazentierte Psychotherapie. Theorie, Klinik und Praxis. Stuttgart: Schattauer.

Sapolsky, R.M. (2000): Glutocorticoids and hippocampal atrophy in neuropsychiatric disorders. Arch.Gen.Psychaitry 57, 925-935.

Saß, H., Wittchen, H.-U., Zaudig, M. (1996): Diagnostisches und Statistisches Manual Psychischer Störungen (DSM-IV). Göttingen: Hogrefe.

Satir, V., Baldwin, M. (1998): Familientherapie in Aktion. Paderborn: Junfermann.

Schiepek, G. (2004): Neurobiologie der Psychotherapie. Stuttgart: Schattauer.

Schmidt, H.L. (1992): Kinder erleben das Krankenhaus. Deprivation und Trennungstrauma im Lichte neuer psychologischer Forschung. Eichstätt: BPB-Verlag (diritto).

Schmitz, H. (1992): Psychotherapie als leibliche Kommunikation. Integrative Therapie, 18, 292-313.

Schwarzer, R. (2004):Psychologie des Gesundheitsverhaltens. Einführung in die Gesundheitspsychologie. Göttingen: Hogrefe.

Shin, L.M., Kosslyn, S.M., McNally, R.J. (1997): Visual imagery and perception in posttraumatic stres disorder: A positron emission investigation. Arch. Gen. Psychiatry 54, 233-241.

Shin, L.M., Whalen, P.J., Pitman, R.K. et al. (2001): An fMRI of anterior cingulate function in post-traumatic stress disorder. Biol. Psychiatry 50, 932-942.

Soyka, M.: (2000a): Störungen durch Alkohol. In: Möller et al. (2000), 967-1004.

Soyka, M.: (2000b): Drogen- und Medikamentenabhängigkeit. In: Möller et al. (2000), 1005-1048.

Spitzer, M. (2004): Neuronale Netzwerke und Psychotherapie. In: Sachsse (2004), 42-57.

Stamenov, M., Gallese, V. (2003): Mirror neurons and the evolution of brain and language. Amsterdam: J. Benjamins.

Stepanek, K, (2007): Psychische Folgen des Nationalsozialismus. Am Beispiel ehemaliger KZ-Häftlinge. München: Müller.

Stoffels, H. (1994): Terrorlandschaften der Seele: Beiträge zur Theorie und Therapie von Extremtraumatisierungen. Regensburg: Roderer.

Streek-Fischer, A. (2006): Trauma und Entwicklung. Frühe Traumatisierungen und ihre Folgen in der Adoleszenz. Stuttgart: Schattauer.

Streek-Fischer, A., Sachsse, U., Özkan, I. (2001): Körper, Seele, Trauma. Biologie, Klinik, Praxis. Göttingen: Hogrefe.

Tattersall, I. (1997): Puzzle Menschwerdung. Auf der Spur der menschlichen Evolution. Heidelberg: Spektrum.

Terr, L. (1991): Childhood trauma: An outline and rview. Am. Journ. Psychiatry 148, 10-20.

Thome, J., Riederer, P. (2000): Störungen der Neurotransmission als Grundlage psychiatrischer Erkrankungen. In: Möller et al. (2000), 123-140.

Watson, C.G., Juba, M.P., Manifold, V., Kucala, T. (1991): The PTSD-Interview. Rationale, description, reliability, ans current validity of an DSM-based tecnique.

Weaver, I.C.G., Cervoni, N., Champagne, F.A., D'Alessio, A.C., Sharma, S., Seckl, J.R., Dymore, S., Szyf, M., Meany, M.J. (2004): Epigenetic programming by maternal behavior. Nature Neuroscience 7, 1-8.

Weiner, H. (1992): Perturbing the organism: The biology of stressful experience. Chicago: University Press.

Welter-Enderlin, R., Hildenbrand, B. (2006): Resilienz – Gedeihen trotz widriger Umstände. Heidelberg: Carl Auer.

Werner, E. E. (1985): Stress and protective factors in childrens lifes. In: Nicol, A.R. (Hg.): Longitudinal Studies in Child Psychology and Psychiatry. New York: Wiley, 335-355.

Wilson, J.P., Raphael, B. (1993): International Handbook of Traumatic Syndroms. New York: Plenum.

Wittchen, H.U., Lachner, G., Perkonigg, A., Schuster, P., Pfister, H., Beoch, E, Holly, A. (1996): Münchener Composite International Diagnostic Interview, Frankfurt: Swets & Zeitlinger.

Wittstein, I., Thiermann, D., Lima, J., Baughman, K., Schulman S., Gerstenblith, G., Wu, K., Rade, J., Bivalaqua, T., Champion, H. (2005): Neurohumoral features of myocardial stunning due to sudden emotional stress. The New English Journal of Medicine 352, 539-548.

Yehuda, R. (2001): Die Neuroendokrionologie bei posttraumatischer Belastungs-störung im Lichte neuro-anatomischer Befunde. In: Streek-Fischer et al. (2001).

Yehuda, R., McFarlane, A.C. (1997): Psychobiology of posttraumatic stress disorder. New York: Academy of Science.

Chronischer Streß auf der Ebene der Molekularbiologie und Neurobiochemie

Kurt Mosetter

Zwischen Blutzucker und Streß gibt es einen engen Zusammenhang. In akutem Streß stellt sich der Organismus darauf ein, mit Flucht- und Kampfverhalten eine Gefahr zu bewältigen. Dafür ist vor allem Energie und ein entsprechender Blutzuckerspiegel nötig. Im Streß arbeitet der Zuckerstoffwechsel quasi nach einem Notplan; dafür werden aus der Leber Zuckerreserven ins Blut ausgeschüttet. Ferner steigen die Pulsfrequenz und der Blutdruck. Normal- und Ruhefunktionen wie die Verdauung werden dagegen gedrosselt.

Streßzustände sind typischerweise mit Anstiegen von Cortisol und CRH (Corticotropes Releasing Hormon) gekoppelt. Corticosteroide und Insulin verhalten sich antagonistisch. Erhöhte Cortisolwirkungen führen so zu veränderten Insulinwirkungen. In den physiologischen Bereitstellaktionen (phylogenetisch für Flucht, Drohung, Kampf im Sinne des vitalen Überlebens) bleiben die Blutzuckerwerte erhöht. *Chronisch* – im Dauerstreß – führen diese Zustände zu *Insulinresistenz*. Unter Insulinresistenz und beeinträchtigter Insulinsignaltransduktion stellt sich so eine *Glucoseverwertungs-Störung* und eine zelluläre *Energiemangel-Situation* ein. Die Zellen verfügen so über zuwenig Glucose. Damit reduziert sich die Verfügbarkeit von wichtigen Neurotransmittern (GABA, Acetylcholin, Glycin, Glutamat).

Der Zuckerstoffwechsel und seine Entgleisung spielen so eine grundlegende Rolle bei Streßzuständen und streßassoziierten Erkrankungen. Im Streß-Stoffwechsel und unter Dauerbelastung entsteht ein Energiemangel über

$$\downarrow ATP \longrightarrow ADP \rightleftarrows AMP \rightleftarrows AMP \uparrow\uparrow$$
$$\searrow$$
$$NH_3 \uparrow\uparrow$$

Ammoniak (NH_3). Ammoniak ist toxisch und wirkt zudem leistungshemmend (Schulz 2006).

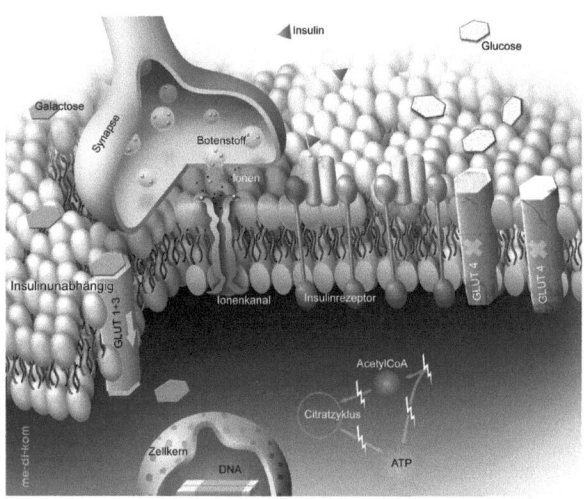

Da das Monosaccharid D+Galactose (im folgendem Galactose) vom Organismus *insulin-unabhängig* aufgenommen werden kann, kann diese einfache und natürliche Zuckersubstanz den zellulären Versorgungsengpaß über einen *molekularen Bypaß* umgehen. Galactose gelangt in die Zelle, greift NH3 Äquivalente auf, synthetisiert Aminosäuren und garantiert sowohl die Energiebilanz wie auch den Baustoffwechsel für Neurotransmitter und Zellmembrane.

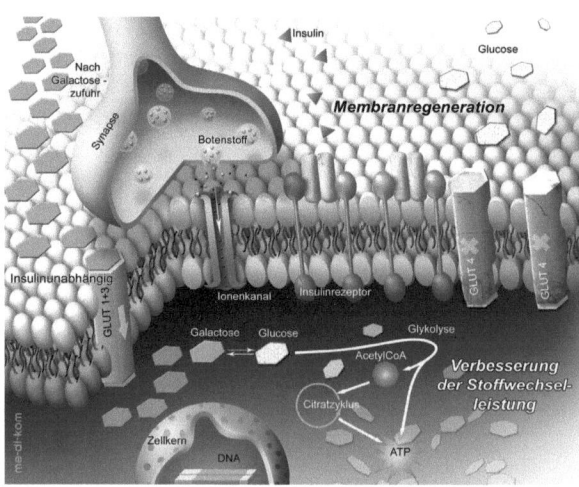

Molekulare Veränderungen bei Streß

Streß ist in wissenschaftlichen Abhandlungen ein aus vielen Perspektiven und Systemebenen gut beschriebenes Phänomen. In Lehrbüchern wird die Hypothalamus – Hypophyse – Nebennierenrinde – Streßachse detailliert erörtert. *Hier soll der Blickwinkel insbesondere auf die molekulare Synapsennetzwerk-Ebene und die funktionellen neuroanatomischen Schaltkreise gerichtet werden.*

Streß (Distreß) und seine physiologischen Funktionen sollen den Organismus des Erlebenden im Notfall, in Ausnahmesituation der Gefahr, der vitalen Anforderung Bedrohung im Kampf oder Fluchtmomenten unter kurzzeitiger Mobilisation aller körperlichen Ressourcen maximal leistungsfähig machen. *Krankhaft werden Streßreaktionen erst unter chronischer Dauerbelastung mit langfristiger Dysregulation der Homöostase.* Im Gegensatz zu Tieren, welche in der Regel nur kurzzeitige Streßaktivierungen erfahren bzw. benötigen, schlägt sich vor allem der Mensch mit Dauerbelastung herum (vgl. Sapolsky 1999). Dabei entgleisen nicht nur körperliche Regulationen im Sinne von Hypertonie, Erhöhung der Herzfrequenz, diabetogener Stoffwechsellage und den entsprechenden Streßhormonen mit Cortisol, Adrenalin und Noradrenalin; sondern auch neuroanatomische Schaltkreise.

Le Doux (2003) beschreibt die Schaltkreisveränderungen der Amygdala in deren Innenleben, wie auch in den Funktionsschleifen zu anderen Hirnregionen – Hippokampusdysregulation – Dysregulation des präfrontalen Kortex (Hemmung des lateralen PFK) – Aktivierung der motorischen Systeme in den Basalganglien – Hypothalamusaktivierung usw. (vgl. Conrad u.a. 1999; Corodimas et al. 1994; Makino et al. 1994).

Anhaltende Streßkonfigurationen aktivieren über den lateralen Nukleus der Amygdala prä- und postsynaptische Glutamatfreisetzung. Über diese Aktivierung wird mit dem Einstrom des Second messengers Ca^{2+} in die postsynaptische Zelle eine Kaskade intrazellulärer, metabolischer Reaktionen eingeläutet. Mit dem Ca^{2+} Einstrom und der veränderten exzitatorischen Aktionspotentialaktivität verändern sich kalziumabhängige Enzyme, Proteinkinasen, die Membranleitfähigkeit und die Aktivität der Transkriptionsfaktoren im Zellkern. Über Phosphorylierungsprozesse verändert sich die Synthese von Neuropeptiden und eine Vielzahl von Informationsverarbeitungssystemen der ZNS im Hinblick auf Lernen und Entwicklung.

Aktionspotentiale (Erregungen) lösen die Freisetzung des erregenden Neurotransmitters L-Glutamat aus. Glutamat interagiert mit ionotropen (iR) und metabotropen (mR) postsynaptisch lokalisierten Rezeptoren. Glutamat ist der wichtigste erregende (exzitatorische) Neurotransmitter im Zentralnervensystem. Eine besonders hohe Dichte glutamaterger Rezeptoren findet sich in (iR), die

Glutamat-Rezeptoren oder exzitatorische Aminosäuren-Rezeptoren, fungieren als Liganden-gesteuerte Ionenkanäle (Ionenkanalrezeptoren) mit den Subtypen NMDA- (=N-Methyl-D-Aspartat)-, AMPA- (=a-Amino-3-hydroxy-5-methylisoxazol-propionsäure. Der NMDA-Rezeptor ist ein für Na+-, K+- und Ca^{2+}-Ionen durchlässiges Kanalprotein, das durch Vermittlung der AMPA-Rezeptoren aktiviert werden kann. Ko-Agonist ist Glutamat. (und Glycin). Die einströmenden Na+- und Ca^{2+}-Ionen erhöhen die Effizienz der Erregungsübertragung: Langzeitpotenzierung (=LTP, long term potentiation).

Den ionotropen Rezeptoren stehen die metabotropen Rezeptoren gegenüber, die über heterotrimere (oder große) G-Proteine ihre Signale in das Zellinnere weiterleiten. Ihre entscheidende Untereinheit ist das Gs-Protein, das die membranassoziierte Adenylatcyclase aktiviert; sie katalysiert die Biosynthese des (bekanntesten) second messenger, des cyclischen AMP (=AMP). cAMP aktiviert Proteinkinasen (PKA), die Effektorproteine phosphorylieren, die dadurch in Abhängigkeit von der Stoffwechsellage aktiviert oder inaktiviert werden können. Diese Effektorproteine sind hauptsächlich für die Speicherung von Substraten (in Form von Glycogen oder Fett) oder die Gewinnung von Energie aus diesen Speicherformen(in Form von ATP) verantwortlich. Das sind die Verhältnisse in der Leber, im Fettgewebe oder in der Muskulatur. Im Nervengewebe wird über die mR-gekoppelte Gs-Untereinheit der heterotrimeren G-Proteine die intrazelluläre Ca^{2+}-Konzentration erhöht. Damit wird sowohl über iR wie auch über mR die Ca^{2+}-Konzentration erhöht, vor allem durch konsekutive Öffnung von spannungsgesteuerten Ca^{2+}-Kanälen. Neben cAMP sind die second messenger Diacylglycerol (=DAG) und Inositoltrisphosphat (=IP3) wirksam, die durch Katalyse der Phospholipase C aus Inositolphospholipiden abgespalten werden. IP3 induziert die Erhöhung der intrazellulären Ca^{2+}-Konzentration durch IP3-rezeptorvermittelte Entleerung des Calciumspeichers im endoplasmatischen Retikulum. Ca^{2+} aktiviert, an Calmodulin gebunden, die Proteinkinasen.

Diese intrazelluläre molekulare Kaskade dient dazu, Signale, die von außen an die Zelle gebracht werden, aber selbst nicht in sie eindringen können, zum Dirigenten des biochemischen Orchesters einer Zelle zu bringen, zum Zellkern. Die ursprünglichen extrazellulären Signalmoleküle hätten auch gar nicht die Fähigkeit, den Kern in seiner Funktion zu beeinflussen. Diese Funktion obliegt den Transkriptionsfaktoren mit ihrer Affinität zu den spezifischen Bindungsstellen am genetischen Apparat. PKC und PKA (über cAMP) phosphorylieren konstitutiv exprimierte Transkriptionsfaktoren, z.B. CREB zu CREB-P. CREB ist ein cAMP-gesteuertes spezifisches Genregulatorprotein, CRE-bindende Protein (CRE steht für cAMP-Response-Element). Wenn CREB phosphoryliert wird, bindet es einen Transkriptionskoaktivator, das CREB-bindende Protein (=CBP). Die phosphorylierte Form, CREB-P, bindet an die Promotorregion des c-fos- und c-jun-Gens (sog. immediate early genes). Die von diesen beiden Genen kodierten Proteine Fos und Jun dimerisieren und lagern sich an die AP (= Aktivatorprotein)-1-Konsensus-Sequenz ihrer Zielgene; sie kodieren für Rezeptoren. Ändert sich beispielsweise die Anzahl eines bestimmten ionotropen Glutamatrezeptorsubtyps, so wird dadurch die Erregbarkeit dieser Nervenzelle beeinflußt. Dieser intrazelluläre Signalweg wird durch Wachstumsfaktoren angeschaltet, wie NGF, BNDF, Neurotropin. Die wichtige Rolle von CREB für die Hirnforschung konnte mit genetischen Versuchen an Mäusen, die eine Isoform von CREB nicht mehr bilden konnten, bewiesen werden. Sie zeigten ein gestörtes räumliches Gedächtnis und zugleich eine verkürzte Langzeitpotenzierung (LTP) in der CA1-Region des Hippocampus. Offenbar ist CREB für den Erhalt der Neuroplastizität in dieser Hirnregion verantwortlich.

Im chronischen Streß werden diesen Leistungen die Energiequellen entzogen. Die entscheidende Energiequelle ist die Glucose. Ihre Konzentration fällt unter chronischen Streßbedingungen auf ein immer niedrigeres Niveau. Glucose wird dann nur noch für die Aufrechterhaltung der ATP-Konzentration verwendet, für die Aufrechterhaltung des *Leistungsstoffwechsels*, zu Lasten des *Baustoffwechsels*. *Die Störung der Balance zwischen diesen beiden Stoffwechselwegen geht zu Lasten der Strukturerhaltung der Nervenzellen.* Etwa die Hälfte der Plasmamembranen der Nervenzellen bestehen aus Glykoproteinen. Eine entscheidende Komponente ist Galactose; sie ist verknüpft mit Neuraminsäure. Beide üben nicht nur strukturerhaltende, sondern auch rezeptive Funktionen aus. Galactose steht mit Glucose über ihre aktivierten Verbindungen (UDP-Derivate) in einem metabolisch sehr ungünstigen „Gleich"gewicht (3,5:1 zugunsten der UDP-Glucose). Die Verfügbarkeit der UDP-Galactose verschlechtert sich in einer Streßsituation dramatisch. Das strukturelle Gefüge der Zellen geht langsam zugrunde. Dies führt zu einer Sensitivierung der Hippocampuszellen in Phasen höchster neuronaler Aktivität mit hoher exzitatorischer Glutamatkonzentration (gegenüber GABA). Glutamat wirkt nun auf die Zellen des Hippocampus der CA3-Region toxisch, die über zuwenig Glucose verfügen. *Der Prozeß des Schrumpfens der apikalen Dendriten und das Absterben der Zellen geschieht also nicht direkt (vgl. Bremner u.a. 1999, 2000) sondern indirekt.*

Über die Veränderung der Membranstruktur und die elektrische Ladungsveränderung sind dieselben Zellen gleichzeitig nicht mehr in der Lage, auf inhibitorische GABA Impulse zu reagieren. So ist mit einer hohen Wahrscheinlichkeit anzunehmen, daß im besonderen der langsame metabotrope $GABA_B$-Rezeptor über Strukturveränderungen nur noch vermindert zum Zuge kommt. $GABA_B$-Rezeptoren hemmen nicht nur die Leitfähigkeit für Ca^{2+} sondern sind über K^+ Kanalöffnungen direkt an der Hyperpolarisation beteiligt (IPSP). Auch $GABA_A$ und $GABA_B$, welche sich inhibitorisch auf depolarisierende Transmitter wie Glutamat auswirken, werden in ihrem Arbeitsmuster reduziert.

Von diesem molekularen Desaster ist gleichzeitig eine weitere Region, der Gyrus dentatus, der für die Bildung neuer Neuronen und zur Produktion von für die Neurogenese des erwachsenen Organismus notwendigen Nervenzellwachstumsfaktoren zuständig ist (vgl. Bauer 2002), mitbetroffen, d.h. in seiner Funktion eingeschränkt. In produktiven Lernsituationen wird die Neurogenese aktiv. Streß, bzw. eine Erhöhung von CRF, Cortisol oder Serotonin, hemmt die Expression von Nervenzellwachstumsfaktoren dagegen unmittelbar. Auf einer weiteren Ebene wird in dieser Streßchemie das CREB – Aktivator – Protein gehemmt und das CREB – Repressor – Protein aktiviert. Dies führt zu einer weiteren Verschlechterung von Lern- und Gedächtnisleistung. Im Folgenden werden eine Vielzahl an Nervenzellnetzwerk-Verschaltungen im Aktivitätsmuster verändert.

Insgesamt ist so die nachgewiesene Abnahme des Hippocampusvolumens (Yehuda 2001) bei Steßerkrankungen nachzuvollziehen ebenso wie eine Serie von Streßfolgeerkrankungen. Kontextspeicherungen in Verbindung Amygdala zu Hippocampus werden erschwert. Feinabstimmung der Amygdala in den vorderen Gyrus cinguli und die Basalganglien werden gestört.

Emotion und Gefühle erfahren Fingerabdrücke der chronischen Streßsituation. Furcht- und Angstaspekte spielen sich in den Vordergrund. Im Notfall trägt die Amygdala zu expliziten Gedächtnisleistungen bei. Studien von Mc Gaugh (1990, 2000), Cahill u. Mc Gaugh (1998), Mc Gaugh u. Gold (1989), Rozental (2000) zeigen dies, ebenso wie Studien von Sapolsky (1996, 1998), Mc Ewen u. Sapolsky (1995), Mc Ewen (1999), Diamond u. Rose (1994), Kim u. Yoon (1998), Pavlides u.a. (1993, 1996) zeigen, daß Streß das explizite Gedächtnis hemmt. Über Amygdalaschaltkreise steigt Cortisol und Glutamat. Im Hippocampus werden so Rezeptoren verändert und darüber hinaus spezielle Zellregionen, die apikalen Dendriten der CA 3 Region degenerieren.

Auch in der Demenz vom Alzheimertyp wurde eine erhöhte Konzentration von Cortisol im Blut und postmortal im Liquor gefunden. Dies korreliert mit einer nachgewiesen Dysfunktion und einem *Verlust der Glucokorticoid-Rezeptoren*. Gleichzeitig steigt die Rezeptoren-dichte für den CRF.

Auch Arbeitsgedächtnis und emotionale Integrations- und Planungsinstanzen in ventromedialen Feldern des PFK werden durch Streß gehemmt (vgl. Diorio u.a. 1993).

Streß aktiviert ⇨ lateraler Nucleus der Amygdala ⇨ zentraler Nucleus der Amygdala ⇨ paraventrikulärer Nucleus des Hypothalamus ⇨ Bed of nucleus striae terminalis ⇨ CRF ⇨ Hypophyse ACTH ⇨ Nebennierenrinde ⇨ Körperdysfunktion ⇨ Gehirn ⇨ Hippocampus ⇨ Amygdala ⇨ Cortisol ⇨ Glutamat ⇨ Degeneration Hippocampus ⇨ Hemmung: Gyrus dentatus, präfrontaler Kortex, Gyrus cinguli, Neurogenese.

Dysregulationen im Streß-Stoffwechsel

In metabolischem Streß und bei chronischer psychischer Belastung sind steigende Cortisolspiegel typisch (Sapolsky 1996, 1999). Bei speziellen biografischen Belastungen finden sich auch sogenannte paradoxe Streß-Situationen mit erniedrigten Cortisolspiegeln, jedoch erhöhten Werten von CRH (Corticotropem Releasing Hormon). Yehuda 2001) *Entsprechend niedrig sind Insulin, IRS und IGF* (Fröhlich 1997; 1998).

Zerebrale Ischämien, arterielle Hypoxämie und Hypoglykämie zeigen ebenso eindrückliche Energie-/Glukoseverwertungsstörungen mit neurodegenerativen Veränderungen wie PTBS (Posttraumatische Belastungsstörungen) und ihre neurobiologischen Ausläufer. (Hoyer 1994, 1995; Eisbo 2004) Extra- und intrazelluläre pH-Werte zeigen deutliche Verschiebungen hin zu einem sauren Milieu (Hoyer 1985; Roberts 1996).

In der Regel beobachtet man hyperexzitatorische Glutamatwirkungen und reduzierte GABA-erge hemmende Aktivitätsmuster (Hoyer 1985; Roberts 1996). Interessanterweise führen Ischämie und Hypoxämie zum Verlust der apikalen Dendriten der CA1 Region, wohingegen Traumafolgen Schädigungen der CA3 Region nach sich ziehen (Hoyer 1968).

Veränderungen des Gehirnstoffwechsels bei chronischem Streß führen zu einer Vielzahl von Dysregulationen:

Cortisol ↑	CRH ↑	Glutamat ↑
Insulinlike GF ↓ IGF-1 und IGF-2 ↓	Cortisol ↓	Glukosetransporter ↓
		α-5 GABA A ↓
Viscosität der Membranen ↑ ▲	**Zelle:** Glukose ↓↓	Insulin ↓ IRS1
Apoe 4 ↑ ▼		Insulinrezeptoren ⇵
↑Cholesterin in exofazialen Membranen		Hypoxie – O2 ↓ Ischiämie – O2 ↓
βA4 ↑ LTP ↓	AGE↑	ROS↑	pH ↓	IDE ↓
Tau Phos ↑↑		GLP ↓		NGF Rezeptor ⇵ ↓ TrKA ↓

(Pelech 1993, 1995; Yan 1994; Nuydens 1995; Goedert 1996; Stern 2002; Phiel 2003; Puig 2005)

Erst in dem Zustand, in dem Zellen intrazellulär über zu wenig Glukose verfügen, wirken sich die beschriebenen Veränderungen toxisch für die Zelle selbst aus. Glukose- und ATP-Mangel führen zu Veränderungen der Zellmembran, Viskositätserhöhung, Flowreduktion, zellulären Signalabbrüchen und Dysfunktionen (betreffend die Prozesse der Zell-Zell-Kommunikation und des extrazellulären Austauschs) (Bremner 1999). Das wird verstärkt durch ein Übergewicht von Noradrenalin und Cortisol zu Ungunsten des Insulins. (Bremner 2000). Die Leistungen von Mitochondrien, ER, Golgi-Apparat sowie deren Leistungen im Hinblick auf Sortierung, Faltung, Degradation Glykosylierung, Phosphorylierung und Sulfatierung sind gleichzeitig deutlich behindert.

Neurotoxische Metabolite, respektive Metabolite in erhöhter neurotoxischer Dosierung entstehen somit (wie in einem Orchester) miteinander und in einem Circulus vitiosus komplexer Folgereaktionen (Halestrap 2000; Hirsch 1998).

Streßassoziierte Erkrankungen

Wir wissen heute, daß eine grundlegende Veränderung in der Entwicklung von Angststörungen, Depression, Schizophrenie, neurodegenerative Erkrankungen, Sucht und Schmerz in einer *verstellten hypothalamischen Streßachse* begründet ist. In diesem Zusammenhang spielen Veränderungen der Insulinsignaltransduktion, im speziellen die Glykogen-Synthase-Kinase (GSK) 3 und GABA-Rezeptorsysteme eine entscheidende Rolle spielen (Siegel 2006).

Bekannte Streßerkrankungen sind das **Postaggressionssyndrom** und die **PTBS**. Die Verbindung von Streß zur **Depression** ist eindeutig belegt und gut erforscht (vgl. Maier 1984; Mc Ewen u. Sapolsky 1995; Nemeroff 1998; Porsolt 2000; Willner 1995; Siegel 2006).

In der Regel ist der Cortisolspiegel bei **Depression** erhöht – kann allerdings in einem sich erschöpfenden Neurotransmittersystem bzw. bei primär verstellter Streßachse nach **Frühtraumatisierungen** vermindert sein.

Aus neurobiologischen Untersuchungen kann außer den Theorien zu Monoaminen, Serotonin usw. ein ursächlicher Sachverhalt postuliert werden:

Streß ⇨ Amygdala ⇨ Hypothalamus ⇨ Cortisol ⇨ Herzkreislauf ⇨ Muskeldysregulation ⇨ Magengeschwür ⇨ Infektneigung ⇨ Gedächtnisleistung ⇨ Hemmung von Motivation und Orientierungs-verhalten ⇨ Depression ⇨ Abnahme Hippocampusvolumen (vgl. Bremner u.a. 2000; Lupien 1998; Starkmann u.a. 1999).

So wird im derzeitigen Trend die Rolle von CRF und Cortisol bzw. deren Hemmung mit entsprechenden Medikamenten erforscht.

Studien von Duman u.a. (1997; 1999) beschreiben, wie Streß zur Depression prädisponiert. Das Szenario könnte zusammengefaßt wie folgt aussehen:

Streß ⇨ Cortisol ⇨ Attackierung CA 3 Region ⇨ Hemmung von Gyrus dentatus ⇨ down Regulation BDNF ⇨ Anstieg Glutamat ⇨ Ca^{2+} ⇨ c-AMP ⇨ PKA ⇨ Hemmung CREB ⇨ Hemmung Genexpression NGF ⇨ Aktivierung Genexpression CRF.

In Studien mit bildgebenden Verfahren haben gezeigt, daß auch Areale des präfrontalen Kortex und des Nucleus accumbens Aktivitätsveränderungen erfahren (vgl. Davidson,. Slagter 2000; Diorio et al. 1993; Drevets 1998, 1999; Drevets et al. 1997; 1998).

So werden in funktionell neuroanatomischen Schaltkreisen Symptome der Depression im Sinne kognitiver Veränderungen verständlich. Mangelndes Kurzzeit- und Arbeitsgedächtnis, Ablenkbarkeit und Motivationsdefizite, Beeinträchtigung von Entscheidungsprozessen und Sozialverhalten im Sinne von Exekutivfunktionen für sichere antizipierte Zukunft.

Im Zentrum von **Angststörungen** stehen ebenfalls die verstellte Streßachse, Amygdaladysregulation, funktionelle Schaltkreisaffektionen und Aufmerksamkeitsstörungen.

Auf molekularer Ebene geht es um die zu schwachen GABA Übertragungen und Leistungen und die zu hohe Aktivität des exzitatorischen Glutamat. Bisherige Medikamente setzen auch genau dort an. Babiturate, Benzodiazepen, Imidazopyridine.

SSRI's wirken sehr wahrscheinlich zu einem Großteil ebenfalls über eine Intensivierung der Hemmung über GABA in der Amygdala (vgl. Le Doux 2003).

Auch bei **Psychosen** verändert sich die Feinabstimmung im Schaltkreismodell – wieder vor allem im Spiel zwischen Amygdala, Hippocampus, PFK und den Basalganglien (vgl. Abi-Dargham et al. 2000; Andreasen et al. 1986; Bermann et al. 1988; Bermann, Weinberger 1991; Bogerts 1993; Bogerts et al. 1990, 1993; Eastwood et al. 1995; Nopoulos et al. 1995; Isenberg et al. 1999; Okubo et al. 1997).

Ergebnisse der PET-Untersuchungen lassen sich auf zwei gemeinsame Nenner bringen:

- Die aktivitätsveränderten Hirnregionen verbrauchen zu viel Glucose und kommen in einen Glucose-Mangelzustand mit all seinen metabolischen Folgen.
- Hemmende Funktionskreise sind über veränderte Schaltung nicht in der Lage, ihre Aktivität zielgerichtet hemmend zu entfalten.

Allen Theorien gemeinsam sind Veränderungen auf molekularer Ebene bezüglich Rezeptoraktivierungen und Botenstoffveränderungen in ihrer Feinabstimmung untereinander.

- D 2 Rezeptoren – Aktivität in den Basalganglien ist stark erhöht (Plus – Symptome)
- D 1 Rezeptoren – Aktivität und Dichte im PFK ist stark verringert

(vgl. Abi-Dargham et al. 2000; Arnsten 1998; Braver et al. 1999; Carter et al. 1998; Friedmann et al. 1999; Hietala et al.1999; Lindstrom et al. 1999, Okubo et al. 1997: Seemann, Kapur 2000; Stevens et al. 1998).

Sicher ist heute, daß Veränderungen des Glutamat-Informationssystems, der NMDA- Rezeptoren und des GABA Hemmsystems in funktionellen Schaltkreisen Grundlagen der **Schizophrenerkrankung** in sich tragen (vgl. Benes 1999; Epstein et al. 1999; Goff et al. 1995; Grace et al. 1997, 1998; Lewis et al. 1999; Selemon, Goldman-Rakic 1999).

Bei allen Streßerkrankungen, PTBS, Depression, Angsterkrankungen, Psychose, Demenz ist gemeinsam, daß verschiedene Neurotransmitter und Rezeptoren in und zwischen der Verschaltung mehrerer Hirnregionen, Dysregulation erfahren. So verändern sich synaptische Verschaltungsmuster und Momente der Gensteuerung.

Jeder Einzelne Symptomkomplex hat als Grundlage entsprechende Veränderung in spezifischen Schaltkreisen. Allen Veränderungen gemeinsam ist ein erhöhter Glucose-Verbrauch durch die fundamentale chemische Streßbelastung. Dieser Glucose-Mangelzustand zieht Strukturveränderungen der Membranenzusammensetzung mit sich, z.b. ihrer Rezeptoren wegen der konsekutiven verminderten Regeneration von Glycoproteinen.

Glucose und der Metabolite werden für den Leistungsstoffwechsel benötigt. Eine elegante therapeutische Interventionsline besteht in der Gabe von Galactose. *Mit Galactose kann der Baustoffwechsel für die Membranstrukturen und Rezeptormoleküle aufrechterhalten werden.*

Die Entstressung des Zellstoffwechsels spiegelt sich unmittelbar in Gensteuerungen weg vom Panikorchester CRF – Cortisol und hin zur Aktivierung von NGF, BDNF, Neurotropin. Sowohl der Schädigung im Bereich der apikalen Dendriten der CA 3 Region wie dem Aktivitätsdefizit im Gyrus dentatus kann entgegengewirkt werden.

Über die Regulation von LTP, Gedächtnisprozessen dem intrazellularen Anstieg von Ca^{2+} von CAMP und aktivierten Proteinkinasen, über CREP und weitere Transkriptionsfaktoren wird wieder Lernen möglich. Dem Gehirn wird über einen Seitenweg geholfen, aus molekularer Ebene heraus wieder plastisch zu werden.

Die Abbauprodukte vom oxidativen Streß, der intrazellulären Proteolyse und der Lipidperoxidation wie Ammoniak werden gleichzeitig in die Neusynthese von Aminosäuren eingeschleust. Weitere Forschung wird nötig sein, die vielversprechenden therapeutischen Anwendungen der Galactose im Einzelnen zu verstehen. Für eine breite Anwendung bedarf es klinischer Studien und statistischer Untermauerung der Erfolge der Einzelstudien.

Der **Morbus Parkinson** ist gekennzeichnet durch Akinese, Tremor und Rigor als Folge einer Erkrankung des dopaminergen Systems. Speziell im Corpus striatum finden sich um 90 % erniedrigter Dopaminspiegel bei einer weitgehenden Degeneration der dopaminergen Neuronen der Substantia nigra. Speziell die D 1 Rezeptoren sind erniedrigt. Bei gleichzeitigen Degenerationen der Area tegmentalis tritt als weiteres System die Demenz auf.

Beim **Morbus Alzheimer** findet sich eine signifikante Degeneration des Nucleus Basalis Meynert aber auch des Nucleus Parabrachialis im Hirnstamm und des cingulären Kortex. Über Degeneration der Area entorhinalis mit dem Weg über den Tractus perforans sind Dysfunktionen des Hippocampus und die klassischen Gedächtnis- und Lernfunktionsdefizite ableitbar.

Außer dem System des Acetylcholins und des Dopamins im Vorderhirn und Hirnstamm ist auch das Tansmittersystem von Glutamat betroffen, im Sinne einer Dysregulation von Glutamatrezeptoren wie auch des Glutamatspiegels. Sehr früh betroffen ist auch der Locus coeruleus und als zentrale Säule das Noradrenerge Informationssystem für den gesamten Kortex.

Die Demenz vom Typ Morbus Alzheimer wird in neueren Publikationen auch als „Diabetes Typ 3" beschrieben (quasi ein Diabetes des Gehirns) (de la Monte 2006). Hoyer hat während seiner Tätigkeit am Neuropathologischen Institut der Universität Heidelberg durch die Ausschaltung des Insulin-Rezeptors mittels Streptozotocin ein Alzheimer-Modell erzeugt. Es ist zum Studium der für M. Alzheimer typischen verminderten Versorgung der Zellen des Gehirns mit Glucose in hohem Maße geeignet (Hoyer et al. 1999).

Die entscheidende Rolle eines kausal frühveränderten Energie-, Glukose- und Insulinstoffwechsels bei Morbus Alzheimer Demenz kann ein neues Gesamtbild dieser Erkrankung (und anderer streßassoziierter Erkrankungen) ergeben. *Insulinresistenz* und eine Reihe molekularer und kognitiver Einschränkungen sind belegt (Geroldi 2005). [Eigene aktuelle Forschungen *in Kooperation* mit Department of Pharmacology, Medical School and National Brain Research Center. M. Salkovic-Petrisic. University of Zagreb, Croatia.]

Im Streptozotocin-Alzheimer-Modell (Hoyer 1999; de la Monte 2006) konnte gezeigt werden, daß sich bei Gabe von insulinunabhängigen Monosacchariden (Galactose) die Gedächtnisleistung wieder normalisieren läßt (vgl. Salkovic-Petrisic M. Department of Pharmacology, Medical School and National Brain Research Center, University of Zagreb, Croatia [2006; noch nicht veröffentlicht] sowie Salkovic 2005).

Derzeit (Stand: Nov. 2006) ist eine eigene ernährungsphysiologische Studie (randomisiert, placebokontrolliert, doppelblind) im Gange, die die Wirkung von Galactose bei Gedächtnisstörungen – mild cognitive impairment (MCI) – untersucht (Institut für Lebensmittelwissenschaft, A. Hahn, Universität Hannover).

Metabolischer Streß

Metabolischer Streß kann verschiedene Ursachen haben wie körperliche oder geistige Überanstrengung, konsumierende Erkrankungen, altersbedingte Minderdurchblutungen von Organen, speziell des Gehirns, um nur einige zu nennen. Die Folgen wirken sich auf den Energie- und Leistungsstoffwechsel aus.

Der Organismus wird in seinem Gefüge durch den 1. Energie- oder Leistungsstoffwechsel und 2. Baustoffwechsel aufrechterhalten.

Der Energiestoffwechsel ist für den Organismus quo ad vitam akut bedeutsamer als der Baustoffwechsel. Daher ist die Bereitstellung von Energie aus Nährstoffen das vordringliche Ziel jeder Körperzelle. Das wichtigste Substrat für die Energiegewinnung ist Glucose, vor allem zur Aufrechterhaltung der vitalen Funktionen von Gehirn und Erythrozyten.

Der Glucose- und Insulinstoffwechsel des Gehirns ist entscheidend für Funktion, Leistung, Struktur und Botenstoffwechsel des ZNS. In Mangelzuständen (Hunger, metabolischer Streß, psychischer Streß und Dauerbelastung, langandauernde Behandlung auf der Intensivstation) ist daher die Aufrechterhaltung einer ausreichenden Glucose-Konzentration essentiell. Mit dieser aus dem oxidativen Abbau der Glucose gewonnenen Energie werden essentielle Stoffwechselvorgänge angetrieben. Es werden Ionenkanäle für die Aufrechterhaltung der Weiterleitung von Nervenimpulsen oder des intrazellulären Milieus geöffnet und geschlossen, Nährstoffe den Zellen zugeführt, Impulse von einer Zelle zur Nachbarzelle weitergeleitet, um nur einige zu nennen. Die Aufrechterhaltung dieser akut lebensnotwendigen Funktionen „der ersten Front" (Energie) sind den Funktionen der „zweiten Front" (Zell- und Organstruktur) übergeordnet. Letztere geraten daher nicht nur in ein Defizit, sondern werden in erheblichem Maße dazu verwendet, als Substrate für die Glucose (also Energiegewinnung) zu dienen. Das hat für die strukturelle und damit funktionelle Integrität der Zelle schwerwiegende Folgen. Die Zelle verbraucht sich in einer metabolischen Streßsituation selbst. Die Zelle brennt bildlich gesprochen ihr eigenes Gehäuse ab, um zu Energie zu kommen. Sie geht zugrunde.

Manifest liegt ein solcher zellulärer Streß-Status bei Demenzerkrankungen wie dem Morbus Alzheimer. Der Glucosebedarf im Gehirn dieser Patienten ist gesteigert. Die Durchblutung ist jedoch durch eine altersbedingte Verengung der Gefäße eingeschränkt (normalerweise fließen 15% des Blutes durch das Gehirn). Bei der krankheitsbedingten Imbalance zwischen Energie- und Leistungsstoffwechsel kommt es zu nachhaltigen Störungen der Zellstruktur bis zu ihrem Untergang. Eine Schlüsselreaktion bei diesem deletären Vorgang kommt der Reaktion

4-Epimerase
UDP-Galactose --------------- UDP-Glucose

zu. Das Gleichgewicht dieser Reaktion liegt mit 1:3,5 weit auf Seiten der Glucose (in der Leber). Das bedeutet, daß die UDP-Galactose über UDP-Glucose und nachfolgend über Glucosephosphate und Glucose in die Glykolyse und damit in den Energiestoffwechsel einfließt. UDP-Galactose steht nun nicht mehr in ausreichender Menge für die Synthese von Glykoproteinen und Glykolipiden bereit, die Integrität der Plasmamembran mit ihren essentiellen Komponenten kann nicht mehr aufrecht erhalten werden. An dieser Stelle hat die Natur einen Ausweg gelassen. Er besteht in der Substitution mit dem Schwesterzucker zur Glucose, der Galactose. Galactose wird insulinunabhängig über ihre Transportsysteme von Zellen aufgenommen und sogleich nach ihrer Phosphorylierung zu UDP-Galactose aktiviert, die Konzentration an UDP-Galactose steigt unmittelbar nach Galactosesubstitution in kürzester Zeit beträchtlich an. Sie kann nun primär zur Aufrechterhaltung des Baustoffwechsels herangezogen werden. Der hierfür nicht benötigte, weit größere Anteil fließt *quantitativ* über UDP-Glucose in den Energiestoffwechsel, katalysiert durch die 4-Epimerase. Da Galactose *insulinunabhängig*, nur dem Konzentrationsgefälle folgend, aufgenommen wird, ist es wichtig, daß sie als Bolus gegeben wird. Galactose hat gegenüber Glucose noch einen weiteren Vorteil. Wie aus dem Stoffwechselschema ersichtlich, wird Glucose sofort phosphoryliert und über die Glykolyse zur Energiegewinnung herangezogen. Galactose hingegen steht über die reichlich gebildete UDP-Galactose allen Biosynthesen von Glykokonjugaten zur Verfügung, die für die Bildung der Biostrukturen essentiell sind.

Galactose verfügt noch über eine weitere Eigenschaft. Sie besitzt eine Proteinsparende Wirkung, da sie in Aminosäuren, vor allem Glutamat und Derivate und Aspartat umgewandelt wird, wie metabolische Studien an Rattenorganen, besonders Gehirn und Leber, zeigten. Das bedeutet Verbrauch von Ammoniak-Äquivalenten. Im Falle einer hepatischen Enzephalopathie bedeutet dies endogene Entgiftung.

Ätiologie und Molekularbiologie

Die molekularen, biochemischen Vorgänge sind die *Basis* für die weiteren, darauf aufbauenden Vorgänge und Funktionen des Organismus. Betrachtet man Streß (und Krankheit allgemein) sehr generell *als eine Reaktion des Organismus auf Störeinflüsse* sowie *als Endresultat und symptomatische Manifestation einer Gesamtentwicklung*, so muß sich diese molekulare Basis stets mit betroffen zeigen. Als *grundlegende Teilmomente* der Belastung (bzw. der Krankheitsentwicklung) werden sich biochemische Größen entsprechend verändern und entsprechende Veränderungen in den übergeordneten Organisationsebenen generieren.

Eine Herangehensweise, die neben der *Nosologie* vor allem die *Ätiologie* der Krankheitsbilder beachtet, muß in den molekularen, biochemischen Veränderungen eine wesentliche Weichenfunktion erkennen.

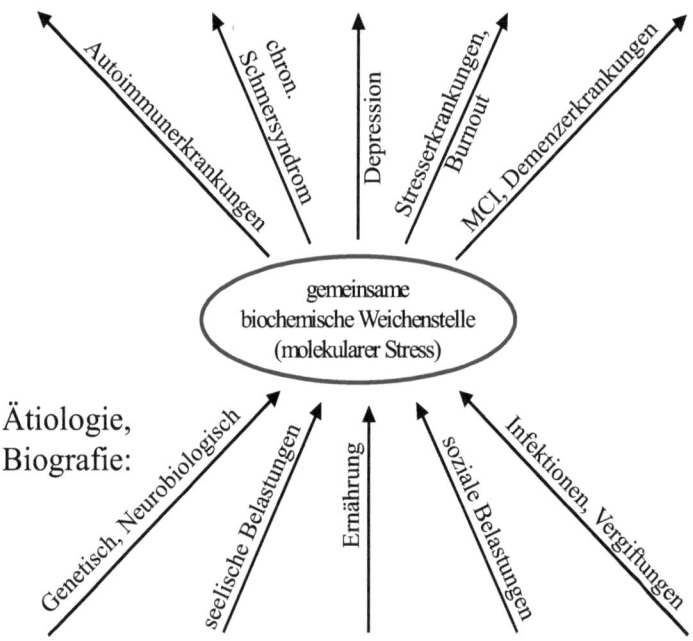

Aufgrund der grundlegenden Weichenstellung der Biochemie können *dieselben* Einflüsse und Belastungen *unterschiedliche* Symptombilder zeitigen. Und *unterschiedliche* Einflüsse können zu *gleichartigen* Symptombildern führen. Eine solche Betrachtungsweise verlangt eine differenzierte und individuell ausgerichtete Herangehensweise. Dies sowohl in der Forschung als auch im praktischen Alltag.

In der molekularen Pharmakologie erweist sich insbesondere die *Glycomic-Forschung* als der zentrale Bereich, der dieser Aufgabe gerecht werden kann und umgekehrt eine solche Sichtweise fordert.

Beispiele für den Erfolg der peroralen Galactose-Gabe

Da der molekulare Grundstatus und der Zuckerstoffwechsel (Insulin, zellulärer Energie- und Bausstoffwechsel) eine so grundlegende Rolle für den Organismus spielt, zeigt sich die Wirksamkeit des insulinunabhängigen Monosaccharids Galactose bei symptomatisch sehr unterschiedlichen (molekularpathologisch jedoch eben verwandten) Krankheitsbildern. Die folgenden Vignetten können dies exemplarisch veranschaulichen.

Beispiel 1

Einem männlichen Patienten von 68 Jahren mit deutlicher **hepatischen Encephalopathie** (Leberkoma) und starken Bewußtseinsstörungen wurde entreal 4mal täglich ein Teelöffel Galactose (je ca. 6g) im Tee gegeben. Bereits innerhalb des ersten Behandlungstages trat ein nahezu vollständiger Rückgang der Bewußtseinstrübung ein. Sie setzte nach Abbruch der Therapie innerhalb eines Tages wieder ein, während nach Wiederaufnahme der Galactosegabe eine Remission festgestellt wurde. Das Grundleiden wurde durch diese Behandlung zwar nicht beseitigt, aber ein gravierendes Symptom wurde in wesentlichem Maße gelindert.

Beispiel 2

Ein männlicher Patient mit langjährigem **Diabetes mellitus** und mit Insulintherapie (täglich ca. 75 I. E. Humaninsulin), der unter heftigen Hypoglykämiezuständen mit teilweiser Bewußtlosigkeit litt, erhielt nach Einsetzen hypoglykämischer Symptome (etwa ab ca. 65 mg% Blutzuckerwert) 12 g Galactose anstelle der üblichen Glucosegabe. Der hypoglykämische Zustand wurde bereits in wenigen Minuten vollständig beseitigt. Die Wirkung der Galactose war doppelt so schnell wie die von Traubenzucker und ohne Einleitung zu starker Reaktionen der Gegensteuerung therapierbar. Prophylaktische Galactosegaben bewirkten bewirkten, daß sich der Blutzucker auf einem Normalniveau hervorragend einpendelte. Die Tendenz zu Hypoglykämien konnte wesentlich eingedämmt werden, ohne daß der Patient seinerseits in eine hyperglykämische Phase verfiel.

Beispiel 3

Eine 75-jährige Patientin mit fortgeschrittenem erkrankten **Morbus Alzheimer** wurde mit 5 Teelöffeln Galactose täglich versorgt. Bereits nach wenigen Tagen trat eine Zustandsverbesserung ein. Der Krankheitsfortschritt kam fast vollständig zum Stillstand, woraus geschlossen werden kann, daß der Ausbruch der Alzheimer'schen Krankheit bei frühzeitiger Diagnose und Therapie mit Galactose zumindest wesentlich verzögert werden kann.

Beispiel 4

Ein 37 jähriger Patient mit dem Vollbild einer **posttraumatischen Belastungsstörung** (PTSD), der u.a. unter Somnolenzzuständen, Herzrasen, Hypertonie, Insulindysregulation, Ganzkörperschmerz und dissoziativen Zuständen litt, wurde mit 3 Eßlöffeln D Galactose, 3 mal 600 i.E. Vitamin E und 3 mal 79 µg Selen täglich behandelt. Überraschenderweise war bereits nach 3 Tagen eine subjektive Zustandverbesserung deutlich zu sehen. Die beschriebenen Symptome der PTSD haben sich über eine 14tägige Therapie entscheidend verbessert. Es darf geschlossen werden, daß der Streßstoffwechsel im Traumastate entscheidend nicht nur über die Gabe der einzelnen Stoffe, sondern über Potenzierungseffekte der Kombination aufgefangen wird und die veränderte Rezeptoraktivität der Zellwand über die insulinunabhängige Aufnahme der D Galactose reguliert werden kann: In dem Sinne, daß der zelluläre Baustoffwechsel mit Glykoproteinen der Zellwand reorganisiert werden kann. Die Störungen im Rahmen der PTSD können wesentlich über den Einsatz der genannten Wirkstoffkombination behandelt, reguliert oder zumindest deutlich abgeschwächt werden.

Beispiel 5

Ein männlicher 62 Jahre alter Patient mit **Morbus Parkinson** und mit den beginnenden Symptomen Akinese, Tremor und Rigor wurde mit 3 Eßlöffeln Galactose täglich versorgt. Schon nach 7 Tagen Behandlung trat ein weitgehender Rückgang des Tremors und der Akinese ein. Der Rigor verbesserte sich in dieser Zeiteinheit ebenfalls deutlich. Frühzeitige Galactosegaben können dazu führen, daß sich der Streßstoffwechsel und der Dopaminstoffwechsel in einem kompensierten Niveau halten läßt und die Progredienz der Symptome verhindert werden kann.

Beispiel 6

Über die Behandlung mit 5 Teelöffeln Galactose, 2 mal 600 i.e. Vitamin E und 3 mal 50 µg Selen täglich wurde eine 47 Jahre alte Patientin mit therapieresistentem **Fibromyalgiesyndrom** wesentlich von ihrem Ganzkörperschmerz befreit. Der nicht zu erwartenden rasche Effekt bereits nach 3 Tagen läßt darauf schließen, daß speziell die genannte Kombinationsgabe über ihre Wirkung im Leistungs- und Streßstoffwechsel an zentralen Schmerzverarbeitungszentren wirkt.

Beispiel 7

Eine Patientin mit fachärztlich diagnostizierter und bisher gegenüber zweijähriger Psychotherapie (VT) resistenter **Depression** mit Schlaflosigkeit wurde unter dem Blickwinkel einer chronischen Streßbelastung mit 3 Eßlöffeln Galactose, kombiniert mit 200 µg Selen und 3 mal 600 i.E. Vitamin E behandelt. Innerhalb von nur 14 Tagen veränderte sich der Allgemeinzustand sowie das Schlafverhalten der Patientin in überraschender und beeindruckender Art und Weise. Motivation, Antrieb und Stimmung hellten sich grundlegend auf. Bereits nach acht weiteren Tagen der speziellen Kombinationstherapie habe die Patientin erst mal durchgeschlafen.

Beispiel 8

Ein 61-jähriger Schulleiter eines großen Gymnasiums, der über zunehmende **streßassoziierte Konzentrations-, Gedächtnis- und Merkfähigkeitsprobleme** klagte und zudem wegen Hypertonie Kopfschmerz und Schwindel in fachärztlicher Behandlung war, erhielt eine parallele Verordnung von 3 Eßlöffeln Galactose. Bereits nach 4 Tagen stellte sich eine gravierende Verbesserung aller Symptome ein, welche in dieser Form so in keiner Weise zu erwarten waren. Kopfschmerz, Schwindel und Schlafverhalten erfuhren ebenso eine deutliche Verbesserung wie die Merkfähigkeitprobleme. Nach einer weiteren Woche berichtete der Schulleiter, daß er „jetzt wieder wie früher" – „superleitungsfähig" und „gar nicht mehr gestreßt" sei. Auch die Gedächtnisstörungen sind verschwunden.

Beispiel 9

Ein 69-jähriger Patient mit zunehmenden **Unruhezuständen, Wortfindungsstörungen** und „Aussetzern" im Alltag, die von stereotypen Kompensationsmustern und Wiederholungen begleitet waren, wurden bei einer seit 2 Wochen diagnostizierten Altersdepression mit 200 µg Selen, 1800 i.e. Vitamin E und 3 Eßlöffeln Galactose behandelt.

Nach nur einer Woche meldete sich die Frau des Patienten und beichtete, daß mit ihrem Mann „ein Wunder" geschehen sei. Die Wiedervorstellung des Patienten am darauf folgenden Tag zeigte eine sensationellen, praktisch vollständigen Rückgang der Symptomatik.

Warum nicht Laktose anstelle von Galactose?

Obwohl Laktose zur Hälfte aus Galactose besteht, kann sie die Galactose bei dieser Nahrungssubstitution keinesfalls ersetzen; sie ist sogar kontraindiziert. Die Laktoseintoleranz (Laktasemangel), die Milchunverträglichkeit, ist sehr häufig. In Deutschland liegt sie bei 10 bis 25%, weltweit 75% (große Häufung in Schwarzafrika). Wenn Galactose aus Laktose gewonnen werden soll, muß Laktose zunächst im Dünndarm durch die Laktase gespalten werden. Im Gegensatz zu den anderen Disaccharidasen kommt jedoch die Laktase nur in einer relativ geringen Konzentration in den Mukosazellen des Dünndarms vor, die für die Verdauung von Milchprodukten gerade ausreicht. Bereits entzündliche Darmerkrankungen oder Dünndarmresktionen führen zu einem sekundären Laktasemangel mit allen Symptomen des angeborenen Laktasemangels.

Die Gewinnung der Galactose durch Spaltung der Laktose ist daher ein limitierender Prozeß und völlig unzureichend. Durch diese relativ geringe Konzentration an Laktase der Dünndarmmukosa würde ein Vielfaches der rechnerisch notwendigen Laktose benötigt. Eine entsprechende Dosierung zöge schwerwiegende pathologische Folgen nach sich, da nun Laktose ungespalten in großer Menge in den Dickdarm gelangt und dort durch Wasserentzug zu sehr schwerwiegenden Begleiterscheinungen wie Blähungen, Spasmen und Durchfällen und Dehydratation führt; auch die Darmflora würde sich ändern. Es ist daher bei einem metabolisch bedingten Galactose-Mangel nur die Gabe von Galactose und keinesfalls von Laktose indiziert.

Literatur

Abi-Dargham, A. et al. (2000): Proc. Natl. Acad. Sci. USA 97: 8104-8109.
Andreasen, N.C. et al. (1986): Arch. Gen. Psychiat. 43.
Arnsten, A.F. (1998): Trend Cogn. Sci. 2: 419-463.
Bauer, J. (2002): Das Gedächtnis des Körpers: Wie Beziehungen und Lebensstile unsere Gene steuern. Eichborn, Frankfurt a.M.
Benes, F.M. (1999): Biol. Psychiat. Clin. Neurosci. 249: 11-18.
Berman, K.F. et al. (1988): Arch.Gen. Psychiat. 45: 616-622.
Berman, K.F., Weinberger, D.R. (1991) in: American Psychiatric Press Rewiew of Psychiatry, herausgegeben von *Tasman, A., Goldfinger, S.M.*, 24-59. Washington DC: American Psychiatric Press.
Bogerts, B. (1993): Schizophr Bull. 19: 413-445.
Bogerts, B. et al. (1990): Schizophr Res. 3: 295-301.
Bogerts, B. et al. (1993): Biol. Psychiat. 33: 236-246.
Braver, T.S. et al. (1999): Biol. Psychiat. 46: 312-328.
Bremner, J.D. et al. (1999): Biol. Psychiat. 45: 806-816.
Bremner, J.D. et al. (2000): Am. J. Psychiat. 157: 115-118.
Cahill, L., McGaugh, J.L. (1998): Curr. Opin. Neurol. 13: 415-421.
Carter, C.S. (1998): Psychoneuroendocrinology 23: 779-818.
Carter, C.S. et al. (1998): Am. J. Psychiat. 155: 1285-1287.
Conrad, C.D. et al. (1999): Neurobiol. Learn. Mem. 72: 39-46.
Corodimas, K.P. et al. (1994): Ann. NY Acad. Sci. 746: 130-136.
Davidson, R.J., Slagter, H.A. (2000): Ment. Retard. Dev. Disabil. Res. Rev. 6: 166-170.
de Vellis, J., Carpenter, E. (2006): Development. 437-458.
Diamond, D.M., Rose, G. (1994): Ann. NY Acad. Sci. 746: 411-414.
Diorio, D. et al. (1993): J. Neurosci. 13: 3839-3847.
Drevets, W.C. (1998): Annu. Rev. Med. 49: 341-361.
Drevets, W.C. (1999): Ann. NY Acad. Sci. 877: 614-637.
Drevets, W.C. et al. (1997): Nature 386: 824-828.
Duman, R.S. et al. (1997): Neuron: 179-182.
Duman, R.S. et al. (1999): Biol. Psychiat. 46: 1181-1191.
Eastwood, S.L. et al. (1995): Neurosci. 66: 309-319.
Eisbo, C, That, L, Bering, R., Johansen, F.F. (2004): A hypocortisterone model of PTSD. Danish Brain Research Labortories Meeting, 11.-12. Juni 2004, Copenhagen.
Epstein, J. et al. (1999): Ann. NY Acad. Sci. 877: 562-574.
Friedmann, J.I. et al. (1999): Biol. Psychiat. 45: 1-16.

Fröhlich, L. et al. (1997): Insulin, insulin receptors and IGF-I receptors in post mortem human brain in ageing and in dementia of Alzheimer type. In: Iqbal K, Winblad B, Nishimura T, Takeda M, Wisniewski HM (eds) Alzheimer's disease: biology, diagnosis and therapeutics. Wiley, Chichester, pp 457-465.
Fröhlich, L. et al. (1998): Insulin and insulin receptors in the brain in aging and in sporadic Alzheimer's disease. J Neural Transm 105: 423-438.
Geroldi, C. (2005): Insulin Resistance in Cognitive Impairment. Archives of Neurology, Vol. 62 No. 7.
Goff, D.C. et al. (1995): Am. J. Psychiat. 152: 1213-1215.
Grace, A.A. et al. (1998): Adv. Pharmacol. 42: 721-724.
Grace, A.A. et al. (1997): Trends Neurosci. 20: 31-37.
Goedert, M. et al. (1996): Assembly of microtubule-associated protein tau into Alzheimerlike filaments induced by sulphated glycosaminoglycans. Nature 383: 550-553
Hietala, J. et al. (1999): Schizophr. Res. 35: 41-50.
Hoyer, S, Krier, C. (1968): Ischemia and the ageing brain. Studies on glucose and energy metabolism in rat cerebral cortex. Neurobiol Aging 7: 23-29.
Hoyer, S. (1985): The effect of age on glucose and energy metabolism in brain cortex of rats. Arch Gerontol Geriatr 4: 193-203.
Hoyer, S. (1994): Age as risk factor for sporadic dementia of the Alzheimer type? Ann NY Acad Sci 179: 248-256.
Hoyer, S. (1995): Age related changes in cerebral oxidative metabolism. Implication for drug therapy. Drugs Aging 6: 210-218.
Hoyer, S., Frölich, L., Sandbrink, R. (1999): Molekulare Medizin der Alzheimer-Krankheit, S. 195-225. In: Handbuch der molekularen Medizin, Band 5, Ganten/Ruckpaul (Hrsg.) Berlin: Springer.
Isenberg, N. et al. (1999): Proc. Natl. Acad. Sci. USA 96: 10456-10459.
Kahneman, D. (1999) in: Well Being, herausgegeben von *Kahneman, D.* et al. New York: Russel Sage Foundation.
Kim, J.J., Yoon, K.S. (1998): Trends Neurosci. 21: 505-9.
Le Doux, J. (2003): Das Netz der Persönlichkeit: Wie unser Selbst entsteht. (Synaptic Self: How Our Brains Become Who We Are. Viking Penguin, New York 2002) Aus dem Amerikanischen von Ch. Trunk. Patmos, Düsseldorf.
Lewis, D.A. et al. (1999): Biol. Psychiat. 46: 616-626.
Lindstrom, L.H. et al. (1999): Biol. Psychiat. 46: 681-688.
Lupien, S.J. et al. (1998): Nat. Neurosci. 1: 69-73.
Maier, S.F. (1984): Prog. Neuropsychopharmacol. Biol. Psychiat. 8: 435-446.
Makino, S. et al. (1994): Brain Res. 640: 105-112.
McEwen, B.S. (1999): Annu. Rev. Neurosci. 22: 105-122.
McEwen, B.S., Sapolsky, R.M. (1995): Curr. Opin. Neurobiol. 5: 205-216.
McGaugh, J.L. (1990): Psychol. Dci. 1: 15-25.
McGaugh, J.L. (2000): Science 287: 248-251.
McGaugh, J.L., Gold, P.E. (1989) in: *Psychoendocrinology,* herausgegeben von R. B. Brush und S. Levine, 305-340. New York: Academic Press.
de la Monte, S.M. (2006): Intracerebral streptozotocin model of type 3 diabetes: Relevance to sporadic Alzheimer's disease, Journal of Alzheimer's Disease, 9 (2006) 13-33.

Mc Kenna et al. (2006): Energy Metabolism of the brain. 531-558.
Nemeroff, C.B. (1998): Biol. Psychiat. 44: 517-525.
Nopoulos, P. et al. (1995) Am. J. Psychiat. 152: 1721-1723.
Nuydens, R. et al. (1995): Neuronal kinase stimulation leads to aberrant tau phosphorylation and neurotoxicity. Neurobiol aging 16:465-475.
Okubo, Y. et al. (1997): Nature 385: 634-636.
Pavlides, C. et al. (1993): Hippocampus 3: 183-192.
Pavlides, C. et al. (1996): Brain. Res. 738: 229-235.
Pelech, S.L. et al. (1993): Networking with mitogen-activated protein kinases. Mol Cell Biochem 127: 157-169.
Pelech, S.L. (1995): Networking with praline-directed protein kinases implicated in tau phosphorylation. Nuerobiol Aging 16: 247-256.
Phiel, C.J. et al. (2003): GSK-3alpha regulates production of Alzheimer's disease Amyloid-beta-peptides. Nature 423:435-439.
Porsolt, R.D. (2000): Rev. Neurosci. 11: 53-58.
Puig, B. et al. (2005): βII-tubulin and phosphortau aggregates in Alzheimer's disease and Pick's disease. Journal of Alzheimer's disease 7:213-220.
Roberts, E.L. jr., Sick, T.J. (1996): Aging impairs regulation of intracellular pH in rat hippocampal slices. Brain Res 735:339-342.
Rozental, R. et al. (2000): Brain Res. Rev. 32: 11-15.
Salkovic-Petrisic, M. (2005): Brain insulin resistance, Period biol, Vol 107, No 2, 2005, p 139.
Sapolsky, R.M. (1996): Science 273: 749-750.
Sapolsky, R.M. (1998): Why Zebras Don't Get Ulcers. New York: Freeman. (Warum Zebras keine Migräne kriegen: Wie Streß den Menschen krank macht. München: Piper, 1996.)
Sapolsky, R.M. (1999): In Well Being, herausgegeben von *Kahnemann, D.* et al. New York: Russel Sage Foundation.
Schulz, H., Heck, H. (2006): Laktat und Ammoniakverhalten bei erschöpfenden Dauerbelastungen. 97-107. In: *Bartmus, U., Jendrusch, G., Heneke, T., Platen, P.* (Hrsg.) (2006). In memoriam Horst de Marées anlässlich seines 70. Geburtstages. Beiträge aus Sportmedizin, Trainings- und Bewegungswissenschaft.. Köln: Sportverlag Strauß.
Seemann, P., Kapur, S. (2000): Proc. Natl. Acad. Sci. USA 97: 7673-7675.
Selemon, L.D., Goldman-Rakic, P.S. (1999): Biol. Psychiat. 45: 17-25.
Siegel, G.J. et al. (2006): Basic Neurochemistry. Molecular, cellular and medical aspects. (Seventh edition). Amsterdam: Elsevier.
Squire, L.R., Kandel, E.R. (1999): Memory: From Mind to Molecules. New York: Scientific American Library.
Starkman, M.N. et al. (1999): Biol. Psychiat. 46: 1595-1602.
Stern, D. et al. (2002): Receptor for advanced glycation endproducts: a multiligand receptor magnifying cell stress in diverse pathologic settings. Adv Drug Deliv Rev 54: 1615-1625
Stevens, A.A. et al. (1998): Arch. Gen. Psychiat. 55: 1097-1103.
Stutzmann, G.E.,LeDoux, J.E. (1999): Neurosci, J. (Online) 19: RC8.

Yan, S.D. (1994): Protein kinase FA/glycogen synthase kinase-3 α after heparin potentiation phosphorylates tau on sites abnormally phosphorylated in Alzheimer's disease brain. J Neurochem 63: 1.416-1.425.

Yehuda, R. (2001): Die Neuroendokrinologie bei posttraumatischer Belastungsstörung im Licht neuroanatomischer Befunde. In: *Streeck-Fischer* et al.. Körper, Seele, Trauma: Biologie, Klinik und Praxis. Göttingen: Vandenhoeck & Ruprecht.

Neurobiologie der Posttraumatischen Belastungsstörung[1]

Robert Bering

Als junge Wissenschaft überwindet die Psychotraumatologie die klassische Aufspaltung psychischer und neurobiologischer Prozesse und beschreibt sie als dynamisches Bedingungsgefüge. Vor diesem Hintergrund werden folgende neurobiologischen Mechanismen diskutiert, die zur Verfestigung der Posttraumatischen Belastungsstörung (PTBS) beitragen. Hierzu gehören:

- Lateralisation der Blutzirkulation im Flash-Back. Hiermit werden Phänomene der Sprachlosigkeit in Zusammenhang gebracht, die durch eine Broca-Supression entstehen.
- Blockade der Informationsverarbeitung, die zu einer Desynchronisation von expliziten und impliziten Gedächtnisfunktionen führt.
- Chronische Dysregulation von Hormonen und Neurotransmittern der Streßachse.
- Suppression der Frontalhirnaktivität, die zu einer Fehlfunktion von kognitiver Steuerung und Integrationsfähigkeit des Psychotraumas führen soll.

Diese Befunde werden im Kontext des Vier-Ebenen-Modells zur Neurobiologie der PTBS und im Verlaufsmodell der Psychotraumatisierung entwickelt und diskutiert.

Das limbische System

In der ersten Hälfte des 20. Jahrhunderts haben Wissenschaftler für die neuronalen Grundlagen der Emotion ein großes Interesse gefunden. Zu den Pionieren gehören Walter B. Cannon (1871-1945), James W. Papez (1883-1958) und Do-

---

1 Dieser Beitrag beruht auf folgenden Veröffentlichungen: Bering, R. (2005): Psychobiologie des Traumas. Zeitschrift für Psychotraumatologie und Psychologische Medizin 2. Bering, R., Fischer, G., Johansen, F.F. (2005): Neurobiologie der Posttraumatischen Belastungsstörung im Vier-Ebenen-Modell. Zeitschrift für Psychotraumatologie und Psychologische Medizin 2, 7-18.

nald O. Hebb (1904-1985). Später ist dieses Forschungsgebiet an die Seite gedrängt worden. Diese Entwicklung ist auf zwei Gründe zurückzuführen:

- Die kognitiven Wissenschaften konnten sich auf Objektivität berufen. Eine Lösung des Leib-Seele Problems wurde ihnen nicht abverlangt.
- Die Neurowissenschaften haben es bei dem Konzept des limbischen Systems als neuronales Substrat der Emotion bewenden lassen.

Selbst in einschlägigen Nachschlagewerken (Dorsch, Häcker & Stapf, 1994, S. 448) ist zu lesen: „Das limbische System steuert das emotionale Verhalten und damit das Motivationsgefüge von Mensch und Tier." Aussagen dieser Art werden leicht mißverstanden, da unklar ist, welche Strukturen zum limbischen System gezählt werden, die funktionelle Einbettung des limbischen Systems in neuronale Schaltkreise ausgeblendet wird und der Emotionsbegriff undefiniert bleibt. Das Konzept des limbischen Systems validiert sich an den Unklarheiten seiner Begrifflichkeiten und entspricht nicht mehr dem heutigen Forschungsstand (vgl. Bering et al., 2005).

Wie kann ein Ausweg aus dieser Sackgasse gefunden werden? Ein Meilenstein in dieser Debatte liefert die Entschlüsselung der neuronalen Schaltkreise des Furchtkonditionierungsparadigmas (LeDoux, 2000). Seit Ivan P. Pavlov (1927) wissen wir, daß der neutrale Reiz (konditionierter Reiz) z.b. eines Glockenschlages eine affektive Bedeutung bekommen kann, wenn er zeitlich an z. B. einen Schmerzreiz gekoppelt wird (unkonditionierte Reiz). Die Paarung der Reizpräsentation führt zu einer affektiven Bedeutungserteilung mit konsekutiver Reaktion auf motorischer (Kampf/Flucht/Totstellreflex), hormoneller (Streßachse) und vegetativer (Reflexpotentierung/Kreislauf) Ebene, die alleine durch den konditionierten Reiz ausgelöst werden kann. Das Corpus amygdaloideum spielt hierbei eine zentrale Rolle. Es moduliert Afferenzen aus dem Thalamus, Kortex und dem medialen Temporallappen-Hippokampussystem und stimmt sie aufeinander ab. Die Efferenzen des Corpus amygdaloideum lösen in Hirnstamm, Basalganglien und Hypothalamus komplexe Reaktionsmuster aus. Im Laborexperiment erfreuen wir uns an der Berechenbarkeit von Konditionierung und Extinktion (Löschung der Konditionierung) und müssen feststellen, daß dieser Befund auf den klinischen Alltag bei der Behandlung von Angststörungen nicht übertragbar ist. Hierzu gehört auch die PTBS.

Die PTBS wird durch ein Ereignis katastrophalen Ausmaßes (z. B. erlebte körperliche und sexualisierte Gewalt, Entführung, Geiselnahme) ausgelöst und verursacht eine Symptomtriade, die aus Intrusionen, Vermeidungsverhalten und Übererregungssymptome besteht. Die Symptomatik kann über Jahrzehnte anhalten. Die Kopplung von somatischen und psychischen Symptomen ist schon in der Gründerzeit der Psychotraumatologie aufgefallen. Abraham Kardiner (1941) in seinem Standardwerk »The traumatic neuroses of war« die Symptomatik als »Physioneurose« zusammengefaßt. Um uns eine Vorstellung der neurobiologischen Verfestigung der PTBS zu verschaffen, müssen wir das Konzept vom limbischen System lösen. Das Furchtkonditionierungsparadigma ist eine gute Ausgangsbasis, eine modellhafte Vorstellung neurobiologischer Grundlagen der PTBS zu gewinnen. Dies kann erst gelingen, wenn heuristische Modelle entwickelt werden, die sich sowohl auf Befunde der Grundlagenforschung stützen können, als auch im Klinikalltag Erklärungskraft entfalten. Nur so kann der Emotionsbegriff aus neurobiologischer Sicht in den Griff bekommen werden, ohne sich in der Debatte um die Leib-Seele Problematik zu verlieren.

Ein neurobiologisches Modell der PTBS zeichnet sich durch folgendes Anforderungsprofil aus: Unterschiedliche Ebenen des zentralen und peripheren Nervensystems müssen einbezogen werden. Darüber hinaus ist der Prozeßverlauf des Krankheitsbildes zu berücksichtigen, der im klinischen Alltag den therapeutischen Umgang bestimmt. Um diesem Anspruch zu genügen, wird das Vier-Ebenen-Modell (Bering, 2005) und das Verlaufsmodell der Psychotraumatisierung von Fischer und Riedesser (2003) unter einem Dach vereint. Folgende Problemstellung wird hierdurch gelöst:

- Das limbische System verliert seine Erklärungskraft, wenn wir das neuronale Verschaltungsmuster des Furchtkonditionierungsparadigmas zu Grunde legen und es um Regelkreise des peripheren Nervensystems ergänzen.
- Wir präzisieren den Emotionsbegriff, indem wir uns bei der neurobiologischen Modellbildung am Symptomkomplex der PTBS orientieren und
- kommen zu einer praxisrelevanten Darstellung, die sich vom punktdiagnostischen Paradigma diagnostischer Manuale löst und die prozeßorientierte Sicht der PTBS in den Mittelpunkt stellt.

Es ergibt sich folgende Übersicht: Im ersten Schritt werden die neuroanatomischen und neurophysiologischen Grundlagen geschaffen, auf denen das Vier-Ebenen-Modell beruht. Im zweiten Schritt wird die Neurobiologie der PTBS in das Konzept des Verlaufsmodells der Psychotraumatisierung eingebettet. Hierbei werden die Auswirkungen des akuten Psychotraumas von den Auswirkungen des chronifizierten Prozesses unterschieden. Abschließend werden im dritten Teil die zentralen Hypothesen zur Neurobiologie der PTBS zusammengetragen und mit klinisch relevanten Fragestellungen verknüpfen.

Neurobiologische Grundlagen

Das komplexe Thema von neurobiologischen Anpassungsvorgängen im Prozeßverlauf der PTBS erfordert eine Darstellung in mehreren Zwischenschritten. Zunächst erfolgt eine Beschreibung ausgesuchter neuroanatomischer Strukturen. Hierzu gehören die Beschreibung funktioneller Regulationsmechanismen der Streßachse und eine kurze Einführung in die funktionellen Einheiten des expliziten und impliziten Langzeitgedächtnisses.

Das Vier-Ebenen-Modell

In der Abb. 1. ›Neuroanatomische Grundlagen im Vier-Ebenen-Modell‹ werden die Strukturen hervorgehoben, die für die zentralnervöse Verarbeitung des Psychotraumas relevant sind. Hierbei handelt es sich um ein Modell, welches aus didaktischen Gründen die umfangreichen Zusammenhänge der Hirnregionen stark vereinfacht. Die erste Ebene betrifft die kortikale Verarbeitung (**I**), die zweite die subkortikale (**II**); die dritte Ebene fokussiert die Regulation der Streßachse (**III**), und die vierte bezieht sich auf die Botenstoffsysteme (**IV**) der Katecholamine, des Kortisols und der Opiate. Die Ebenen I und II werden in Abb. 1 als zentralnervöses Verschaltungsmuster von Thalamus, Corpus amygdaloideum (Mandelkernregion), Temporallappen-Hippokampussystem und Kortex dargestellt. Es entspricht einer vereinfachten Darstellung des Furchtkonditionierungsparadigmas. Darüber hinaus ist die Streßachse mit der Verschaltung von Hypothalamus, Hirnanhangsdrüse und Nebennierenrinde aufgeführt (Ebene III). Die Regulation der Ebenen I bis III wirkt sich auf die Regulation der Katecholamine, des Kortisols und der Opiate aus (Ebene IV). Diesen Systemen mißt man eine Relevanz bei der Entwicklung einer PTBS bei.

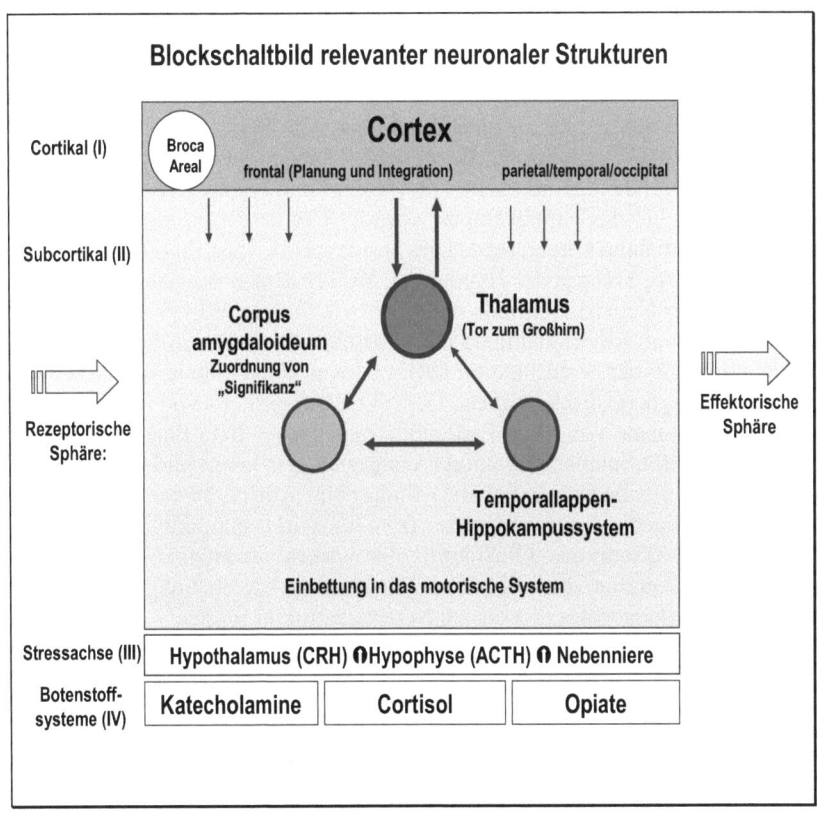

Abbildung 1:
Neurobiologische Grundlagen der PTBS im Vier-Ebenen-Modell
Die erste Ebene betrifft die kortikale Verarbeitung (I), die zweite die subkortikale (II); die dritte Ebene verkörpert die Regulation der Streßachse (III) und die vierte bezieht sich auf die Botenstoffsysteme (IV) der Katecholamine, des Kortisols und der Opiate (aus Bering, 2005).

Die Streßachse

Unter der Streßachse im engeren Sinne versteht man die neurohormonelle Verschaltung von Hypothalamus, Hypophyse und Nebennierenrinde. Die Mobilisierung der Streßachse (Ebene III) hat zentralnervösen Ursprung. Es kommt zur Aktivierung des Locus coeruleus, der Noradrenalin über die verschiedenen Hirnregionen ausschüttet. Hierdurch werden Orientierungs- und Schreckreaktionen ausgelöst, die in das Aszendierende Retikuläre Aktivierungssystem (auch ARAS genannt) eingebettet sind. Die Freisetzung von Noradrenalin aus dem Locus coeruleus zieht die Freisetzung von Katecholaminen aus der Nebennierenrinde nach sich. Dies führt u. a. zu einer Erhöhung von Herzschlag, Blutdruck und fördert die Glukoseaufnahme in die Zelle. Es handelt sich um eine Bereitstellungsreaktion, um den Erfordernissen von Kampf und Flucht gewachsen zu sein. Unter Einfluß des Hippokampus wird der Cortico-Releasing-Factor (CRF) aus dem Hypothalamus freigesetzt. Dies wiederum bewirkt die Freisetzung von Corticotropin (ACTH) aus der Hypophyse. ACTH fördert die Ausschüttung von Kortisol aus der Nebennierenrinde mit einem vielfältigen Wirkprofil. Die erhöhte Freisetzung von Katecholaminen führt ebenfalls zur erhöhten Freisetzung von ACTH, so daß in der Streßsituation CRF und Katecholamine in der Freisetzung von Kortisol synergistisch wirken. Dem Vorläuferprotein von ACTH ist die Aminosäuresequenz von Beta-Endorphin angehängt. Beta-Endorphin ist ein Opiat und bewirkt Schmerzreduktion (Analgesie). Das heißt: bildet sich ein Molekül ACTH, so entsteht parallel Beta-Endorphin. Auf peripherer Ebene erhöht Kortisol die Glucosekonzentration im Blut. Es wirkt sich aktivierend auf das Herz-Kreislauf-System aus. Glukokortikoide wirken antientzündlich und antiallergisch. Auf zentralnervöser Ebene soll die erhöhte Ausschüttung von Kortikoiden zu Veränderungen der neuronalen Netzwerkstruktur führen.

Explizites und implizites Langzeitgedächtnis

Das Verständnis klinischer Phänomene, die für die PTBS spezifisch sind, erfordert neuropsychologisches Grundlagenwissen über das Gedächtnis. Hierbei ist das Kurz- vom Langzeitgedächtnis zu unterscheiden. Beim Langzeitgedächtnis kann das implizite und das explizite Gedächtnis unterschieden werden. Diese Unterscheidung bezieht sich nach Birbaumer & Schmidt (2003) ausschließlich auf die subjektive Erfahrung der Person zum Zeitpunkt der Wiedergabe aus dem jeweiligen Gedächtnissystem. Erfolgt die Wiedergabe ohne willentliche Anstrengung und nicht bewußt, so sprechen wir vom impliziten Gedächtnis (1), erfolgt sie intentional-willentlich, nennen wir dies eine explizite Gedächtnisleistung (2). Die Begriffe explizit und implizit werden oft mit prozedural-deklarativ synonym gebraucht.

1. Das explizite oder deklarative Gedächtnis wird neuroanatomisch mit dem Hippokampus in Verbindung gebracht. Das mediale Temporallappen-Hippokampussystem muß während der Darbietung oder Wiederholung des Gedächtnismaterials aktiv sein, damit sich zwischen den verschiedenen Reizen, die während der Einprägung präsent sind, assoziative Verbindungen

ausbilden können. Im neuropsychologischen Sprachgebrauch versteht man hierunter die Kontextualisierung von kortikalen Zellensembles während der Konsolidierung. Der Hippokampus repräsentiert somit nicht das Langzeitgedächtnis, sondern er ist eine entscheidende Relaisstation bei der Konsolidierung des expliziten Langzeitgedächtnisses. Die Wiedergabe ist nur über einen intentionalen Suchprozeß möglich.
2. Das implizite bzw. das prozedurale Gedächtnis ist für die Wiedergabe von Fertigkeiten, Gewohnheiten, Bewegungsfolgen sowie für Konditionierungen zuständig. Es ist engmaschig in die Basalganglienschleife (extrapyramidal motorisches System) eingebunden, zu der das Corpus amygdaloideum entwicklungsgeschichtlich eine enge Beziehung hat. Das implizite ist phylogenetisch älter als das explizite Gedächtnis. Für die Wiedergabe sind keine Konsolidierung und kein aktiver Suchprozeß notwendig. Während beim expliziten Gedächtnis die Wiedergabe an die Einspeisung des Materials in den Arbeitsspeicher des Kurzzeitgedächtnisses erforderlich ist, gilt diese Voraussetzung für das implizite Gedächtnis als unwahrscheinlich.

Für das Verständnis von Phänomenen, welche das Gedächtnis und die Fähigkeit betreffen traumatische Situationen wiederzugeben, dürfen diese beiden Gedächtnissysteme des expliziten und impliziten Gedächtnisses nicht aus dem Auge verloren werden.

Neurobiologie der Posttraumatischen Belastungsstörung im Verlaufsmodell

In der Therapie traumatisierter Patienten haben sich therapeutische Strategien als wirksam erwiesen, die der punktdiagnostischen Tradition einer phänomenologischen Krankheitslehre den Rücken gekehrt haben und die PTBS als Verlaufserkrankung betrachten; hierzu verweisen wir auf das *Verlaufsmodell der psychischen Traumatisierung* nach Fischer und Riedesser (2003). Es umfaßt im Einzelnen die Phasen der *prätraumatischen Antezedenzbedingungen – die traumatische Situation – die Reaktion und der traumatische Prozeß*. Ein *traumatischer Prozeß* tritt ein, wenn der Übergang in die postexpositorische Erholungsphase dauerhaft scheitert. Die Neurobiologie des psychotraumatischen Prozeßverlaufs kann in das Verlaufsmodell der Psychotraumatisierung eingebettet werden, indem man die neurobiologischen Veränderungen der akuten traumatischen Situation vom traumatischen Prozeß unterscheidet. Hierbei kommt es auf das Zusammenspiel der Ebenen I bis IV an, die im Folgenden näher beleuchtet werden.

Das akute Psychotrauma

Zum Verständnis der Psychodynamik des Psychotraumas haben sich Fischer & Riedesser (2003) am Denkmodell des Situationskreises orientiert. In der traumatischen Situation kann der Betroffene nicht angemessen reagieren. Es kommt zu einer Übersteuerung von Regelkreisen, in psychodynamischer Fachsprache ausgedrückt: Es kommt zu einer Diskrepanz zwischen objektiven Gegebenheiten und subjektiven Möglichkeiten. Dieses heuristische Denkmodell eignet sich ebenfalls als Einstieg in das physiologische Modell der Psychotraumatisierung, das im weiteren Verlauf genauer herausgearbeitet wird.

In der akuten Traumatisierung kommt es zu einer Überflutung von Botenstoffen im zentralen und peripheren Nervensystem. Es wird spekuliert, daß dies zu einer Fehlfunktion des Hippokampus-Temporallappensystems führt, die – im Gegensatz zum Corpus amygdaloideum (implizites Gedächtnis) – mit dem so genannten expliziten Gedächtnis assoziiert ist. Die ankommenden traumatischen Reize werden nicht in das explizite Gedächtnis eingespeist und gespeichert, sondern im impliziten Gedächtnis als zusammenhanglose Sinneseindrücke olfaktorischer, visueller, akustischer oder kinästhetischer Art fragmentiert. Auf psychomotorischer Ebene kommt es zu einer Bereitstellungsreaktion (Ebene I & II). Hierzu gehören z.B. Flucht, Kampfhandlungen und auch der Totstellreflex (Fight/Flight/Freeze). Es kommt zu Anpassungsvorgängen auf der Ebene der Streßachse (Ebene III) und der Botenstoffe (Ebene IV).

Die Auswirkungen der Bereitstellungsreaktion auf der Ebene der Streß-Achse führen zur vermehrten Freisetzung von CRF und ACTH aus der Hypophyse, Kortisol aus der Nebennierenrinde und zu einer zentralnervösen Ausschüttung von Opiaten. Die vermehrte Ausschüttung von Opiaten führt zu einer typischen Analgesie in Schocksituationen. Die erhöhte Kortisolausschüttung in der akuten traumatischen Situation soll als Filter fungieren, um vor Übersteuerung durch affektvoll geladene Sinneseindrücke zu schützen, indem die Wahrnehmungsschwelle angehoben wird. Analog zur Streßsituation geht man davon aus, daß in der traumatischen Situation eine Überflutung mit Neurotransmittern, Streßhormonen und Neuropeptiden stattfindet: Das katecholaminerge-, das kortikotrope- und das Opiatsystem werden aktiviert. Ob es bei Patienten, die später eine PTBS entwickeln, wirklich zu einem Anstieg der Kortikoide kommt ist anzuzweifeln. Diese neurochemischen Prozesse sollen akute – und chronische Veränderungen im Bereich der Informationsverarbeitung und des Gedächtnisses bewirken (Ebene I & II). Durch Überstimulation zentralnervöser Verschaltungskapazitäten entstehen Wahrnehmungsverzerrungen aus dem dissoziativen Formenkreis. Die Abstimmung von Arbeitsspeicher, implizitem und explizitem Gedächtnis ist unter dem Einfluß einer massiven Ausschüttung von Neurohormonen, wie es in traumatischen Situationen der Fall ist, gestört. Wahrnehmungseindrücke werden nicht mehr kategorial erfaßt und geordnet. Eine Entkopplung des expliziten vom impliziten Gedächtnis kann nach neurobiologischen Modellvorstellungen der PTBS die Folge sein. Im Zustand höchster affektiver Erregung werden Zustandsbilder gespeichert, die assoziativ mit olfaktorischen, visuellen, akustischen oder kinästhetischen Eindrücken verbunden sind.

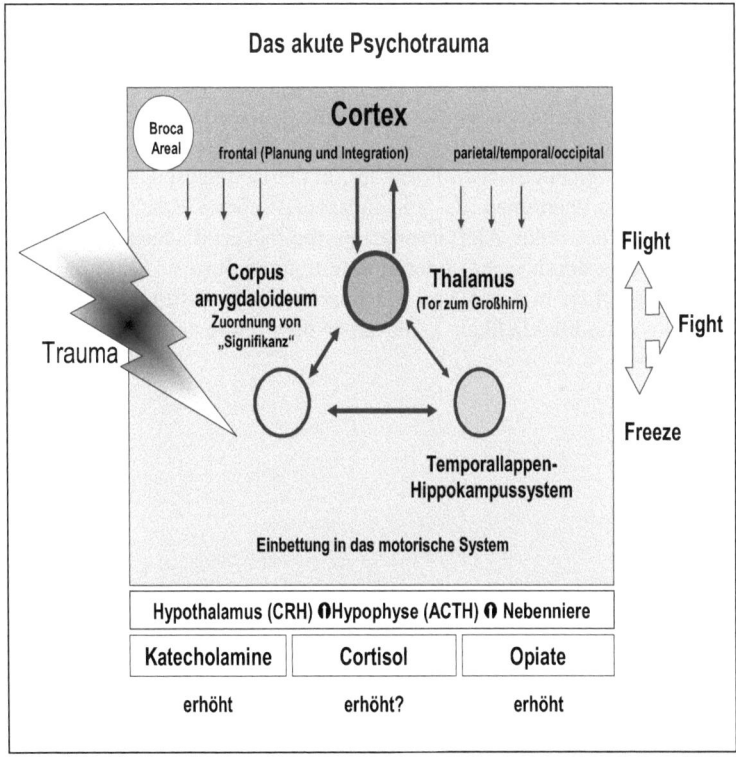

Abbildung 2:
Neurobiologie der akuten traumatischen Situation
Das Psychotrauma führt in der akuten traumatischen Situation zu einer Übersteigerung der Anpassungsfähigkeit und zu einer Dysregulation kybernetischer Steuerungssysteme.

Chronische Auswirkung der Posttraumatischen Belastungsstörung

Die geschilderten physiologischen Abläufe haben eine Langzeitwirkung. Traumatische Erinnerungen sind an die Physiologie des jeweiligen Erregungszustandes gekoppelt. Hierdurch kommt es zu einer Fixierung der Traumaphysiologie auf der kortikalen (I) und subkortikalen (II) Ebene sowie auf der Ebene der Streßachse (III) und der Botenstoffe (IV), dies mit chronischen Auswirkungen, die in Abb. 3 dargestellt sind. Es entsteht eine neuro-kognitive Repräsentanz des Traumaschemas, die physiologisch verankert ist. So kommt es zu intrusiven Erinnerungsbildern, die oft über Jahre bis Jahrzehnte hinweg das gleiche Szenario wiederholen. Die Psychopathologie des Flashbacks, die Löschungsresistenz des Traumaschemas sowie die gestörte räumliche und zeitliche Integration psychotraumatischer Erlebnisse werden im Kontext gestörter zentralnervöser Informationsverarbeitung interpretiert (Ebene I & II). Die Erinnerungen treten also in der sensorisch-fragmentarischen Form auf, in der sie abgespeichert wurden. Man bezeichnet dieses Phänomen als ›zustandsspezifisches Gedächtnismuster‹. Dies führt dazu, daß bei jeder Aktivierung des traumaspezifischen physiologischen Erregungsmusters durch innere oder äußere traumarelevante Stimuli die Erinnerungen unwillkürlich in Form von Flashbacks wieder auftreten. Ihre Intensität und lebendige Eindrücklichkeit kann dabei über Jahre und Jahrzehnte hinweg konstant bleiben.

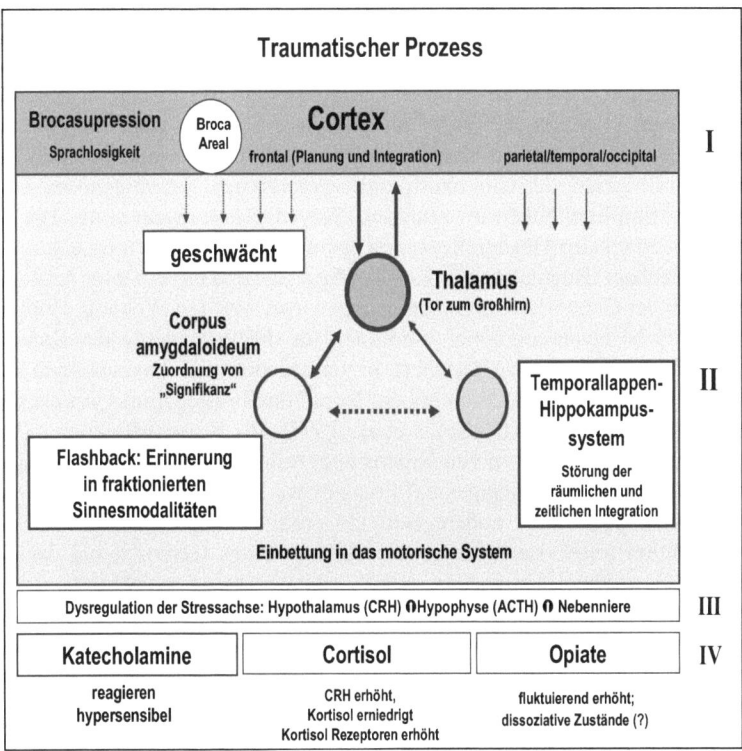

Abbildung 3:
Neurobiologie des traumatischen Prozeßverlaufs
Im Flashback kommt es zu einer Suppression des Broca-Areals (motorisches Sprachzentrum), einer Suppression der orbitofrontalen Region, zu Intrusionen und zu einer Störung der Kontextualisierung der Erinnerung (Ebene I & II). Die Dysregulation der Streßachse (Ebene III) hat Auswirkungen auf die Botenstoffsysteme der Katecholamine, Kortikoide und Opiate (Ebene IV).

Bei vielen Patienten geht das Erleben dieser Phänomene mit panischer Angst einher, insbesondere dann, wenn aufgrund dissoziativer (Teil-) Amnesien die aufsteigenden Erinnerungsfragmente mit dem traumatischen Vorfall in keinen Zusammenhang gebracht werden können. Neuere Verfahren der funktionellen neuroradiologischen Bildgebung zeigen, daß unter experimentell induzierten Flashbacks besonders das Broca-Areal (motorisches Sprachzentrum) in seiner Aktivität unterdrückt ist (Rauch et al., 1996). Dieser Befund erklärt auch, warum viele Traumatisierte das Geschehen oft nur bildhaft wieder erleben, nicht in Worte fassen können und immer wieder in einen Zustand wortlosen Entsetzens

(»speachless terror«) geraten. Die Dysregulation der Streßachse (Ebene III) führt wahrscheinlich zu einem relativen Hypokortisolismus. Das Phänomen des erhöhten CRF Spiegels (Heim et al., 1997) in Kombination mit einem erniedrigten Kortisolspiegel (Yehuda, 1997) ist als paradoxe Dysregulation der Streßachse bekannt geworden. Darüber hinaus zeichnen sich PTBS Patienten durch eine Hypersensibilisierung der Glukokortikoidrezeptoren aus. Sie zeigen eine erhöhte Anzahl und Empfindlichkeit im zentralen Nervensystem (Stein et al., 1997) und auf Lymphozyten. Im Dexamethasontest kann bei PTBS Patienten eine erhöhte negative Feedback-Regulation des Kortisol-Spiegels und ein erhöhter Anstieg von ACTH nach der Gabe von Metyrapon nachgewiesen werden (Yehuda, 1999).

Chronische Dysregulationen sind auch für die Botenstoffe der Katecholamine und Opiate (Ebene IV) gesichert. In verschiedenen Untersuchungen fanden sich bei PTBS-Patienten deutlich höhere Noradrenalinspiegel im Urin als bei der gesunden Kontrollgruppe (De Bellis et al., 1997). Bei Kriegsveteranen mit einer PTBS führte die Präsentation von Videos über militärische Kampfhandlungen zu einer naloxonreversiblen Analgesie (Pitman et al., 1990).

Es haben auch noch andere Befunde Aufmerksamkeit erregt. So ist die Schreckreaktion (engl. startle response) auf ein lautes Geräusch bei der PTBS erhöht, die Gewöhnung bei wiederholter Präsentation des Schreckreizes verringert und auch die Abschwächung durch einen Vorlaufreiz vermindert (engl. pre-pulse inhibition; Shalev et al., 1992). Dieser Befund wird mit einer frontalen Dysfunktion des exekutiven Aufmerksamkeitssystems in Verbindung gebracht. Patienten, die unter einer PTBS leiden, zeigen Auffälligkeiten in ihrer Gedächtnisleistung in Bezug auf das traumatische Ereignis. Hierzu gehören quantitative und qualitative Wahrnehmungsänderungen wie Amnesien, Hypermnesien und andere Phänomene aus dem dissoziativen Formenkreis. Weiterhin findet man bei Patienten mit einer PTBS eine Zuspitzung motorischer Aktivität im Schlaf, vermehrte Schlafunterbrechungen und verlängerte Wachzeiten zwischen den Schlafzyklen. Der Schlaf ist außerdem kürzer und weniger erholsam. Volumetrien der Hippokampusformation mit Hilfe der Magnet-Resonanz-Tomographie weisen auf eine selektive Volumenminderung dieser Hirnregion hin (Bering, 2005). Ob dieser Befund als Prädisposition, Folge oder als Epiphänomen (z.B. aufgrund von Alkoholabhängigkeit) zu betrachten ist, wird unterschiedlich bewertet.

Gegenwärtig existieren lediglich Hypothesen, wie die spezielle Psychopathologie der PTBS mit der Regulation von Katecholaminen, Opiaten und Kortikoiden zusammenhängt. Nach Ehlert et al. (1999) ist der Symptomkomplex der Intrusion und des Hyperarousals (B- und D-Kriterium) an die exzessive Freisetzung von Katecholaminen geknüpft. Die emotionale Verflachung (C-Kriterium) wird nach van der Kolk et al. (1989) Fluktuationen des Opioidsystems zugeschrieben. Die Bedeutung der dysregulierten Streßachse blieb bisher unverstanden.

Abriß der Traumaphysiologie im klinischen Kontext

In eins gerechnet machen die Ausführungen deutlich, daß Psychotraumatologie im neurobiologischen Gesamtkontext gesehen werden muß. Als junge Wissenschaft versucht die Psychotraumatologie, die Aufspaltung der Anlage-Umwelt-Problematik zu überwinden und Psychotraumatologie aus dem Kontext eines dynamischen Bedingungsgefüges zu verstehen. Es werden folgende neurobiologische Mechanismen diskutiert, die zur Verfestigung des Krankheitsbildes beitragen:

- Lateralisation der Blutzirkulation im Flashback. Hiermit werden Phänomene der Sprachlosigkeit in Zusammenhang gebracht, die durch eine Broca-Supression entstehen.
- Blockade der Informationsverarbeitung, die zu einer Desynchronisation von expliziten und impliziten Gedächtnisfunktionen führt.
- Chronische Dysregulation von Hormonen und Neurotransmittern der Streßachse und ihrer Rezeptoren.
- Suppression der Frontalhirnaktivität, die zu einer Fehlfunktion von kognitiver Steuerung und Integrationsfähigkeit des Psychotraumas führen soll.
- Bildung eines psychomotorischen Engramms, das seinen Ursprung in der traumatischen Situation hat.

In der Literatur werden folgende psychobiologische und neuropsychologische Merkmale diskutiert, die zur Diagnostik der PTBS beitragen können aber zum heutigen Zeitpunkt noch als unspezifisch zu bewerten sind. Für die Zukunft sind folgende Parameter richtungsweisend:

- *Körperliche Untersuchung:* chronische Muskelverspannungen (Mosetter & Mosetter, 2000) vegetative Instabilität (Orr et al., 1998).
- *Laborchemische Untersuchung:* erniedrigtes Kortisol und erhöhte Katecholamine im Sammelurin (Yehuda, 1997).
- *Elektrophysiologie:* erhöhte Schreckreaktion (startle response) und fehlende pre-pulse inhibition (Shalev et al., 1992).
- *Funktionelle Bildgebung:* Spezifische Muster der Stoffwechselaktivität in der funktionellen Bildgebung im Symptomprovokationsparadigma (Hull, 2002).
- *Neuropsychologische Testung:* z. B. Auffälligkeiten in Intelligenz- und Konzentrationstests (Buckly et al., 2000).

Literaturverzeichnis

Bering, R. (2005): Verlauf der Posttraumatischen Belastungsstörung. Grundlagenforschung, Prävention, Behandlung. Shaker Verlag: Aachen.

Bering, R., Fischer, G., Johansen, F.F. (2005): Neurobiologie der Posttraumatischen Belastungsstörung im Vier-Ebenen-Modell. Zeitschrift für Psychotraumatologie und Psychologische Medizin 2, 7-18.

Birbaumer, N., Schmidt, R.F. (2003): Biologische Psychologie (5. Aufl.). Berlin: Springer.

Buckley, T.C., Blanchard, E.B., Neill, W.T. (2000): Information processing and PTSD: a review of the empirical literature. *Clinical Psychology Review* 20, 1041-65.

DeBellis, M.D., Baum, A.S., Birmaher, B., Ryan, N.D. (1997): Urinary catecholamine excretion in childhood overanxious and posttraumatic stress disorders. *Annals of the New York Acadamy of Sciences* 821, 451-5.

Dorsch, F., Häcker, H., Stapf, K.H. (1994): Dorsch Psychologisches Wörterbuch (12. Aufl.) Bern: Huber.

Ehlert, U., Wagner, D., Heinrichs, M., Heim, C. (1999): [Psychobiological aspects of posttraumatic stress disorder]. *Nervenarzt* 70, 773-9.

Fischer, G., Riedesser, P. (2003): Lehrbuch der Psychotraumatologie (3. Aufl.). München: Reinhardt.

Hull, A.M. (2002): Neuroimaging findings in posttraumatic stress disorder. *British Journal of Pschiatry* 181, 102-18.

Kardiner, A. (1941): The traumatic neuroses of war. New York: Paul B. Hoeber.

LeDoux, J.E. (2000) : Emotion circuits in the brain. *Annual Review of Neuroscience* 23, 155-84.

Mosetter, K., Mosetter, R. (2000): Myoreflextherapie. Konstanz: Vesalius.

Orr, S.P., Meyerhoff, J.L., Edwards, J.V., Pitman, R.K. (1998): Heart rate and blood pressure resting levels and responses to generic stressors in Vietnam veterans with posttraumatic stress disorder. *Journal of Traumatic Stress* 11, 155-64.

Pavlov, I.P. (1927): Conditioned Reflexes. New York: Dover.

Pitman, R.K., van der Kolk, B.A., Orr, S.P., Greenberg, M.S. (1990): Naloxone-reversible analgesic response to combat-related stimuli in posttraumatic stress disorder. A pilot study. *Archives of General Psychiatry* 47, 541-4.

Rauch, S.L., van der Kolk, B.A., Fisler, R.E., Alpert, N.M., Orr, S.P., Savage, C.R., Fischman, A.J., Jenike, M.A., & Pitman, R.K. (1996): A symptom provocation study of posttraumatic stress disorder using positron emission tomography and script-driven imagery. Archives of General Psychiatry 53, 380-7.

Shalev, A.Y., Orr, S.P., Peri, T., Schreiber, S., Pitman, R.K. (1992): Physiologic responses to loud tones in Israeli patients with posttraumatic stress disorder. *Archives of General Psychiatry* 49, 870-5.

van der Kolk, B.A., Greenberg, M.S., Orr, S.P., Pitman, R.K. (1989): Endogenous opioids, stress induced analgesia, and posttraumatic stress disorder. *Psychopharmacology Bulletin* 25, 417-21.

Yehuda, R. (1999): Linking the neuroendocrinology of posttraumatic stress disorder with recent neuroanatomic findings. *Seminars in Clinical Neuropsychiatry* 4(4), 256-65.

Auf dem Weg zur Aggressionskompetenz – Perspektiven und Praxis der Integrativen Leib- und Bewegungstherapie

Annette Höhmann-Kost/Frank Siegele

> Der äußere Frieden folgt dem inneren.
> (OM C. Parkin)

1 Einleitung

Das Thema Aggression begegnet uns in der psychotherapeutischen und sozialtherapeutischen Arbeit häufig. Grob gesehen, kann man drei Erscheinungsformen unterscheiden:

- Einige Menschen zeigen deutlich wahrnehmbares, oft überschießendes, sozial unverträgliches aggressives Verhalten.
- Andere leiden daran, daß sie „ihre Aggressionen nicht rauslassen können".
- Zur dritten Gruppe zählen wir Menschen mit subtilem oder passivem, häufig unbewußtem, aggressivem Verhalten.

In mehreren Jahren der guten Zusammenarbeit entstand bei uns der Wunsch ein Seminarkonzept zu entwickeln, das möglichst vielen Formen aggressiven Verhaltens gerecht werden konnte, das in komprimierter Form sowohl zu einer theoretischen Auseinandersetzung anregen sollte, bewegungszentrierte Selbsterfahrung ermöglichte und insbesondere Wege für einen sozialverträglichen friedlichen Umgang mit Aggressionen aufzeigen konnte.

Das führte zu einer Reihe von mehrtägigen Seminaren in unterschiedlichen kulturellen Kontexten (Deutschland, Norwegen, Slowenien) und in verschiedenen Bereichen von Therapie und Erwachsenenbildung. Dazu kamen Arbeitsgruppen auf Fachkongressen und bei Weiterbildungsveranstaltungen.

In den Jahren der intensiven Auseinandersetzung mit Aggressivität, destruktivem Verhalten und Aggressionskompetenz, stießen wir immer wieder auf neue Aspekte die es zu bedenken gab und neue Möglichkeiten der praktischen Umsetzung in sinnvolles Handeln, sowohl in die therapeutische Arbeit als auch in unsere Lehrtätigkeit. Erst nach und nach begriffen wir die Vielschichtigkeit des Themas und daß es unmöglich ist, es je vollständig zu erfassen. So verstehen wir die vorliegende Arbeit als einen Beitrag, der zentrale theoretische Grundlagen die unsere Arbeit fundieren, kurz beschreibt, ebenso wie auch einige unserer praktischen Lern- und Übungsstrategien.

Wir wollen für das Thema Gewalt und Gewaltprävention sensibilisieren und zu einer *Kultur des Hinschauens und Handelns* anregen. In diesem Sinne verstehen wir sie als **gesundheitsfördernd**, denn körperliche und seelische Gewalterfahrungen − zu denen wir auch traumatische Erfahrungen zählen − können sowohl Opfer als auch Täter krank machen − und wir verstehen sie als **persönlichkeitsbildend**. Beides sind wichtige Leitziele Integrativer Therapie. Als ethische Zielsetzungen stehen „Sicherung von Lebensqualität" und „Sorge um die Integrität von Menschen, Gruppen, Lebensräumen" (*Petzold* 1992, 506).

Die vorliegende Arbeit ist nicht störungsbildspezifisch ausgerichtet. Sie zeigt ganz allgemein Strategien für eine zielgerichtete bewußte Regulation von aggressivem Potential auf. Die Übungen können in Anpassung an die jeweilige Gesamtsituation, in vielen Fällen eingesetzt werden. Bei Menschen die durch körperliche Gewalt (man-made-disaster) traumatisiert wurden, ist besondere Umsicht mit den Stopp-Übungen erforderlich und sie können in der Regel nur im fortgeschrittenen Behandlungsverlauf eingesetzt werden.

Unser persönlicher Such- und Erkenntnisprozeß war ein gemeinsamer Weg. Das Aufschreiben habe ich (A.H.-K.) zu meiner Aufgabe gemacht, die Visualisierungen sind von Frank Siegele entwickelt worden.

Für einen ausreichend *souveränen Umgang* mit der Aggressivität von Anderen halten wir es für notwendig, das eigene zerstörerische Potential kennenzulernen und die lebensgeschichtlichen Zusammenhänge zu verstehen. Wir sind selber so vorgegangen und mußten dabei Erfahrungen machen, die uns erschüttert haben, die uns aber auch kostbar sind und jeden von uns persönlich wie beruflich weitergebracht haben.

Zusätzlich ist Sensibilität für mögliche *Risiken und Nebenwirkungen* in Therapien und Weiterbildungssituationen, unabdingbar. Auch das erfordert Auseinandersetzung mit eigenen destruktiven Anteilen. Eine Verleugnung dieses Aspektes ist unverantwortlich. Destruktive Momente des Menschen sind nicht nur als Folge von frühen Schädigungen, Traumatisierungen oder emotionalen Mangelerfahrungen zu sehen. Sie sind der erwachsenen Person zugehörige Möglichkeiten. Die persönliche Verantwortung für eigene zerstörerische Anteile und Schuld kann nur dann angemessen thematisiert werden, wenn sie nicht einseitig betrachtet wird, z.B. aus einer rein tiefenpsychologischen Sichtweise. Dies würde zu einer unzulässigen Verflachung führen (*Otte* 2002).

1.1 Drei grundlegende Strategien

In der therapeutischen Arbeit sowie in der persönlichen „Arbeit an sich selbst" (*Höhmann-Kost, Siegele* 2008) halten wir drei grundlegende Strategien für erforderlich, die parallel verlaufen können und die sich gegenseitig ergänzen:

1. **Kennenlernen** des eigenen aggressiven Potentials
2. **Bändigen** von vorhandenem destruktivem Potential
3. **Vorbeugen** um aggressives Verhalten zu verhindern/zu reduzieren.

Vielleicht haben Sie, liebe Leserin oder Sie lieber Leser Interesse, an dieser Stelle folgende Fragen für sich selber zu beantworten. In unseren Seminaren wurden diese drei Fragen immer in der Anfangsphase von jedem Teilnehmer reflektiert und in Kleingruppen ausführlich ausgetauscht.

1.2 Drei persönliche Fragen

1. Was habe *ich* selber schon an aggressivem Verhalten *wahrgenommen*, miterlebt, gesehen, gehört etc.?
2. Was habe *ich* selber schon an aggressivem Verhalten *erleiden* müssen?
3. Was habe *ich* selber schon an aggressivem Verhalten Anderen *angetan*?

Wir gehen davon aus, daß Sie für alle drei Fragen Antworten haben. Was wir nicht wissen ist, was Sie persönlich unter aggressivem Verhalten verstehen. Und in der Tat gibt es sowohl alltagssprachlich als auch in der Fachwelt hierzu keine einheitlichen Vorstellungen. Deshalb gilt es in der gemeinsamen Auseinandersetzung über Aggression immer zu klären, was verstehe ich und was verstehst du darunter: meine ich körperliche Gewalt oder terroristische Zerstörung, denke ich an den „bösen Blick" oder das subtile Ausgrenzen von jemandem oder verstehe ich unter Aggression ein Gefühl? Es ist notwendig zwischen persönlichen Alltagstheorien und fachspezifischen Definitionen zu unterscheiden, je nach Situation und Zielsetzung.

2 Bewertungen und Definitionen von Aggression

2.1 Aggression im Zeitverlauf

> Die Jungen
> werfen
> zum Spaß
> mit Steinen
> nach Fröschen.
> Die Frösche
> sterben
> im Ernst.
>
> *(Erich Fried)*

Aggression hat es in der Menschheitsgeschichte immer gegeben, sie scheint mit der „Natur des Menschen" verbunden zu sein. Die individuelle und kollektive Bewertung von Aggression hat sich allerdings über die Zeit hinweg verändert. Aggression kann nur im Rahmen der jeweiligen Zeitepoche und den Prozessen der Kulturarbeit verstanden werden. Evolutionsbiologisch war (ist?) Aggressivität/Gewalt auf einer funktionalen Ebene eine überlebenssichernde Funktion mit Selektionsvorteil (Leben oder Sterben) und als solche sinnvoll. Jahrhunderte lang galt sie als lustvoll erlebte Dominanzerfahrung und war eine sozial hochgeschätzte Emotion. In der Literatur finden sich zahllose Beispiele, die z.b. Krieg verherrlichen. Zur Veranschaulichung hier ein Text von Georg Heym, der 1910 mit 23 Jahren in seinem Tagebuch den Krieg herbeisehnte und verherrlichte – aus existentieller Langeweile heraus (was vor dem 1. Weltkrieg häufiger der Fall war): „Ach, es ist furchtbar, es ist immer das gleiche, so langweilig, langweilig, langweilig. Es geschieht nichts, nichts, nichts. Wenn doch einmal etwas geschehen wollte, was nicht diesen faden Beigeschmack von Alltäglichkeit hinterläßt. Würden einmal wieder Barrikaden gebaut, ich wäre der erste, der sich darauf stellte, ich wollte noch mit der Kugel im Herzen den Rausch der Begeisterung spüren. Oder sei es auch nur, daß man einen Krieg begänne, er kann ungerecht sein, dieser Frieden ist so faul, ölig und schmierig wie eine Leimpolitur auf alten Möbeln ..."

Bis zum zweiten Weltkrieg galt aggressives Verhalten bei Männern in der Regel als wünschenswert und machte einen Mann begehrenswert und attraktiv.

Ein grundlegender Wandel fand hier nach dem 2. Weltkrieg statt. Die unvorstellbaren Gräuel führten zu einer Neubewertung von Aggression, in der man Abstand nahm von der „Kultur der Verherrlichung des Krieges und der Aggression" und in die destruktiven Qualitäten von Aggression hervorgehoben wurden. Damit wurde, zum ersten Mal in der Geschichte, Aggression international als

Mittel der Konfliktlösung öffentlich geächtet. Dieses hatte auch Einfluß auf die allgemeine Bewertung von Aggression und seither wird in praktisch allen europäischen Wörterbüchern und Lexika Aggression als destruktive Aktion definiert.

Zwei Beispiele:
Duden – Das Fremdwörterbuch. 7. Aufl. 2001
„**Aggression**: 1. rechtswidriger Angriff auf ein fremdes Staatsgebiet, Angriffskrieg. 2. (Psychol.) a) (affektbedingtes) Angriffsverhalten, feindselige Haltung eines Menschen od. eines Tieres mit dem Ziel, die eigene Macht zu steigern oder die Macht des Gegners zu mindern; b) feindselig-aggressive Äußerung, Handlung"

Brockhaus, Bibliographisches Institut 2001
„Unter **Aggression** wird ein deutlich erkennbares Verhalten verstanden, dessen Ziel die körperliche oder symbolische Verletzung beziehungsweise Schädigung einer anderen Person, eines Tieres oder auch einer Sache beziehungsweise Institution (Staat, Gesellschaft, Schule) ist. Von der Psychologie wird jedes, vor allem das affektive Angriffsverhalten des Menschen, das auf einen Machtzuwachs des Angreifers und eine Machtminderung des Angegriffenen zielt, als Aggression bezeichnet."

Heute ist die Situation in unserem Kulturkreis so, daß Gewalt *gesellschaftlich* geächtet ist: 1948 wurden die „Menschenrechte" festgeschrieben und die Menschenwürde als universale Mitgift, als angeborenes unantastbares Grundrecht, anerkannt, gleichzeitig wurde die Folter geächtet etc. *Damit sind Normen gesetzt!* Trotzdem erfährt Gewalt in *bestimmten* Sozialräumen auch heute noch hohe Anerkennung, z.B. in Jugendgruppen und einigen politischen und ethnischen Milieus. Und auch heute noch wird „die Zeit totgeschlagen", indem erlebte Sinnleere und Langeweile mit aggressivem Verhalten „gefüllt" wird und auch heute noch schlagen frustrierte junge Männer, die ohne sinnvolle Zukunftsperspektiven leben, hemmungslos um sich. Wir alle, Frauen und Männer, kennen Aggression aus dem persönlichen Erleben sowie aus den Medien. Fachleute sind sich nicht einig darüber, ob gewalttätiges Verhalten zugenommen hat oder ob sich lediglich die Erscheinungsformen geändert haben. In jedem Fall müssen wir davon ausgehen, daß die destruktive Seite des Menschen sehr stark ist, – durch jahrtausendealte Erfahrungen „gut" gebahnt.

2.2 Aggression in Psychologie und Psychotherapie

Auch Aggressionsforscher im psychologischen Feld fanden Konsens in einer gemeinsamen Definition zur Aggression, die Baron folgendermaßen ausdrückte:

(Baron/Richardson 1994, 7)
„**Aggression** ist jegliche Form von Verhalten, die mit dem Ziel verfolgt wird, einem anderen Lebewesen, das motiviert ist, eine derartige Behandlung zu vermeiden, zu schaden oder es zu verletzen."

In Dorsch Psychologisches Wörterbuch steht (1998) (Auszug):
„**Aggression** (lat. aggredi angreifen), eine Klasse von Verhaltensweisen, die mit der Absicht ausgeführt werden, ein Individuum direkt oder indirekt zu schädigen ..."

Bei aller Übereinstimmung im offiziellen Wortgebrauch, im europäischen Völkerrecht und der Psychologieforschung, gibt es jedoch weiterhin keine einheitliche Definition, Klassifikation und Bewertung von Aggression. *Harre* und *Lamb* fanden innerhalb von psychologischer und biologischer Fachliteratur 250 verschiedene Definitionen von Aggression (1983). So wird z.b. in der Fachliteratur nicht nach einheitlichen Maßstäben zwischen Assertion/instrumenteller Aggression (meint z.b. Forscherdrang des Kindes, es will sein Spielzeug unbedingt haben), reaktiver Aggression (auf das Erleben von Bedrohung) und feindseliger Aggression (mit Schädigungsabsicht) unterschieden. Dies macht u.a. verständlicher, warum ein Pfarrer im „Wort zum Tag" mit Nachdruck zur „aggressionsstarken Liebe" aufrufen kann und sich der Chefarzt in einer großen psychotherapeutischen Fortbildungsveranstaltung dafür einsetzt, daß ein Patient endlich lernt „die Bombe hochgehen zu lassen". In der Psychologie, insbesondere der Humanistischen Psychologie und Pädagogik, in der Gestalttherapie und der Psychoanalyse wird bis heute von „konstruktiver", „positiver" und „kreativer Aggression" gesprochen. Hier wird Aggression mit etwas Gutem und Sinnvollem in Verbindung gebracht. Bei einigen Fachleuten (insbesondere aber bei Laien) gibt es immer noch die Vorstellung, daß angestaute Aggression durch kathartische Entladung angegangen werden kann (Dampfdruckmodell).

Die Integrative Therapie lehnt grundsätzlich eine konstruktive Sichtweise auf Aggression ab, ebenso wie die Katharsistheorie.

2.3 Integrative Sichtweisen zur Aggression

Die Integrative Therapie vertritt eine eindeutige Position: Aggression ist immer komplexes destruktives *Verhalten*! Aggression ist mit Gefühlen, Gedanken und Absichten verbunden! Aggression hat keine Kontaktfunktion!

Die unter 2.2 beispielhaft genannten Formulierungen enthalten „Doppelbotschaften". Das stiftet vielfach Verwirrung und Unklarheit, das verwischt Grenzen und führt leicht zu einer Verwechslung von Aggression mit Mut, Selbstbehauptung oder Durchsetzungskraft. Wir unterstellen Niemandem böswillige, schädigende Absichten, aber drastische Bilder können auch Angst machen. Viele Menschen haben gerade weil sie etwas von ihrem starken, zerstörerischen Potential in sich spüren, große Angst, daß sie die Kontrolle verlieren und „explodieren", „den Kopf verlieren" oder „ausrasten" könnten. Sie wissen nicht, wie sie angemessen ihre aggressiven Impulse, die oft als starke innere Spannung und Druck empfunden werden und die manchmal im Gegensatz zu eigenen moralischen Werten stehen, regulieren können. Andere befürchten, daß Gleiches mit Gleichem vergolten wird usw.

In der Integrativen Therapie unterscheiden wir **Aggression** und **Assertivität**. Assertivität ist *Durchsetzungskraft* und *Selbstbehauptung*. Als komplexes Verhalten ist Assertivität ebenfalls mit verschiedenen Emotionen, Kognitionen und zielgerichteten Volitionen verbunden. Assertivität hat keine Beschädigung oder Zerstörung zum Ziel.

Aggression und Assertivität sind nicht immer leicht zu differenzieren. Hier öffnet sich ein Interpretationsspielraum, der nur durch Kommunikation – durch Sprechen mit einander – zur Klärung und zu gegenseitigem Verständnis führen kann. Manchmal entsteht ein schwer zu bewältigendes Dilemma. Es stellt sich die Frage: wie viel Kränkung oder Beschädigung des Anderen nehme ich billigend in Kauf, wenn ich eigene Interessen vertrete oder versuche etwas Wichtiges durchzusetzen? Schuldhaftes Verhalten ist nicht immer vermeidbar.

Petzold betont die aggressive Seite des Menschen, die sich im Verlaufe der Evolution herausgebildet hat. Der Mensch hat aber durch Prozesse der Kulturbildung das „*allein* Biologische" überschritten. Menschen haben zu moralischen und ethischen Maßstäben gefunden und Menschen haben auch eine Sehnsucht nach friedlichem Miteinander und Harmonie. Auch das gehört zur Natur des Menschen, wenn auch schwächer ausgeprägt.

Petzold kommt zu folgender Definition (2006) (Auszug): „Unter **Aggression** verstehen wir ein genetisch disponiertes, d.h. in evolutionären Lernprozessen wurzelndes, jedoch durch kollektiv-geschichtliche und individuell-biographische Erfahrungen geformtes und deshalb differentiell motiviertes individuelles und/oder gruppales Verhaltensdispositiv ..."

Die neurobiologische, sozial- und emotionspsychologische Forschung kann einen positiven Nutzen des *Auslebens* (Katharsiseffekt) von aggressivem Verhalten nicht belegen (*Bloem, Moget, Petzold* 2004). Im Gegenteil: *aggressives Verhalten fördert und übt aggressives Verhalten und verfestigt Aggressivität als Persönlichkeitseigenschaft*. Dies nehmen wir u.a. in unseren Übungsprogrammen sehr ernst. Das aggressions-bezogene Üben z.b. am Sandsack, lehnen wir ausdrücklich ab.

2.3.1 Ethik der „Mitbetroffenheit" und „engagierten Verantwortung" (vgl. Petzold 1992, 509)

In unserer Arbeit beziehen wir eindeutig Stellung:

Alle Gefühle, Gedanken und Vorstellungen sind zunächst erlaubt.	*Nicht* alles Verhalten ist erlaubt.

Diese beiden Poster werden in allen Seminaren deutlich sichtbar aufgehängt und erläutert. Durch Therapie werden immer Verhalten und Haltungen von Menschen gezielt beeinflußt. Man kann in der Therapie und Lehrtätigkeit „nicht nicht manipulieren" aber wir bemühen uns „nach bestem Wissen und Gewissen" so zu handeln, daß es „vor Menschen mit klarsichtigen Augen und liebevollen Herzen bestehen kann" (*Petzold* 1992, 514) und wir begründen unser Handeln. Bei diesem Thema geht es uns *nicht* um das Aushandeln von Entscheidungen. Unsere Entscheidung ist eindeutig und klar. Dies ist so, obwohl in der Integrativen Therapie als ein wesentliches ethisches Leitziel, das gemeinsame Aushandeln von Zielen durch Therapeut *und* Patient steht. Als Mitmenschen wissen wir um das Leid, das durch destruktives Verhalten immer wieder entsteht, wir fühlen und leiden mit, sind mit betroffen, sind mit verantwortlich. Inzwischen wissen wir auch, daß wir Menschen uns selber, mit den heute zur Verfügung stehenden technischen Möglichkeiten, ausrotten können, wenn es nicht gelingt, aggressives Tun zu stoppen. Wir sehen es als unsere Verantwortung an, uns für die Unversehrtheit von Menschen (und des ökologischen Lebensraums) und die Entfaltungsmöglichkeiten von Menschen in vertrauensvoller Atmosphäre, einzusetzen. Wir unterstellen, daß letztlich alle Menschen Leid nicht wollen. Aus „unterstellter Intersubjektivität" heraus, ist unser ausdrückliches Ziel dazu beizutragen, daß Menschen ihr aggressives Potential regulieren und gewaltvorbeugendes Verhalten, lernen. Beides zusammen macht Aggressionskompetenz aus.

Der Weg dahin ist, daß wir in zeitlich begrenztem Umfang, in streng strukturierter Form und in Gemeinschaft mit Anderen – in der jeder auf die Unversehrtheit von jedem achtet -, unsere eigene aggressive Kraft erfahren und ins Gespür bekommen. Die Chance liegt darin, daß wir diese Prozesse als körperliche, emotionale und kognitive *Realität* bewußt erleben. In diesem Zusammenhang sind natürlich auch mörderisch aggressive Bilder und Vorstellungen zunächst „erlaubt". Wir können nur Acht geben auf etwas, was uns bewußt ist. Nur dem Bewußten können wir achtsame Aufmerksamkeit schenken, dessen Folgen empathisch emotional einschätzen und verstehen und mit Willenskraft entgegen treten und verändern.

3 Entstehung und Entwicklung von Aggression

> Wie ein Ziel nicht aufgestellt wird, damit man es verfehle,
> so wenig entsteht das Böse von Natur aus in der Welt.
> (*Epiktet* ca. 50 n. Chr.)

Aggression entsteht in Prozessen, die durch vielfältige Einflüsse bestimmt werden. In den meisten Forschungsdisziplinen hat sich inzwischen die Auffassung herausgebildet, daß die Hauptursache für Destruktivität nicht in einem angeborenen Aggressionstrieb zu sehen ist, sondern mit den *Lebensumständen* zusammenhängt. Im Folgenden greifen wir einige Perspektiven heraus, die für unsere Arbeit in besonderer Weise maßgebend sind:

3.1 Entwicklungspsychologische Perspektive

Aggressivität ist zum Teil ein Entwicklungsschicksal (vgl. auch Definition v. *Petzold*). Der Mensch kommt nicht aggressiv auf die Welt, aber mit der genetisch angelegten Möglichkeit, Destruktivität/Aggressivität entwickeln zu können. Die Entwicklungspsychologie unterscheidet von Geburt an zwei biopsychische **Motivationssysteme**:

- die **Assertion** (Selbstbehauptung), die sich in spontaner Neugier- und Interesseaktivität zeigt: an den Dingen der Umgebung, an anderen Kindern, dem eigenen Körper etc. Sie ist meist mit positiven Gefühlen der Neugier und Freude verbunden
- und die **Aversion** (reaktive Abneigung). Hier gibt es wiederum zwei fundamentale Möglichkeiten: den **Rückzug** und den **Antagonismus**. Das aversive System wird durch tatsächliche oder vermeintliche Bedrohung aktiviert. Der Antagonismus zeigt sich durch: zur Seite schieben, Unbehagen signalisieren, brüllen, um Hilfe schreien und/oder in reaktivem aggressivem Handeln und Fühlen. Reaktive Aggression (auch als instrumentelle Aggression bezeichnet) dient dem Selbstschutz und der Verteidigung eigener Interessen und ist mit Gefühlen des Ärgers oder der Wut verbunden, später (ab ca. 16 Mon.) können feindselige Gefühle hinzukommen. In einem gesunden Kontext wird sie wieder inaktiv, wenn die Bedrohung beseitigt ist (*Dornes* 1997).

Je größer die Neigung von Erziehungspersonen/Eltern ist, eine Selbstbehauptungshandlung (Assertion und Aversion) ihres kleinen Kindes als aggressiv zu interpretieren, desto wahrscheinlicher ist es, daß das Kind sich unter solch ungünstigen sozialen Umweltbedingungen aggressiv-destruktiv entwickelt.

Damit „verwildert" die reaktive Verteidigungsaggression und wird von einer situationsbezogenen Reaktion zu einer stetig aggressiven Gewohnheit bzw. Selbstbehauptungsstrategie. Sie löst sich von konkreten Anlässen mit Frustration oder Bedrohung und „gerinnt" zu einer stabilen Persönlichkeitseigenschaft.

Bestimmte **motorische Aktivitäten** von Kleinkindern können für Selbstbehauptung *oder* für reaktiv-aggressive Aktivität gehalten werden (ziehen, schubsen, beißen, schreien etc.) *oder* auch für Signalverhalten (brüllen). Die äußerlich wahrnehmbaren Handlungen sind gleich! Nur Kontextinformationen können zeigen, wie sie gemeint sind bzw. welche Motivation dahinter steht.

Hier entsteht ein Interpretationsspielraum

Ein Beispiel:
Ein Kleinkind interessiert sich intensiv und mit gesunder Neugier für die elterliche Souvenirsammlung. Dabei fällt etwas um und geht kaputt. Empathische Eltern versuchen den Rest der Sammlung zu retten, sie stoppen die Aktivität ihres Kindes und geben vielleicht als Alternative eine unzerbrechliche Auswahl an Dingen.

Unempathische Eltern interpretieren die Aktivität ihres Kindes als aggressive Handlungen und reagieren ihrerseits aggressiv. Sie schimpfen und schreien das Kind an, sagen es sei ein böses Kind, weisen es zurück, schlagen es vielleicht sogar.

In beiden Fällen werden die Kinder in ihrer Neugier und ihrem Forscherdrang gestört. Spontan reagieren die Kinder entweder mit Rückzug oder mit adaptivem Ärger bzw. reaktiver Aggression: sie brüllen, schlagen, strampeln. Ärger wäre hier eine sinnvolle Selbstbehauptung, weil es zur Überwindung von Hindernissen motiviert.

Das Kind mit den unempathischen Eltern wird angebrüllt, geschlagen, es macht negative Beziehungserfahrungen. Es fühlt sich bedroht und frustriert und reagiert mit heftiger selbstschützender Aggression.

Erleben Kleinkinder häufig eine unempathische Hemmung ihrer Selbstbehauptung, so wird mit der Zeit die erste Stufe der Aktivierung, die Stufe von adaptivem Ärger und/oder reaktiver Aggression, in der noch „Verhandlungsspielraum" bestand und in der keine Schädigungsabsicht vorliegt, quasi übersprungen. Es kommt zu einer Art „Kurzschluß". Es wird sofort ein hohes Maß an Aggression mobilisiert. Das Kind antwortet nun mit einer *automatischen Reaktion auf Einschränkung*. Mit der Zeit ist ein solches Kind beständig in Sprungbereitschaft, es reagiert hypersensibel, hat eine geringe Frustrationsschwelle.

Das ist aber eine *Folge von gelernter Interaktion.* Das Kind konnte nicht lernen Kontroversen gemeinsam zu lösen bzw. auszuhandeln. Es konnte auch seine Neugier nicht befriedigen und seine Selbstbehauptung nicht beibehalten. Es erlebt sofort heftige reaktive Aggression im Fühlen und Handeln.

a. Es konnte Selbstbehauptung nicht als Problemlösetechnik erlernen;
b. Es hatte aggressive Erwachsene als Modell für aggressive Problemlösungen;
c. Selbstbehauptung und Aggression sind unter solch ungünstigen Bedingungen im Kind zu *einer* Aktivität verschmolzen, Selbstbehauptung ist mit Aggression „vergiftet".

3.2 Emotionspsychologische Sichtweise

Emotionspsychologen gehen davon aus, daß Emotionen *situationsspezifische* Aktionen sind (*Strack, Deutsch* 2004). Sie sind hochkomplex und der jeweiligen Situation fein angepaßt. Sie bauen sich in einem Hin und Her zwischen Mensch und Umwelt, in einem mehrstufigen, diffizilen Abgleich vieler physischer und psychischer Teilsysteme auf, – natürlich blitzschnell!!!

Wenn sich eine Emotion – und aggressive Impulse sind an Gefühle gebunden – in einer konkreten Situation bildet, z.B. Wut oder Angst, koordiniert das Gehirn:

1. schnelle, automatische, „impulsive" Prozesse,
2. langsamere, aber dafür „offenere", „reflexive" Prozesse.

Im Normalfall bedeuten menschliche Emotionen nicht einfach die Herrschaft automatischer Impulse, sondern ein feines Zusammenwirken von vorgeprägten/neurobiologisch gebahnten affektiven Tendenzen (Leibgedächtnis) und nachdenklich-sensitiver Offenheit. Emotionen zwingen den (gesunden) Menschen nicht, sie machen Vorschläge.

In Situationen, in denen wir uns plötzlich (körperlich) bedroht oder seelisch verletzt fühlen, können wir „ausrasten" oder eine „Kurzschlußhandlung" begehen. Dann haben die archaischen Gehirnstrukturen des Limbischen Systems (zuständig für „impulsive", automatische emotionale Prozesse) die Überhand gewonnen. Die Gehirnstrukturen (des präfrontalen Kortex), die für Planungs- und Kontrollfunktionen bzw. willentliche Steuerungsmöglichkeiten (Volitionen) zuständig sind, kommen nicht zum Zuge, eben weil sie etwas langsamer sind. Die langsameren, bewußten oder vorbewußten Schaltkreise werden nicht ausreichend aktiviert. Die emotionsauslösende *Wahrnehmung* führt in Verbindung mit Gefühlen wie z.b. Wut, zum unmittelbaren Verhalten: zu aggressivem Zuschlagen, Anbrüllen oder einem verachtenden Blick. Als plötzlicher Schutzreflex kann das schnelle Reagieren auf einer funktionalen Ebene sinnvoll sein. Mit jeder Reaktivierung kommt es aber auch zu einer Verfestigung und Vertiefung psychophysiologischer Bahnung (siehe 3.3).

Unsere Bewußtseins-, Bewegungs- und Körperarbeit setzt bei vielen Übungen beim Stoppen dieser impulsiven, schnellen Reaktionen an *und* setzt auf das Einüben von besonnenen kompetenzfördernden Verhaltensweisen.

Es gibt auch Gefühlslagen, die über längere Zeit dominieren. Sie finden nicht nur ihren Niederschlag im Denken, sondern drücken sich auch körperlich aus: wer viel haßt wird häßlich, dessen Mimik drückt aus „wessen Geistes Kind er ist". Friedrich Schiller schrieb schon vor etwa 200 Jahren, daß eine „schöne Seele" sich nicht nur geistig, sondern körperlich in der „Anmut" ausdrücke.

Auf die andere Wirkrichtung macht uns Christian Morgenstern aufmerksam, wenn er schreibt: „Der Körper ist der Übersetzer der Seele ins Sichtbare".

Und auch ein bewußt eingenommener Gesichtsausdruck, bestimmte Körperhaltungen und Bewegungsabläufe, können spezifische Gefühlszustände hervorrufen. Ein bekanntes Beispiel ist, daß Menschen auch bei einem bewußt „aufgesetzten" Lächeln, tendenziell ein angenehmes Gefühl fühlen (*Strack* et al. 1988, *Scherer* 1996)). Das heißt nicht, daß wir auch innerlich froh werden, wenn wir ein freundliches Gesicht „machen", aber der Gesichtsausdruck kann Gefühle verstärken oder uns überhaupt erst zu bestimmten Gefühlen führen. *Antonio R. Damasio* war einer der Ersten der auf die unlösbare Verwobenheit und Wechselwirksamkeit von Körper, Gefühl und Verstand aufmerksam machte (1994 amerik. 1995 dt., 2000). In diesem Sinne hat auch eine aufgerichtete Körperhaltung Einfluß auf die innere Haltung. In entsprechender Weise wirken hochgezogene Schultern, eingezogener Kopf und runder Rücken und können körperlicher Ausdruck für Angstgefühle sein.

Vielleicht haben Sie als Leserin oder Leser an dieser Stelle noch einmal Interesse an einem kleinen persönlichen Experiment:

- Ballen Sie beide Hände kräftig zu Fäusten,
- Beißen Sie die Zähne fest auf einander,
- Schieben Sie nach wenigen Sekunden den Unterkiefer nach vorne,
- Atmen Sie kräftig aus und ein und verbleiben Sie über zwei bis drei Atemzüge lang in dieser Körperhaltung!

Wie verändert sich tendenziell Ihre Gefühlslage?

3.3 Neurobiologie

Die Neurobiologie zeigt uns, wie im Gehirn aus motorischer Bewegung oder psychologischen Prozessen mit Gefühlen, Gedanken sowie sozialen Interaktionen, biologische Veränderungsprozesse entstehen. Außerdem zeigt uns die Neurobiologie die untrennbare Vernetzung und Wechselwirkung von körperlichen, seelischen, geistigen und zentralnervösen Strukturen. Die Neurobiologie konnte Vieles, was durch aufmerksame Phänomenbeobachtung schon erkannt war, bestätigen und damit fundieren. Damit ist sie für die gezielte Arbeit mit Menschen von Wichtigkeit.

In den letzten Jahren haben die Spiegelneuronen große Beachtung erfahren. Sie wurden von *Rizzolatti* und Kollegen im handlungssteuernden *motorischen System* entdeckt. Sie spielen eine große Rolle beim Erlernen von Aggression. Wir können ihre Funktionsweisen aber auch beim Üben von neuen und sozialverträglichen Verhaltensweisen nutzen. Spiegelneuronen werden auf der Basis von *eigenen, früheren* Erfahrungen aktiviert und zwar, wenn wir Handlungen anderer Menschen (bzw. von lebendigen Wesen) beobachten, z.b. eine Schlägerei oder wenn man das für eine bestimmte Handlung typische Geräusch hört. Spiegelnervenzellen können auch bei eigenen mentalen Vorstellungen aktiviert werden und insbesondere reagieren sie bei simultaner Imitation/Synchronisierung (siehe 5.4). Inzwischen geht man auch davon aus, daß sie bei *miterlebten Gefühlen und Empfindungen* mitschwingen, z.B. Haß oder Streß. Sie machen Resonanzvorgänge möglich und bewirken „Ansteckung", emotional wie auch auf der Körperebene. Sie sind bedeutsam für Intuition und Empathie. Sehen wir z.b. eine aggressive Handlung, werden unmittelbar über die Wahrnehmungsrezeptoren die für diese Handlung zuständigen eigenen Hirnregionen aktiviert. Das Schnellerkennungssystem des Gehirns erkennt in Bruchteilen von Sekunden, zuerst unbewußt, danach teilweise auch bewußt, was der Andere fühlt und tut und welche Absichten er hat. Ein Interpretationsprozeß ist in Gang gekommen und die Handlungsneuronen (spezialisierte Spiegelneuronen) sind aktiviert, was zu einer automatischen, spontanen, spiegelgleichen affektiven Ansteckung führt (*Bauer* 2005). Dieser „Ansteckung" sind wir aber nicht ausgeliefert, nämlich dann nicht, wenn wir auch andere alternative Reaktionsweisen im „Neuronenprogramm" haben. Die meisten Erwachsenen brauchen für die Ausführung einer Aktion der Bewegungsneuronen, eine Motivation (ein hemmendes neurobiologisches System beginnt schon im Alter von drei Jahren zu reifen). Im Bewußtwerden der eigenen Resonanz können wir uns willentlich auch für eine andere emotionale Lage und motorische Handlung entscheiden, die sich von dem wahrgenommenen Vor-Bild unterscheidet. Die Bewegungsneuronen, die für die motorische Ausführung zuständig sind, arbeiten ein bißchen langsamer als die Handlungsneuronen und können durch eine Willensentscheidung gestoppt werden. D.h. der bewußte Wille kann entscheiden, ob der bereits eingeleitete Handlungsimpuls tatsächlich ausgeführt wird (*Hüther* 2005 a) oder ob die Motivation für eine andere Handlungsoption stärker ist.

Unsere Arbeit zielt auf Verhaltensänderung bzw. Lernen von Neuem. Auf der Basis von genetisch angelegten und stammesgeschichtlich sehr alten Systemen des Gehirns (evolutionärer kollektiver und individueller Pool), verändern sich Hirnstrukturen durch *persönliche Erfahrungen*. D.h., eine neue Erfahrung verändert Hirnstrukturen und bildet damit auf der biologischen Ebene die Voraussetzung für ein potentielles, neues Handlungsprogramm. Das menschliche Gehirn hat prinzipiell eine hohe Plastizität und ist in hohem Maße *erfahrungs-* und *nutzungsabhängig*. Es lernt und verändert sich über die gesamte Lebensspanne hinweg. Je nach Qualität der körperlichen, emotionalen, kognitiven und sozialen Erfahrungen, formt sich eine spezifische neuronale Struktur. Diese neuronalen Muster prägen sich umso deutlicher aus,

- *je früher* sie während der Kindheit und Jugend etabliert werden (siehe 3.1) und wenn sie
- *über längere Zeiträume regelmäßig* aktiviert werden. Das, was durch häufige Nutzung häufig aktiviert wird, wird auch intensiv gebahnt. Das begründet den Sinn von regelmäßigem Üben.

Zusätzlich wird auch all das intensiv abgespeichert/gebahnt, was mit

- *hoher emotionaler Intensität* verbunden ist, also mit heftigen Gefühlen.
- Weiterhin bewirkt auch das *eigene aktive Tun* eine intensive Veränderung der neuronalen Verschaltungsmuster und dies gilt insbesondere für motorische Aktivitäten. Hier greifen unsere Bewegungsübungen!
- Ein weiterer wichtiger Aspekt ist der Einfluß von *anderen Menschen*. Die stärkste Motivation für den Menschen, ist der Mensch (*Bauer* 2005). Die im Zusammensein mit Anderen gemachten Erfahrungen beeinflussen die Entwicklung unseres *Bewußtseins und Willens* und finden ebenfalls ihren neurobiologischen Niederschlag (*Hüther* 1997, 2005 a, b, 2006).

Auf dem Weg zur Aggressionskompetenz

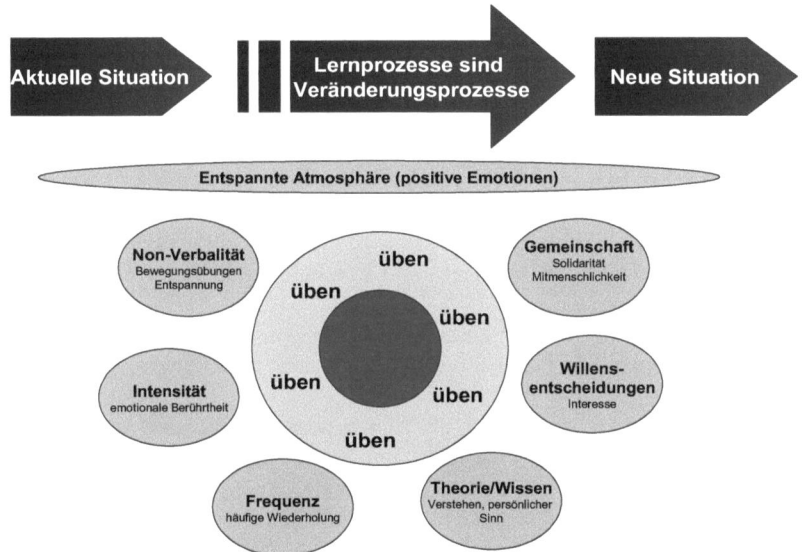

Abb: Nachhaltiges Lernen

Annette Höhmann-Kost / Frank Siegele (2008)

Legende:
Die Graphik zeigt in einer Übersicht, welche Faktoren für nachhaltiges Lernen bzw. Verhaltensänderungen bedeutsam sind. Die *entspannte Atmosphäre* ist hier zu nennen. In der Verbindung mit *positiven Emotionen* hat Gelerntes eine bessere Haftung. Weiterhin ist auch das Üben auf der *nonverbalen Ebene* notwendig. Hierzu gehören das emotionale Modellieren der Mimik sowie allgemeine Spannungsregulation (um von einer Streßphysiologie zu einer gesunden Wohlfühlphysiologie zu kommen) und alle Bewegungsübungen. (Da der motorische Bereich neuronal weniger komplex ist, kann hier die Wirkung und Selbstwirksamkeit schon in kurz- und mittelfristigen Übungsprogrammen erfahren werden, nach zwei Wochen regelmäßigen Übens zeigt sich erste neurobiologische Bahnung). Außerdem sind die *Intensität* der emotionalen Berührtheit sowie die Anstrengungsbereitschaft bedeutsam. Nur das aktiviert die Nervenzellen ausreichend. Weiterhin braucht es Interaktion mit *anderen Menschen*, die eine Passung schaffen. Es braucht die guten passenden Antworten im Denken und Fühlen, beim Ringen um Werte und in der gegenseitigen Bestätigung. Es braucht aber auch Vernetzung bezüglich der (nonverbalen) Mimik, der Stimmungen, Tonlagen usw. Nicht zuletzt brauchen wir den Anderen als Partner, um neue Erfahrungen machen zu können. Verhaltensänderung ist nur durch Interesse für etwas Neues und mit entsprechenden *Willensentscheidungen*, deren Umsetzen und Durchhalten, möglich. Weiterhin ist *Wissen* notwendig um Hintergründe und Zusammenhänge verstehen zu können. Um einen wirklichen Effekt zu erzielen braucht es schließlich eine *hohe Frequenz* des Übens, in der motorische Bahnung, interpersonale und kognitive Bahnung mit einander verankert werden bzw. sich synchronisieren. Der Erfolg hängt von den Gesamtmaßnahmen ab.

3.4 Entwicklung über die gesamte Lebensspanne – eine zentrale Position der Integrativen Therapie

Eine Theorie des lebendigen Menschen muß komplex sein, weil der Mensch als ein bio-psycho-soziales Wesen in einem ökologischen Kontext, selbst komplex ist. So verstehen wir auch aktuelle aggressive Impulse immer als komplexes destruktives Verhalten im Gesamtverlauf von *Vergangenem* und *Gegenwärtigem* und der auf die *Zukunft* bezogenen Motivation bzw. Zielvorstellung. Weiterhin stützt sich die Integrative Therapie – und in dieser die Integrative Aggressionstheorie auf:

- eine *philosophische* Perspektive, die Aggression als anthropologische Größe betrachtet,
- eine *biologische* Perspektive, die Aggressionsprozesse unter evolutionsbiologischer, neurowissenschaftlicher und psycho-/physiologischer Sichtweise zu verstehen sucht,
- eine *psychologische* Perspektive, die das Thema Aggression aus sozial- und entwicklungspsychologischer Perspektive sowie aus der Sicht der Kognitionswissenschaft und der Emotionspsychologie betrachtet.

In dem hier gegebenen Zusammenhang ist eine zentrale Position, daß wir aus Integrativer Sichtweise von einer Entwicklung über die *gesamte Lebensspanne* ausgehen, in der die oben genannten Aspekte ihren Niederschlag finden. Grundannahme ist: die Persönlichkeit des Menschen wird geprägt durch:

- die Gesamtheit aller positiven Erfahrungen
- die Gesamtheit aller negativen Erfahrungen
- und die Mangelerfahrungen

Leider hat sich gezeigt, daß aggressives Verhalten in hohem Maße zeitstabil ist. Kinder, die schon im Vorschulalter als aggressiv auffallen, bleiben es häufig ein Leben lang, wenn nicht *umfassende* Gegenmaßnahmen getroffen werden (siehe 4) und es bedarf erheblicher Anstrengung, um die Aggression zu „bezähmen". Umfassende Maßnahmen heißt aus Integrativer Sicht, ein mittel- bis langfristiges Umlernen der „eingeschliffenen Muster" auf der somatomotorischen, emotionalen, kognitiven und volitiven Ebene. Fundierte Präventionsmaßnahmen sollten deshalb in der Kindheit ansetzen (*Cierpka* 2005). Die gute Botschaft heißt trotz Alledem: Entwicklung von Kindern und Erwachsenen kann nachreifen!

Deshalb kann ein „Entwicklungsschicksal" auch nicht als Entschuldigung für jegliches aggressives Verhalten im Erwachsenenalter gelten. Jeder Erwachsene hat zumindest teilweise Einfluß darauf, wie er sein Leben leben will, in welche Situationen er sich begeben will, mit welchen Menschen er zusammen sein will *und* er kann sich für gezielte Maßnahmen entscheiden, die aggressive Entgleisungen verringern oder gänzlich verhindern.

Akute *Aggression* ist ein zeitlich begrenzter Zustand spezifischer psychophysiologischer Erregung (allerdings nicht bei zweckrationalem Kalkül), der von äußeren und inneren Schlüsselreizen ausgelöst werden kann und der normalerweise schnell wieder abklingt. Der Affekt „zündet" und „erlischt" nach einiger Zeit. Ist der Affekt allerdings verbunden mit höheren kognitiven Funktionen bzw. Werten, Meinungen oder Glaubenssystemen, ist er leichter reaktivierbar (z.B. Ausländerhaß, Angst vor dem Islam, Hakenkreuz, aber auch in Paarbeziehungen z.b. das Vorurteil: „Ich weiß doch, daß du mich immer demütigen willst!"). Bei fortwährender Stimulierung bzw. Überstimulierung kommt es zu einer psychophysiologischen Sensitivierung und Streßphysiologie, die schon bei geringfügiger Außen- oder Innenstimulierung aggressives Verhalten auslösen kann (Petzold 2003). Diese Menschen sind in pathologischer Weise hypersensitiviert und kommen äußerst leicht in „Hyperarousal" (siehe 3.1). Es ist sehr schwer, solche Zustände kognitiv zu kontrollieren. Es liegt ein Mangel an selbstregulierenden Fähigkeiten vor, der natürlich durch sozialen Druck, Erschöpfung und andere Faktoren *in* der Situation, begünstigt werden kann.

Petzold macht uns aber auch immer wieder darauf aufmerksam, daß Menschen auf Grund der Exzentrizität die Möglichkeit der Distanznahme haben. Wir können geistig-seelisch, zeitlich und physisch Abstand nehmen von Situationen und auch von uns selbst. In der Integrativen Therapie gehen wir davon aus, daß Erwachsene als Einzelne und gemeinsam mit Anderen Verantwortung für ihr Tun haben und sich um selbstregulierende Fähigkeiten bemühen müssen, um nicht andere Menschen zu beschädigen. Die Tatsache der Exzentrizität bietet somit auch eine Chance der Verantwortbarkeit, ja der Verpflichtung zur Verantwortung (*Levinas*). Menschen können auf Grund von *Bewußtsein* die Aggression als solche erkennen, sie in ihrer Qualität erleben, emotional bewerten, kognitiv einschätzen und zumeist auch ihre Folgen. Das kann zu Entscheidungen führen, zum „Guten wie zum Bösen". Entscheidungen sind Festlegungen des Willens. Ich habe etwas erkannt und anerkenne die Wichtigkeit! Diese *Entscheidung*, die ethisch zu verantworten ist, müssen wir mit Kraft *umsetzen* und eventuell gegen Widerstände *durchhalten*. Oft wird Willensarbeit notwendig (*Petzold, Sieper* 2004). Hier liegt der entscheidende Punkt der mitbestimmt, ob sich das persönliche und gruppale aggressive Potential stabilisiert und erweitert oder ob wir bewußt an Veränderungen arbeiten und die Kompetenzen für ein sozialverträgliches friedliches Miteinander fördern wollen. Die Integrative Therapie vertritt hier eine „desillusionierte Anthropologie", die aber aus „engagierter Verantwortung" und „Freude am Lebendigen", hoffnungsvolle Perspektiven entwickeln kann (*Otte* 2002). Es gibt Gründe für Hoffnung, weil wir als Einzelne und in Gemeinschaft die Fähigkeit haben, zerstörerisches Handeln zu stoppen und mit Besonnenheit, Vernunft und gutem Willen zu handeln (*Petzold* 2006).

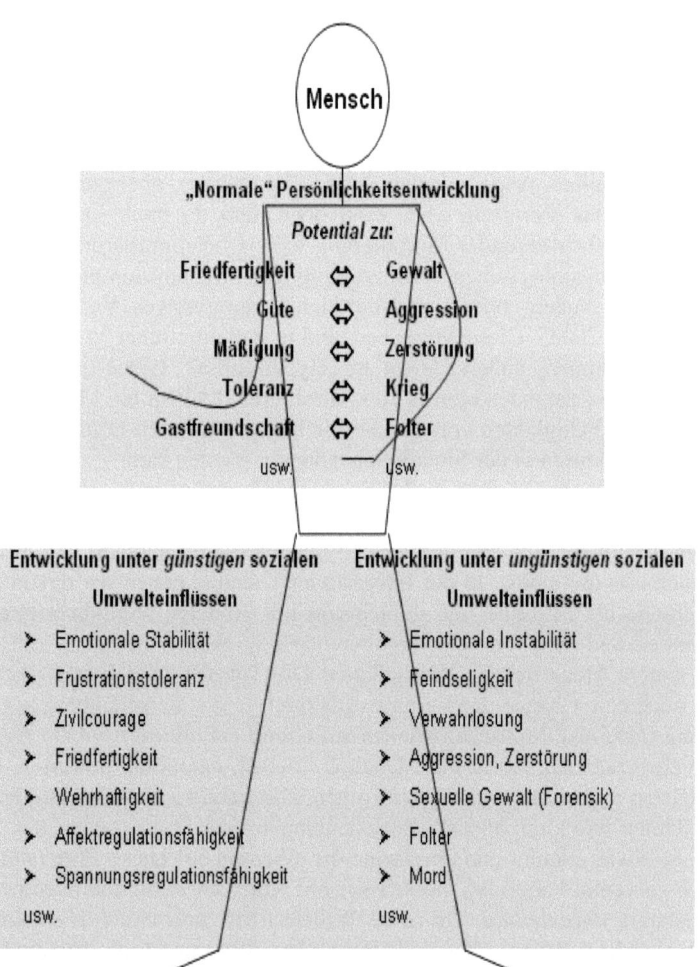

Abb: Entwicklungsmöglichkeiten (Siegele/Höhmann-Kost 2008)

4 Komplexes Lernen durch Multimodalität und Methodenintegration

Die neurobiologische und emotionspsychologische Forschung hat uns gezeigt, daß Gefühle – und in unserem speziellen Fall – die mit der Aggression verbundenen Gefühle, eine Aktivierung des Gesamtorganismus bewirken. Ist unser Ziel Weiterentwicklung des Vorhandenen zu etwas Neuem, benötigen wir auch Maßnahmen, die den Gesamtorganismus Mensch ansprechen.
Die nachhaltigsten Verhaltensänderungen geschehen durch „komplexes Erfahrungslernen". Komplex im Sinne des Integrativen Ansatzes meint:

Lernen auf allen Leib-Ebenen (*Sieper* 2001):

- Auf der körperlich-physiologischen Ebene:
  neue Bewegungs- und Reaktionsmuster, Kraft, Ausdauer;
  Spannungsregulation: Entspannungs- und Anspannungsfähigkeit
- auf der psychisch-emotionalen Ebene:
  Regulation des Affektlebens, emotionale Differenzierung um Wichtigkeiten zu erfassen
- der kognitiv-geistigen Ebene:
  Selbsterforschung, Bewußtes Aufnehmen von Wissensstoff, Erkennen von Zusammenhängen
- der volitiven Ebene:
  Willensakte: (gute) Entscheidungen treffen, Umsetzungskraft, Ausdauer und Durchhaltevermögen; Überwindung von Schwächen und Verzagtheit
- der sozial-interaktiven Ebene:
  Gegenseitiges Anregen (Modelllernen), Kommunikation, Solidarität und Achtsamkeit für Andere, Zuverlässigkeit, Sorge um Schwächere und Hilfsbedürftige
- und auf der ethischen Ebene:
  Auseinandersetzung mit Werten, Kultivierung von Tugenden, ethisch fundierte Alltagspraxis, Engagement für Frieden und Gerechtigkeit.

Lernprozesse solcher Art sind multimodal. Der Begriff der Multimodalität wurde von *Petzold* in die Psychotherapie eingeführt (*Petzold, Brühlmann-Jecklin* 2007) und in der Integrativen Therapie ist damit ein *absichtsvolles Zusammenwirken* von Verschiedenem gemeint: das Zusammenwirken der oben genannten Ebenen, von Funktionalem und Erlebnisorientiertem, von Entspannendem und Aktivierendem, von Verbalem und Nonverbalem, von Konfliktzentriertem und Ressourcen-orientiertem, von Persönlichem und Gemeinschaftlichem etc..

Zusätzlich kommen auch unterschiedliche Methoden zur Wirkung: Behaviorale Therapie, Bewegungstherapie, Entspannungsmethoden, tiefenpsychologisch fundierte Psychotherapie, Kommunikationstraining, Kunst- und Kreativitätstherapie, Sozialtherapie etc. In diesem Zusammenspiel aller Elemente und Kräfte werden Menschen emotional berührt, sie verstehen Zusammenhänge sowie den übergeordneten Sinn und ihren persönlichen Sinn. Etwas wahrhaft Neues, im Sinne von bewußt gewollter Verhaltensänderung, kann hier seinen Anfang nehmen. Zur vollen Wirkung kommt es allerdings erst durch das notwendige, regelmäßige, systematische Üben. Erst, wenn auch das Neue üblich geworden ist, ist es auch neurobiologisch stabil gebahnt, steht zuverlässig zur Verfügung und hat zu einer nachhaltigen Umstimmung, Neuorientierung und Verhaltensänderung des Gesamtorganismus Mensch geführt. So können wir sagen, unser Ziel ist:

- einerseits die spontane friedliche Reaktion im Sinne von *Moreno*, der sagte: „Spontaneität ist eine neue Reaktion auf eine alte Situation oder eine angemessene Reaktion auf eine neue Situation" (1953, 336)
- und andererseits Auseinandersetzungsfähigkeit, Konfliktfähigkeit und couragiertes Eintreten für sich und Andere – Mut und Zivilcourage.

5 Die Praxis in unseren Seminaren

5.1 Vertrauen und entspannte Atmosphäre

In der Mitte des Raumes steht ein farbenfroher, schöner Blumenstrauß.

Angst und negative Emotionen sind keine guten Begleiter, um Verhaltensänderungen anzuregen. In unseren Seminaren ist die Stimmung anfangs in der Regel erwartungsvoll, ängstlich, angespannt. Jeder weiß, das Thema Aggression ist schwierig!

Mit gezielten Interventionen versuchen wir hier entgegenzuwirken, durch Maßnahmen, die *gegenseitiges Vertrauen* und eine *entspannte Atmosphäre* fördern. Wir beginnen sowohl jede kurze Arbeitsgruppe als auch jedes mehrtägige Seminar mit Lockerungs- und Entspannungsübungen im Gehen. Auf diese Weise erleben sich die Teilnehmer von Anfang an in Bewegung, sie begegnen sich auf Augenhöhe und es „darf" auch gelacht werden. Danach kommen laute strukturierte Stimm- und Atemübungen. Schon hier löst sich die erste Gehemmtheit und gleichzeitig bahnen wir den selbstverständlichen Einsatz der eigenen Stimme, den wir bei späteren Übungen brauchen.

Wenn wir die Teilnehmer an *dieser* Stelle bitten, die Atmosphäre im Raum und die persönliche Befindlichkeit zu beschreiben, so wird sie überwiegend als erwartungsvoll, gut und entspannt erlebt.

5.2 Einstimmung auf Aggression

Übung: Musik hören
Jetzt folgt ca. 3 Minuten lang eine musikalische Intervention. Wir haben hierfür ein Stück gefunden, das von Musikpsychologen als besonders aggressivaktivierend eingestuft worden ist (Stilrichtung Hardrock: „A skull full of maggots" – Der Schädel voller Maden – von Cannibal Corpse), es ist u.a. eine rauhe, tiefe Männer-Solostimme zu hören.

Die Stimmung im Raum ändert sich schlagartig. Der Ausdruck in den Gesichtern zeigt Empörung, Ärger, Angst, Angespanntheit. Manche halten sich die Ohren zu, Bewegungen bekommen eine andere Qualität, einige drücken sich in den Ecken herum.

Nur 3 Minuten lang – und welch eine Veränderung!!! – Nach dem Ausschalten der Musik wird unser Eindruck bestätigt: die Menschen fühlen sich unwohl, aggressiv, ärgerlich, sind angespannt, „es war kaum zum Aushalten", selten sagt jemand „ich bin belustigt" oder „ich fühle mich kraftvoller und angeregt".

Oft ist allein das eine eindrückliche Erfahrung: wie wenig es bedarf und in welch kurzer Zeit, ein Stimulus von außen eine aggressive Atmosphäre aufkommen lassen kann.

Da das menschliche Gedächtnis zustandsabhängig ist, haben wir gleichzeitig eigene aggressive Erinnerungen auf subtile Weise aktiviert („fungierendes Leibgedächtnis"). – An dieser Stelle ist das von uns gezielt gewollt, denn jetzt geht es zügig weiter zur nächsten Herausforderung.

Übung: „Drei persönliche Fragen" in Kleingruppen
1. Was habe *ich selber* schon an aggressivem Verhalten *wahrgenommen*, gesehen, miterlebt, gehört etc.?
2. Was habe *ich selber* schon an aggressivem Verhalten *erleiden* müssen?
3. Was habe *ich selber* schon Anderen an aggressivem Verhalten *angetan*?

In Workshops, die nur wenige Stunden dauern, berichtet jeder Teilnehmer ca. 10 Minuten lang in seiner Kleingruppe von den persönlichen Erfahrungen, woraus sich stets ein reger Austausch entwickelt.

Übung: Aggressionsplakat
In mehrtägigen Seminaren, gestaltet jede Kleingruppe mit farbigem Papier, Klebstoff und Schere sowie Wachsmalstiften ein gemeinsames Plakat (Flip Chart Größe). Hier geht es dann nicht nur darum, über die persönlichen Aggressionserfahrungen zu erzählen, sondern auch herauszuarbeiten, welche Gemeinsamkeiten bezüglich der Aggressionen es in dieser Kleingruppe gibt. Anschließend gestaltet jede Kleingruppe zusammen ein Bild. Jeder bringt einerseits die eigenen Erinnerungen auf kreative Weise zum Ausdruck: ausschneiden – kleben – malen – schreiben und andererseits wird durch eine entsprechende Zuordnung, auch das Gemeinsame sichtbar. Die Teilnehmer haben ca. zwei Stunden Zeit dafür.

Dies sind *immer* sehr intensive, emotional bewegende Prozesse mit hoher Konzentration und Dichte. Die Teilnehmer regen sich gegenseitig an. Wenn einer sich „traut" eine schlimme Situation zu schildern, fällt es dem nächsten leichter, ebenfalls etwas sehr persönliches „preiszugeben". Selbstenthüllung ist an sich noch nicht heilsam, aber sie erhöht, wenn sie in der Situation und bezüglich des Themas als angemessen erlebt wird, die Geschwindigkeit, mit der sich Beziehungen in Richtung auf vertrauensvolle und positive Erfahrungen entwickeln (*Wiemann, Giles* 1996). Dies ist das von uns angestrebte Ziel: wir wollen einerseits jeden Einzelnen an seine persönlichen Erfahrungen mit Aggression heranführen und andererseits, das Vertrauen untereinander fördern.

Nachdem jeder sich in „seiner" Kleingruppe emotional verankern konnte, ist jetzt der Transfer in die Gesamtgruppe wichtig.

In Veranstaltungen von nur 3-4 Stunden Dauer berichten die Einzelnen von ihren Erfahrungen bezüglich Aggression und der Austausch setzt sich in der Gruppe fort. In den mehrtägigen Seminaren, in denen Plakate gestaltet wurden, folgt nun die eigentliche „Vorstellungsrunde". Die Mitglieder jeder Kleingruppe treten gemeinsam vor die Gruppe, hängen ihr Plakat gut sichtbar auf und jeder Einzelne stellt sich an Hand des Plakates, den übrigen Teilnehmern vor.

Auf diese Weise schaffen wir in der Gruppe einen kollektiven Boden an Aggressionserfahrungen. (Bisher haben wir immer erlebt, daß dieser gemeinsame Prozeß, bei aller Vorsicht, eine dichte Atmosphäre, persönliche Nähe und Offenheit für Neues, entstehen ließ.) Nach dieser Einstimmung folgen bewegungstherapeutische Übungen.

5.3 Das Ritual

Für eine gezielte Auseinandersetzung mit Aggression, die nicht neue Beschädigungen setzt, halten wir eine klare Strukturierung und das Einhalten von Regeln für notwendig. Gleichzeitig liegt darin ein zentrales Ziel unserer Arbeit: Zurücknahme des Eigenen, „sich zügeln", Souveränität, die gleichermaßen die eigenen Belange wie auch die der Anderen im Blick hat – und das freiwillig und willentlich – ein nicht ganz leichtes Ziel! – Deshalb führen wir an dieser Stelle ein Ritual ein, welches uns auf dem Weg zur Aggressionskompetenz, ständig begleitet.

Die Gruppe steht im Kreis. In diesem Kontext achten wir darauf, daß es wirklich zu einer Kreisformatierung kommt. Der Kreis ist, wie auch die Kugel, in allen uns bekannten Kulturen ein Symbol für Vollkommenheit, Ganzheit und Harmonie und hat in diesem Sinne eine universelle Wirkung in sich selbst. Zusätzlich besteht so die Möglichkeit von gegenseitigem Augenkontakt. (Tut sich ein Teilnehmer schwer, sich hier in die Ordnung einzufügen, ist das für uns ein wertvoller diagnostischer Hinweis.)

5.3.1 Impuls – Stopp (Aktivierung – Hemmung)

Übung: Impuls – Stopp – Hand
Eine Hand wird zur Faust geballt. Die Finger der anderen Hand werden gestreckt. Die Faust und die gestreckte Hand werden nun vor dem Körper zusam-

mengebracht. Die Arme sind leicht gebeugt und angehoben. Die gesamte Körperhaltung ist aufrecht und zentriert.

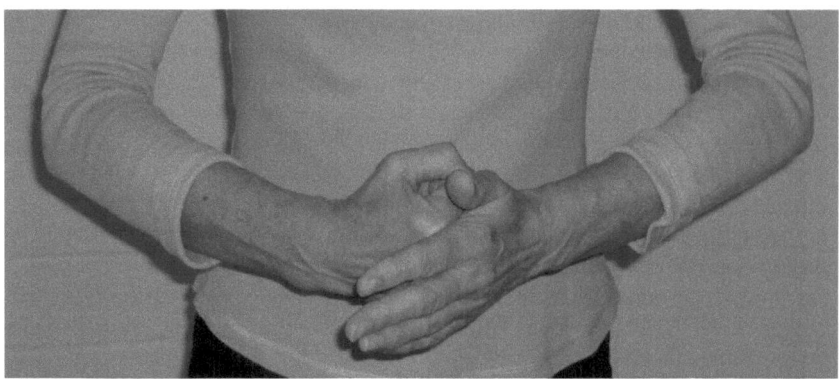

Die geballte Hand steht hier symbolisch für *aktive Impulse*. Die gestreckte Hand steht für *Hemmung*, sie stoppt die Aktion. In unserem Kontext verkörpert die Faust aggressive Impulse. Sie kann aber für jede Form von überschießender, überflutender Aktivität stehen, wie z.b. unmäßiges Begehren, hemmungsloses Trauern oder grenzenlose Wut. Die Stopp-Hand ist die regulierende Hand, die Hand der Mäßigung und Begrenzung. Und beides haben wir selber „in der Hand". In dieser bewußten Sammlung im Ritual, kann die äußere Haltung Einfluß nehmen auf innere Bewegung. Dieses Ritual ist für uns Sinnbild für Regulationskompetenz, Verantwortung und das gute Maß.

5.3.2 Verneigung

Übung: Respekt
Die „Impuls – Stopp – Hand" – Übung verbinden wir mit der Geste der Verneigung. (Dies entspricht der Verneigung im Kontext der Kampfkünste.) Dafür stellen wir die Füße dicht nebeneinander und neigen den Oberkörper nach vorne, indem wir die Hüften ein wenig beugen. Der Rücken bleibt gerade. Das ist wichtig, denn wir verneigen uns mit einer aufrechten inneren Haltung, die nichts mit buckeln, sich beugen oder sich verbiegen zu tun hat. Es ist eine Geste des Respekts und entspricht einer Verneigung vor dem Leben, vor der Natur, je nach persönlicher Einstellung kann es auch eine Verneigung vor einer göttlichen, höheren Macht sein. Insbesondere ist es aber eine Verneigung vor den anwesenden anderen Menschen und ein Versprechen im Sinne von: „Ich bin dir zugeneigt und

ich will alles tun, damit dir kein Leid geschieht und du nicht beschädigt wirst! Gleichwohl verneige ich mich vor mir selbst: Ich bin auch mir zugeneigt".
Wir verneigen uns alle gleichzeitig. Auf diese Weise verneigt sich jeder im Kreis vor jedem. – Dieses Ritual führt im Verlauf der Seminare oft zu tiefer emotionaler Berührtheit. Die Menschen spüren die regulierende Kraft des Rituals, sie nehmen es sehr ernst und übernehmen das gerne. Ähnliche Erfahrungen haben wir damit in der Patientenarbeit gemacht.

5.4 Affektregulation

Ein wichtiges Element von Aggressionskompetenz ist aus unserer Sicht die Fähigkeit, aggressive Impulse wahrzunehmen und zu stoppen. Dies erarbeiten und üben wir in Partnerarbeit mit gezielten Schlagübungen aus den Budo-Kampfkünsten. Insbesondere benutzen wir eine moderne Variante, das von *Thomas Brendel* und *Gertrud Schröder* (2004) entwickelte Affekt-Kontroll-Training (A.K.T).

Die folgenden Übungen sind „drastische" Übungen. Sie werden immer zunächst von uns vorgeführt und einer von uns steht anschließend auch als Partner für die Teilnehmer zur Verfügung (Lernen am Modell, siehe 3.3). Sie werden *ohne* direkten Körperkontakt durchgeführt. Die Übungen beeindrucken, überraschen, sind intensiv, berühren emotional, sie sind eine Zu-Mut-ung. Sie können uns lehren, wer wir sind! Sie werden mit einem „Partner" gemacht – nicht „Gegner", – mit einem Menschen, dem ich mich mit all meiner Kraft und Intensität zumute und der für mich zur Verfügung steht, damit *ich* eine Erfahrung machen kann und damit *wir* miteinander Erfahrungen machen können. Die Übungen fordern zum Gespräch und zum Nachdenken heraus. Als komplexe Erfahrungen haben sie neurobiologische Folgen. Wir beschreiben hier eine kleine Auswahl.

Übung: aggressive Impulse „im Griff" haben
Die Partner stehen sich Auge in Auge gegenüber und beginnen mit dem Ritual der Verneigung.
Bei der folgenden Schlagübung wird anfangs mit großem Abstand, der die gesamte Länge des Raumes einnehmen kann, geübt. Nach kurzer Zeit trauen sich die Teilnehmer aber den Abstand so zu verringern, daß bei ausgestrecktem Arm nur wenige Zentimeter zwischen ihnen liegen. Der Abstand wird immer vor dem Schlag von beiden Partnern gemeinsam festgelegt.
Wir drängen Niemanden, bei diesen Übungen mitzumachen. Teilnehmer die Angst bekommen, bitten wir im Raum zu bleiben und zuzuschauen.

Variante Brustbein:
„*Angreifer*" *A steht in stabiler Schrittstellung und mit aufgerichtetem Oberkörper (für Karate Praktizierende:* „*Kiba-Dachi*") *und führt mehrmals hintereinander gezielte kraftvolle Fauststöße in Richtung auf das Brustbein des Partners B durch (*„*Choku-Zuki chudan*"). *Dabei stößt A einen möglichst kraftvollen Schrei (*„*Kiai*") *aus (siehe 5.1). Partner B steht ebenfalls aufrecht und nimmt den Fauststoß äußerlich unbeweglich, entgegen.*
Es kommt zu keinem Körperkontakt und somit auch nicht zu einem Geräusch des Aufschlags.
Die Übung wird mit der gegenseitigen Verneigung und mit dem Satz: „*Ich danke dir für diese Erfahrung!*", *beendet.*
Ein verbaler Austausch findet erst nach *dem Rollentausch statt. Es ist ganz wichtig, daß* jeder *die Erfahrungen in* beiden *Positionen in unmittelbarer zeitlicher Nähe machen kann.*

Das emotionale Erleben ist sehr intensiv! – Trotz des Wissens, daß es zu keiner Körperverletzung kommen wird – der Abstand zwischen Faust und Brustbein ist immer mindestens handbreit – erlebt B *in* der Situation die Angst vor Verletzung, vor dem „Stoß ins Herz", vor den „aggressiven" Schlägen des Partners. Er spürt die Folgen von Zerstörungskraft und -willen, die Wucht der eigenen Streßphysiologie (Schweißausbruch, Herzrasen, stockender Atem, erhöhter Muskeltonus usw.) und alles zusammen fühlt sich schrecklich an. Empathie heißt wörtlich übersetzt: das Schicksal teilen. Das wird auf der bio-psycho-sozialen Ebene hier evident! B erlebt vielleicht auch eigene aggressive Impulse in sich aufsteigen. Das ist für Menschen, die sich selber als aggressionsgehemmt einschätzen oder meinen, sie haben Probleme mit ihrer Wut, manchmal ganz hilfreich. Häufig wird das Erleben: „Ich kann *dem* Stand halten", zu einer tief bewegenden und bedeutsamen Erfahrung.

Partner A erlebt sein körperlich-emotionales Kraft- und Zerstörungspotential, was aggressivem Potential entspricht. Manchmal tauchen Gefühle von Wut oder Hass oder Zerstörungslust auf, aber auch die dahinterliegende Angst oder Ohnmacht. Anderen kommen Erinnerungen an erlebte Gewaltszenen. Für Viele wird wichtig: „Ich spüre meine Kraft *und* ich kann meinen Schlag/Impuls kontrollieren. Ich erlaube mir heftige Gefühle *und* muß doch nicht zerstören". Kraft und Mäßigung, Aktion und Stopp, Aggression *und* gleichzeitig erfolgreiche Regulierung bzw. eine Lösungsstrategie. Die Lösung prägt sich ein, weil gute Gefühle wichtige neuroplastische Signalstoffe ausschütten, was die Neubildung und Bahnung von Nervenzellen fördert.

Die sich eindeutig zeigende *und* gleichzeitig kontrollierte (Willens)Kraft von A und die Widerstands- und Auseinandersetzungskraft von B synchronisieren sich in der wechselseitigen Begegnung. – Natur und Kultur treffen aufeinander! Wir machen immer wieder die Erfahrung, daß beide Partner aus dieser Übung gestärkt, klarer und selbstbewußter hervorgehen.

Variante: Kinn
Die äußere Struktur der Übung ist wie oben beschrieben. Diesmal richtet sich aber der Faustschlag auf das Kinn des Partners („Choku-Zuki jodan"). Der Abstand ist wieder mindestens handbreit.

Hier werden oft individuelle Unterschiede deutlich und persönliche, lebensgeschichtliche Zusammenhänge können hergestellt werden. Einige spüren die Angst „das Gesicht zu verlieren". Das ist manchmal schlimmer als der „Herzstoß". Andere sind erschrocken, daß ihnen der Schlag „ins Gesicht" des Partners leichter fällt, als in Richtung Brustbein etc.

Wenn ausreichend Zeit zur Verfügung steht, bieten wir eine weitere Steigerung an.

Variante: Rückenlage
Hier liegt das „Opfer" auf dem Rücken am Boden. Der „Täter" kniet darüber, mit den Beinen rechts und links neben dem Rumpf des „Opfers" (man sitzt nicht auf dem Bauch).
Wieder wird mit kräftigem Faustschlag Richtung Kinn, des auf dem Rücken Liegenden, gezielt und „geschlagen", – begleitet von dem „Kiai". Es ist sehr auf den ausreichenden Abstand zwischen Faust und Kinn zu achten. Das „Opfer" hat keine Chance auszuweichen.

Hier werden auf intensivste Weise Macht und Ohnmacht erlebt. Das ist keine leichte Übung. Das wühlt auf, das empört, – die Seminarteilnehmer zumeist in beiden Rollen. Manchmal fließen Tränen, Tränen des Entsetzens und der Trauer darüber, wie schlimm es ist, Gewalt zu erleiden, aber auch Tränen der „Täter", die spüren, wie schlimm es ist, so zerstörerisch sein zu *können.*

Nur was mir bewußt ist, was ich am eigenen Leibe spüre, kann mich zu gezielter *Verhaltensregulation* und einem Engagement für einen friedfertigen Umgang mit Menschen motivieren. Aus erlebter Ohnmacht, kann der Wille zur Arbeit an der Selbstwirksamkeit entstehen, aus dem bewußt erlebten destruktiven Potential, kann der Wille zur Mäßigung und zur Suche nach anderen Möglichkeiten der Selbstregulation erwachsen.

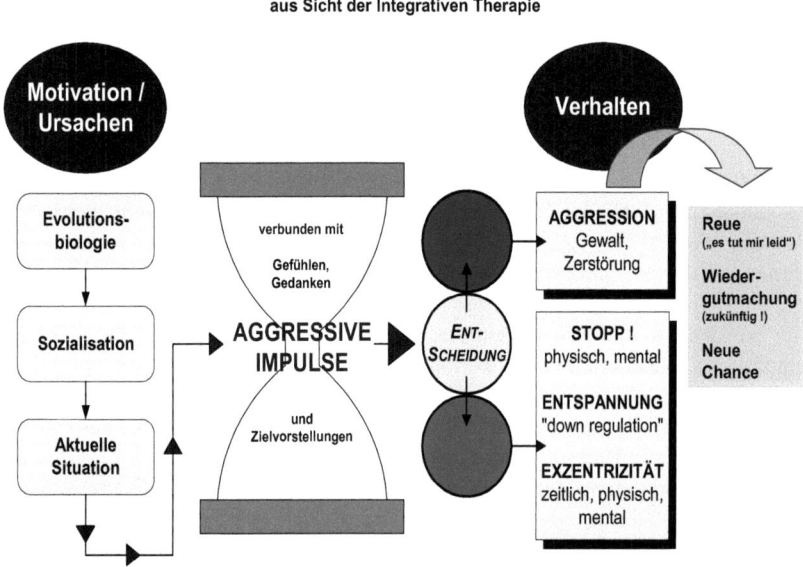

Abb.: Aggression und Aggressionskompetenz   Annette Höhmann-Kost, Frank Siegele, Mai 2006

Legende:
Aggression ist vielschichtiges, komplexes Verhalten *und* es ist zeitliches Geschehen, ein Prozeß mit Ursachen und Wirkungen und mit verschiedenen Phasen. Der Prozeßverlauf wird durch das Symbol der Sanduhr angedeutet.

Evolutionsbiologie: In unseren Genen liegt das Potential für aggressives Verhalten. *Sozialisation*: Wie weit sich aggressives Verhalten entwickelt, hängt von den persönlichen biographischen Erfahrungen ab. Wir lernen durch Modelllernen und Konditionierung/Stabilisierung: durch wahrgenommene, erlebte und selber ausgeführte aggressive Verhaltensweisen.

Aktuelle Situation: sie kann Triggerreize enthalten, die aggressive Impulse aktivieren. Das kann erlebte körperliche und/oder seelische Bedrohung sein; das können nicht erfüllte Wünsche sein bzw. Frustration; häufig sind es ungelöste Konflikte (gegenläufige Interessen); das kann durch Anregung/soziales Modelling sein, z.B. in aggressiven und/oder sexualisierten Atmosphären; durch Streß, z.B. Überforderung, Angst aber auch durch aversive Reize wie Hitze, Lärm, Enge; es kann durch Langeweile und Sinnleere sowie Schmerzen, Erkrankung und Erschöpfung sein. (Natürlich gibt es auch geplante aggressive Handlungen in denen man zur Gewalt greift um ein bestimmtes Ziel zu erreichen, z.B. Konkurrenz (instrumentelle Aggression) oder zweckrationales Kalkül („kalter" Hass, Rache).) Im aktuellen Vollzug von aggressiven Handlungen spielen *Gefühle* eine große Rolle (Hülshoff 2006). Vorausgehende Gefühle: meist Wut, Zorn, Ekel, aber auch Angst, Hilflosigkeit und Langeweile. Postaggressive Gefühle: Schuld, Scham, Ekel, Angst, Trauer, Reue, aber auch Triumph, Siegesfreude, Stolz und Grandiositätsgefühle. – Das Symbol der Ampel steht für die Phase der *Entscheidung*: Im Bewußtwerden der eigenen aufsteigenden aggressiven Impulse haben wir die Chance der Entscheidung für eine nicht-destruktive Lösung (vom Gelb zum Grün). Wir *stoppen* den Impuls – das kann der Faustschlag sein, aber auch der verächtliche Blick. Wir *entspannen* uns, atmen gut aus. Dadurch gelingt Abstand zum eigenen Verhalten, wir gewinnen Zeit, wir können innerlich wie auch konkret körperlich einen Schritt zurücktreten und einen sinnvollen nächsten Verhaltensschritt überlegen: *Exzentrizität*. Die gute Entscheidung gelingt nicht immer. Dann hat verletzendes und zerstörerisches Verhalten für dieses Mal die größere Kraft: *Aggression* (vom Gelb zum Rot). Ist unser Bewußtsein und unsere Willensentscheidung aber eigentlich auf friedliche, gemeinsame Lösungen ausgerichtet, dürfen wir nicht gnadenlos mit uns sein. Trauer, Scham und Schuldgefühle können uns zur Reue führen. Das Gefühl der *Reue* gilt dem eigenen aggressiven Verhalten, dem was man moralisch verurteilt und das man nicht rückgängig machen kann. Reue ist eine eher leise Empfindung, die uns aber, wenn wir sie ehrlich annehmen, doch auch wieder in Kontakt und Einvernehmen mit dem (beschädigten) Anderen bringen kann. Beim nächsten Mal klappt es vielleicht besser. Eine neue Chance!

Im Austausch in der Gruppe werden bald auch Parallelen zu subtiler oder passiver Aggression hergestellt. Das ist wichtig, denn die wenigsten von uns sind Schläger, die sich mit der Faust regulieren. Die eigentlichen aggressiven Prozesse aber sind gleich, wenn auch verfeinert und viel komplexer: ein verachtender Blick zum wiederholten Male, kann Vertrauen zerstören; das Ausgrenzen aus einer sozialen Gemeinschaft die Seele tief verletzen; ein böses Wort kann Wunden schlagen; Verleugnung in einer Beziehung zu tiefer Verzweiflung führen usw.

Für Menschen, die zu körperlicher Gewalt neigen, können die beschriebenen Übungen eine Affektregulationshilfe sein. Werden die Übungen häufig genug geübt, schleifen sich die kontrollierten Schlagbewegungen ins prozedurale Gedächtnis ein. Dieser Teil des menschlichen Gedächtnisses steht für motorische Fertigkeiten, die unbewußt abgerufen werden können, ohne daß darüber nachgedacht werden muß. Sie laufen automatisch ab. Wir wissen von Erfahrungen mit forensischen Patienten, die alleine über das regelmäßige motorische Üben in einer Gruppe, weniger gefährlich wurden. Sie hatten sich die „Belohnung" des körperlich gespürten Faustschlags mit dem dazugehörigen Geräusch der Zerstörung (siehe 3.3), abtrainiert bzw. reduziert.

In den Seminaren folgt nach diesen Selbsterfahrungen immer eine Sequenz mit Theorie.

Zentrale Lern- und Übungsziele:

- **Stopp** für aggressive Impulse
- **Selbstberuhigung**/Entspannung
  gut ausatmen
- **Abstand** nehmen von der Situation und
  von sich selbst
- → **besonnenes Handeln**

5.5 Persönliche Triggerreize und Reaktionen

5.5.1 Differenzierung

Nach der Theorieeinheit beschäftigen sich die Seminarteilnehmer in Erzählgruppen mit ihren eigenen aggressionsauslösenden Triggerreizen und den darauf folgenden Reaktionen. Hier ist auch auf Genderunterschiede zu achten. Die Fragen lauten: Was löst *in mir* Aggression aus? – Wie zeigt sich *mein* aggressives Verhalten? – Was ist Selbstbehauptung? – Wohin gehört meine Wut, der Zorn, der Ekel? – Was geschieht körperlich? usw. – Der Interpretationsraum öffnet sich!

Übung: Differenzierung zwischen Assertivität und Aggression

Assertivität	**Aggression**
ohne Schädigungsabsichten	*mit körperlicher u. seelischer Beschädigung, Zerstörung von Menschen u. Dingen*

dazugehörige körperliche Regungen, leibliche Empfindungen, Gefühle, Gedanken, Willensentscheidungen / Zielabsichten

• Selbstbehauptung • Durchsetzungskraft • Durchhaltekraft • Standhaftigkeit • Mut • Zivilcourage • etc.	• physische Gewalt/Zerstörung • Respektlosigkeit/Demütigung • Verachtung/Geringschätzung • Normverletzung • emotionale Gleichgültigkeit • Provokation • Manipulation • Kontrolle • Kommunikationsverweigerung • Pessimismus • Vorurteile • etc.

5.5.2 Verhaltensänderung

> Feindschaft wird durch Feindschaft hienieden nie zerstört;
> durch Nichtfeindschaft wird sie zerstört,
> dies ist ein ewiges Gesetz.
>
> (*Buddah*)

Wenn wir aggressives Verhalten im Zusammenhang des gesamten Lebensprozesses *und* aus der aktuellen Situation heraus zu verstehen suchen, müssen wir dem entsprechend, auch Gegenmaßnahmen finden, die sich an der „persönlichen Situation" des Einzelnen orientieren und die der Einzelne auch willig ist, umzusetzen.

Nach den Klärungsprozessen in den Erzählgruppen, die den Horizont des Einzelnen wie der Korrespondenzpartner erweitert haben, wählt nun jeder Teilnehmer zwei verschiedenfarbige Papiere aus einer Zettelbox und arbeitet alleine weiter. Die folgenden Fragen werden reflektiert und die Antworten aufgeschrieben:

Übung: Weglassen – Tun
1. Was will ich in Zukunft von meinem bisherigen Verhalten weglassen?
2. Was will ich in Zukunft tun?
Der Zettel mit den Antworten von 1. kann mit einem kleinen Ritual in den Mülleimer geworfen werden. Er bleibt nach dem Seminar hier.
Den Zettel mit den Antworten von 2. nimmt jeder mit nach Hause. Dort dient er als Erinnerungs- und Motivationshilfe.

5.5.3 Gemeinschaft

„Gib keinem ein Schwert in die Hand,
der nicht tanzen kann".

(japanisches Sprichwort)

Wir beenden unsere Seminararbeit mit einem *Kreistanz*, der in kurzer Zeit von allen beherrscht wird. *Frank Siegele* leitet an. Dies ist bewußt gewählt, wir wollen damit Mut machen und Anregung geben. Das demonstriert, daß auch ein Mann mit sehr hoher Schlagkraft eine sanfte, bewegungsfreudige Seite haben kann. Es macht das „Sowohl als auch" statt eines „Entweder oder" sichtbar und erlebbar. Frank macht in seiner suchttherapeutischen Arbeit immer wieder die Erfahrung, daß auch „hartgesottene" Männer sich von einem gemeinsamen Tanz berühren lassen.

Der Blumenstrauß, der bei unserer aggressionsrelevanten Arbeit immer einen zentralen Platz einnimmt, steht beispielhaft dafür, wie wir gezielt auf die äußere Situation Einfluß nehmen können. Eine als angenehm erlebte Situation, hemmt aggressives Verhalten.

Der Kreistanz steht als ein Angebot für freudige *gemeinschaftliche Bewegung*. Ob der Einzelne sich davon im guten Sinne „triggern" läßt, das können wir nur hoffen. Die offenen Gesichter zeigen uns zumeist, daß es gelungen ist!

Nach harter Arbeit und teilweise schwer zu ertragenden Gefühlen, „schließen wir den Kreis" mit einer gemeinsamen Verneigung – im friedlichen Miteinander: „Danke für die Erfahrung!"

6 Aggressionskompetenz

„**Persönliche Souveränität**" ist dann erreicht,
„wenn es einem Menschen gelingt, auch in schwierigen
Situationen, unter äußerem Druck oder bei
Belastungen seine innere Ausgewogenheit zu behalten
und in Freiheit mit Ruhe, Gelassenheit, Überzeugungs-
kraft zu reagieren" (*Petzold 1998, 283*).

Aggressionskompetenz umfaßt *differenzierte Verhaltensstrategien*. Diese müssen gewollt, erlernt und geübt werden, auf der körperlichen Ebene, kognitiv, emotional und willensmäßig (siehe 4). Die zentralen Forderungen sind:

- Aggressionskontrolle
- Regulationskompetenz (Wissen wie)
- Regulationsperformanz (Umsetzung in Handeln)

Jeder unserer Seminarteilnehmer wie auch alle unsere Patienten haben schon gewisse Aggressionskompetenzen. Uns erscheint es sinnvoll, das schon vorhandene Potential herauszuarbeiten. Das macht Mut, verweist auf die eigene Selbstwirksamkeit und fördert Bewußtheit dafür. Mit der folgenden Übersicht, listen wir Aspekte auf, die aus unserer Kenntnis zur Aggressionskompetenz gehören. Damit versuchen wir auch einen Handlungskatalog für die Therapie zu erstellen, denn darin liegen auch Zielformulierungen:

- **Kenntnis der eigenen Aggressivität, Problembewußtsein**
  Man kann nur regulieren, was man kennt! Deshalb ist es notwendig, sich in einem geschützten Rahmen, den eigenen destruktiven Anteilen zu stellen und diese als Qualitäten wahrzunehmen, die den Gesamtorganismus ergreifen.
- **aggressive Gefühle, Gedanken, Handlungen stoppen**
  Da aggressives Verhalten gelernt ist, kann durch Willensentscheidung eine Wahl getroffen werden und die Impulse können gestoppt werden. In einer lebensbedrohlichen Situation kann das eine ethisch schwere Entscheidung sein.
- **Ursachen/Motivationen finden, Zusammenhänge herstellen**
  Hier geht es um die Fähigkeit, die Ursachen und Motivationen des eigenen Verhaltens erkennen zu können und einen Zusammenhang zwischen der auslösenden Situation und der eigenen Aggression herzustellen. Voraussetzung dafür sind Interesse und die Fähigkeit, die subjektiv empfundene Bedrohung von außen oder durch eigene innere Prozesse und die damit verbundenen Gefühle, den körperlichen Ausdruck und die dazugehörigen Gedanken, ernst zu nehmen.
- **Fähigkeit zur exzentrischen Überschau**
  Gemeint ist ein gewisser „innerer" Abstand zur aggressionsauslösenden Ursache und zu sich selbst. Manchmal ist auch ein konkret räumlicher und/oder zeitlicher Abstand notwendig. Damit können u.U. sinnvolle Aggressionsregulationsstrategien erst zum Einsatz kommen.
- **Empathie und Antizipation**
  Es braucht die Fähigkeit sich in Andere hineinversetzten zu können und Vorstellungen darüber, was die Folgen des aggressiven Verhaltens für Andere und für einen selber sein können. Empathie und Antizipation sind Voraussetzungen für ethisches Verhalten und sie schützen Beziehungen.
- **„gefährliche" Situationen meiden**
  Menschen, die sich der Grenzen ihrer Aggressionskontrolle bewußt sind, können gezielt bestimmte Situationen meiden oder sich „absichern", indem sie z.B. einen Freund mitnehmen.

- **Konfliktfähigkeit**
  Aggression hat vielfach mit ungelösten Konflikten zu tun. Konflikte sind das zeitgleiche Aufeinandertreffen widerstreitender Kräfte/Impulse. Das kann prinzipiell zu: a) einem konstruktiv-fördernden Potential werden und b) einem aggressiv-destruktiven Potential werden.
  Zur positiven Konfliktfähigkeit gehört:
  - Problembewußtsein
  - Bereitschaft zur Auseinandersetzung *und* zum Wiederzusammensetzen mit neuen Lösungen: Kompromißbereitschaft
  - Zurücknahme des Eigenen, Mäßigung, moderates Vorgehen, angemessene Assertivität
  - Toleranz gegenüber der Andersheit des Anderen
  - Klarheit in der Abgrenzung ohne Entwertung des Anderen, Aushandeln von Grenzen
- **Gefühle und die damit verbundenen körperlichen Phänomene aushalten**
  Man muß Gefühle differenzieren und angemessen verbal und körperlich ausdrücken können – und man muß lernen, unterschiedliche Gefühle mit den dazugehörigen Leibsensationen wie Druck, Herzklopfen, Spannung etc. eine Weile *auszuhalten*. Bei Gefühlen des Ausgeliefertseins und der Frustration/Enttäuschung (Kontrollverlust) besteht sonst die Gefahr, daß sie in aggressives Verhalten übergeführt werden. Damit würde kompensatorische Kontrolle (*Flammer* 1990) und zunächst auch Wohlbefinden wieder möglich (Aggression als Reaktanz).
- **Spannungsregulation, Entspannung („down regulation")**
  Vorhandene Streßspannung mit entsprechender Streßphysiologie (hoher Muskeltonus, Bluthochdruck, Schmerzen etc.) macht „Umstimmung" notwendig. In längerfristigen Übungsprogrammen mit muskulären und atemzentrierten Entspannungstechniken sowie durch entspannende Bilder und Emotionen muß Erholungsfähigkeit und Selbstregulation erlernt werden.
- **eigene Bedürfnisse spüren und ernst nehmen**
  Nur wer seine Bedürfnisse nach Fürsorge, Trost, Anerkennung, Selbstwirksamkeit etc. kennt und ernst nimmt, kann sich gezielt dafür einsetzen, daß diese Bedürfnisse erfüllt werden und es zu Lebenszufriedenheit kommen kann. (Dann wird die innere Entspannung über den (scheinbaren) Weg der Aggression überflüssig.)
- **Erfahrungen des Gelingens**
  Es macht Sinn, immer wieder Situationen aufzusuchen, in denen man Erfolgserlebnisse hat, in denen die eigene Geschicklichkeit und die Freude am Funktionieren erlebt werden kann, körperlich, emotional, kognitiv.

- **friedfertige Gefühle und Persönlichkeitseigenschaften/pro-soziales Verhalten**
  Die Fähigkeit zu friedfertigen Gefühlen und Handlungen muß kultiviert werden: Toleranz, Trost, Rücksicht, Gelassenheit, Verläßlichkeit, Dankbarkeit, Großherzigkeit, Wohlwollen, Freude, Brüderlichkeit/Schwesterlichkeit („Konvivialität"), Menschlichkeit.
- **chronisch fixierte Aggressivität als stabile Persönlichkeitseigenschaft erkennen**
  Menschen mit schweren Entwicklungsstörungen (z.B. Borderline-Persönlichkeit) hängen manchmal in bestimmten emotionalen Zuständen fest. Wenn möglich geht es darum, Bewußtheit dafür zu schaffen und die dahinterliegenden Gefühle aufzudecken, was nicht immer gelingt.
- **Aufmerksamkeit für gute Modelle und Projekte**
  Die Welt ist tatsächlich friedlicher, als es die Medien suggerieren. Auch hier wirkt „Ansteckung". Wir machen beispielhaft auf drei Bücher und eine Stiftung aufmerksam:
  - Faustlos – Wie Kinder Konflikte gewaltfrei lösen lernen (Cierpka 2005). Faustlos ist ein sehr gut evaluiertes Curriculum für Maßnahmen in Kindergärten und Schulen.
  - „Halt's Maul, jetzt kommt der Segen ..." (Hermann 2006). Eine Religionspädagogin schildert in bewegenden Reportagen sowohl den rauhen Alltag von sozial vernachlässigten, oft gewalttätigen Kindern als auch ihren problem- und beziehungsorientierten Unterricht. Gemeinsam finden sie immer wieder erstaunliche Lösungen!
  - Die Friedensmacher. Ein Buch der Stiftung `Peace Counts` (www.peace-counts.org) von Michael Gleich und Petra Gerster über nachhaltig wirksame friedensfördernde Projekte aus der ganzen Welt, mit exzellenten Bildern.

„Der gute Mensch braucht nicht einen anderen, der perfekt ist. Er bemüht sich, das
zu vollenden, was in ihm vom Besten ist"
(Neue Geschichten der Fünf Dynastien, Cheng 2002, 27)

Literatur

Baron, R.A.; Richardson, D.R. (1994): Human aggression. New York: Plenum.
Bauer, J. (2005): Warum ich fühle was du fühlst. Intuitive Kommunikation und das Geheimnis der Spiegelneuronen. Hamburg: Hoffmann und Campe.

Cierpka, M. (2005): Faustlos – Wie Kinder Konflikte gewaltfrei lösen lernen. Freiburg, Basel, Wien: Herder.
Damasio, A.R. (1994): Descartes'Error. Emotion, Reason and the Human Brain. New York: G.P. Putnam's Son, dt: Descartes' Irrtum. Fühlen, Denken und das menschliche Gehirn. München: Paul List Verlag in der Südwest Verlag GmbH & Ko 1995.
Damasio, A.R. (2000): Ich fühle also bin ich. Die Entschlüsselung des Bewußtseins. München: Econ Ullstein List Verlag GmbH & Co KG.
Dornes, M. (1997): Die frühe Kindheit. Entwicklungspsychologie der ersten Lebensjahre. Frankfurt: Fischer Taschenbuch Verlag.
Flammer, A. (1990): Erfahrung der eigenen Wirksamkeit. Einführung in die Psychologie der Kontrollmeinung. Bern, Stuttgart: Hans Huber.
Gleich, M. (Gerster, P.) (2006): Die Friedensmacher. München: Hanser.
Harre, R.; Lamb, R. (1983): The encyclopedia dictionary of psychology. London: Blackwell.
Herman, I. (2006): „Halt's Maul, jetzt kommt der Segen ..." Stuttgart: Calwer.
Höhmann-Kost, A.; Siegele, F. (2008): Das Konzept der „Arbeit an sich selbst" – Kampfkünste als ein Weg der Übung in der Integrativen Leib- und Bewegungstherapie in der Behandlung von Abhängigkeitskranken, in: *Jakob-Krieger, C., Waibel, M.* (Hrsg) (2008): Integrative Bewegungstherapie in der klinischen Praxis, in Vorbereitung, Stuttgart: Schattauer.
Hülshoff, Th. (2006): Emotionen. München, Basel: Ernst Reinhardt.
Hüther, G. (1997): Biologie der Angst. Wie aus Streß Gefühle werden. Göttingen: Vandenhoeck & Ruprecht.
– (2005a): Die vergebliche Suche der Hirnforscher nach der Region im menschlichen Gehirn, in der das Bewußtsein entsteht. in: Mitgliederrundbrief DGIK 1/2005 a; 8-19
– (2005b): Neurobiologische Aspekte von Suchtentstehung und Suchttherapie – Manifestation, Therapie und Prävention von Abhängigkeitserkrankungen aus neurobiologischer Sicht. in: Mitgliederrundbrief DGIK 1/2005 b; 20-28.
– (2006): Wie Embodiment neurobiologisch erklärt werden kann. in: *Storch, M.; Cantienni, B.; Hüther, G.; Tschacher, W.*: Embodiment. Die Wechselwirkung von Körper und Psyche verstehen und nutzen. Bern: Hans Huber, 73-97.
Moreno, J.L. (1953): Who shall survive? Beacon: Beacon House, 1. Aufl. 1934.
Otte, H. (2008): Mögliche Risiken und Nebenwirkungen der Integrativen Therapie – Überlegungen zu „risikosensiblen" Arbeitsformen. in: *Märtens, M.; Petzold, H.* (Hrsg.) (2002): Therapieschäden. Risiken und Nebenwirkungen von Psychotherapie. Mainz: Grünewald Verlag, 181-215.
Petzold, H. (2006): Aggressionsnarrative, Ideologie und Friedensarbeit – Integrative Perspektiven. in: *Staemmler, F.; Merten R.* (Hrsg.) (2006): Aggression, Selbstbehauptung, Zivilcourage. Zwischen Destruktivität und engagierter Menschlichkeit. Bergisch Gladbach: Edition Humanistische Psychologie, 39-72.
– (1992): Der „TREE OF SCIENCE" als metahermeneutische Folie für Theorie und Praxis. in: *Petzold, H.*: Integrative Therapie. Modelle, Theorien und Methoden für eine schulenübergreifende Psychotherapie. Bd. II/2 Klinische Theorie. Paderborn: Junfermann; 457-647 (überarbeitete Neuauflage 2003).

– (1998): Integrative Supervision, Meta-Consulting & Organisationsentwicklung. Modelle reflexiver Praxis. Paderborn: Junfermann 1998.
– (2003): Aggression. Perspektiven Integrativer Therapie – Impulse zu Diskursen. Polyloge 5/2003. www.eag-fpi.com
Petzold, H.; Brühlmann-Jecklin, E. (2007): „Methodenintegrativ" und „multimodal" – kokreative Strategien in den Konfluxprozessen der „Integrativen Therapie". Zur Geschichte und Bedeutung der Begriffe. in: DGIK Mitgliederrundbrief 2/2007; 24-36.
Petzold, H.; Sieper, J. (2007): Der Wille, die Neurowissenschaften und die Psychotherapie. Band I. Bielefeld und Locarno: AISTHESIS.
Scherer, K.R. (1996): Emotionen. in: *Stroebe, W.; Hewstone; M.; Stephenson, G.M.* (Hrsg.) (1996): Sozialpsychologie. Eine Einführung. Berlin, Heidelberg: Springer; 293-330.
Schröder, G.; Brendel, Th. (2004): Affekt-Kontroll-Training. Qigong Dancing. Synergien aus Ost und West. Norderstedt: Books on Demand GmbH.
Sieper, J. (2001): Das „Behaviorale Paradigma" und der Begriff des „Komplexen Lernens" im Integrativen Ansatz klinischer Therapie, Soziotherapie und Agogik. Integrative Therapie 1-2/2001; 105-144.
Strack, F.; Stepper, L.L.; Martin, S. (1988): Inhibiting and facilitating conditions of the human smile: a non-obtrusive test of the facial-feedback hypothesis. Journal of Personality and Social Psychology 54, 768-77.
Strack, F.; Deutsch, R.: Reflective and impulsive determinants of social behaviour. Personality and Social Psychology Review, 8 (3); 220-247.
Wiemann, J.; Giles, H. (1996): Interpersonale Kommunikation. in: *Stroebe, W.; Hewstone, M.; Stephenson, G.M.* (Hrsg.) (1996): Sozialpsychologie. Eine Einführung. Berlin, Heidelberg: Springer, 331-362.

Neue Bindungen wagen: personzentrierte und beziehungsorientierte Therapie bei komplexer Traumatisierung

Silke Birgitta Gahleitner

„Die Heilkraft des Vertrauens – Wie wichtig das Verhältnis zwischen Arzt und Patient ist, entdeckt die Medizin gerade neu" lautete unlängst ein Titel in der ZEIT (03.08.2006). In einem Schaukasten faßt der Autor anschließend zehn hilfreiche Tips zur besseren Behandlung aus einschlägigen Fachzeitschriften und Kommunikationshandbüchern für Mediziner zusammen, so u. a.: formelle Kleidung unterstützt Ihre Vertrauenswürdigkeit, bieten Sie dem Patienten/der Patientin einen bequemen Stuhl an, geleiten Sie den Patienten/die Patientin mit aufmunternden Worten zum Ausgang. Resigniert könnte man den Artikel an dieser Stelle beenden, spiegeln sich doch an dieser Stelle exakt zwei aktuelle Trends: die heilberuflichen Machtverhältnisse und die postivistisch-reduktive erkenntnistheoretische Position der Forschung. Zur Resignation ist das Thema jedoch m.E. zu bedeutsam.

In meiner psychotherapeutischen Praxis im Traumabereich mit Kindern und Jugendlichen machte ich immer wieder die Erfahrung, daß die Bewältigung komplexer Traumata entscheidend von vergangenen und aktuellen Beziehungserfahrungen im Leben der Klienten abhängt. Im Rahmen eines Forschungsprojektes biographischer Interviews mit Gewaltbetroffenen wurde die Fragestellung auf einer wissenschaftlichen Basis vertieft. Die Bindungsforschung, die sich in den letzten Jahren zunehmend praxisnah damit befaßt, ihre Ergebnisse für die therapeutische Praxis zugänglich zu machen, bot mir zu dieser Thematik in Praxis und Forschung zahlreiche fruchtbare Anknüpfungspunkte.

Auch in den drei Phasen der Traumatherapie, die inzwischen international als ein Standard in der Behandlung komplexer Traumatisierung angesehen werden, wird dem Beziehungsaspekt mehr und mehr Bedeutung beigemessen. Beachtet man das ‚Primat' der therapeutischen Beziehung, so kann man auch auf Selbstheilungs-tendenzen vertrauen, über die viele Traumaopfer als Ressource verfügen.

Wie jedoch sieht diese Beziehungsgestaltung ganz konkret in der psychotherapeutischen und beraterischen Praxis aus? – Anhand eines Fallbeispiels soll nach einer theoretischen Verortung der Schnittstelle Trauma und Bindung die therapeutische Beziehungsgestaltung zunächst theoretisch dargestellt und anschließend praxisrelevant anhand einiger typischer Phasen vorgestellt werden.

1 Trauma und Bindung – zwei Konzepte mit vielen Schnittstellen

1.1 Trauma

Unter einem Trauma versteht man ein „vitales Diskrepanzerlebnis zwischen bedrohlichen Situationsfaktoren und individuellen Bewältigungsmöglichkeiten" (Fischer, Riedesser 1998, S. 79). Wer solches erlebt, ist der Erfahrung von ohnmächtigem Kontrollverlust, Entsetzen und (Todes-)Angst ausgesetzt. Die natürlichen Selbstschutzstrategien angesichts von Lebensgefahr – Flucht und Widerstand – versagen.

Im Falle früher Kindheitstraumata wird das Gefühl von Sicherheit und Geborgenheit in der Welt und das Vertrauen in die Menschheit, das sich über die ersten Bindungsbeziehungen herstellt, bereits von Beginn der Entwicklung an immer wieder zutiefst erschüttert. Aus dieser Perspektive betrachtet, entwickeln früh Traumatisierte z.t. sehr kreative Überlebensstrategien. Ein ausgeklügeltes System vielfältiger somatischer und psychischer Symptome ist die Folge (Brisch 1999; Herman 1992/1993; Terr 1995). In den letzten Jahren hat sich dafür insbesondere in den angloamerikanischen Ländern der Begriff ‚komplexe Traumatisierung' durchgesetzt (vgl. Kolk et al. 1996).

Nathalie stammt aus einer Familie mit schwerer Alkohol- und Gewaltproblematik. Sie wuchs mit zwei jüngeren Schwestern und einem jüngeren Bruder bis zum 16. Lebensjahr bei den Eltern auf. Nathalie und ihre drei Geschwister leiden unter einer angeborenen Alkoholembryopathie durch den Alkoholabusus der Eltern während der Schwangerschaft und einer dadurch bedingten Intelligenzminderung. Die drei inzwischen fremd untergebrachten Mädchen erzählen von zahlreichen aggressiven Durchbrüchen des Vaters, in denen er zunächst die Mutter, in der Folge jedoch auch die Kinder unkontrolliert schlug und mit Gegenständen z.T. lebensgefährlich verletzte.

Das Ausmaß der Traumatisierung ist abhängig von der Art, den Umständen und der Dauer des Ereignisses, vom Entwicklungsstand des Opfers zum Zeitpunkt der Traumatisierungen und eventuell vorhandenen protektiven Faktoren bzw. Risikofaktoren. Frühe und anhaltende Traumatisierung verursacht insbesondere Phänomene psychischer Fragmentierung und Desintegration. Das Verhältnis zum eigenen Körper, zum Bewußtsein und den Affekten ist gestört. Im zwischenmenschlichen Bereich fehlt es an positiven Bindungserfahrungen. Desorganisierte Bindungsmuster, Gefühle von Mißtrauen und Entfremdung, jedoch auch dissoziative Erscheinungen sind die Folge (Brisch 1999; Herman 1992/ 1993; Wirtz 1990).

Nathalie hatte sich gemeinsam mit ihren anderen Schwestern der Familientherapeutin anvertraut und kam mit 16 Jahren in die therapeutische Jugendhilfeeinrichtung. Zum Aufnahmezeitpunkt litt sie unter starken Erregungszuständen und Ängsten, die sich in der Umkehrung auch manchmal in aggressiven Durchbrüchen äußerten. Sie hatte ein sehr schlechtes Selbstbewußtsein, fühlte sich oft von sich und anderen isoliert und hatte wenig Zugang zu ihren Gefühlen. Nathalie konnte trotz großer Anstrengungen und Nachhilfestunden auch die Sonderschule nicht abschließen. Nachts litt sie unter Albträumen und zeigte auch tagsüber pseudopsychotische Erscheinungen wie Stimmen, Wesen oder Schatten, die sie bedrohten und ihr Anweisungen gaben.

Die Veränderungen lassen sich neben den sozialen, psychischen, psychosomatischen und psychiatrischen Auffälligkeiten auch in hirnphysiologischen Veränderungen nachweisen. Traumatisierte nehmen Reize anders auf und ordnen sie anders zu. Die Wahrnehmung fokussiert sich auf mit dem Trauma zusammenhängende Reize. Trotz des Versuchs, sich den überflutenden Bildern und Zuständen zu entziehen, werden Betroffene immer wieder von Intrusionen heimgesucht, die jedoch nur bruchstückhaft vorliegen. Traumatisierte sind gefangen zwischen Gedächtnisverlust und Wiedererleben; zwischen überwältigenden Gefühlen und absoluter Gefühllosigkeit, häufig weitgehend ohne Möglichkeiten der Selbstregulation (Kolk 1999). Um sich ein umfassendes Bild über das Ausmaß der Beeinträchtigungen zu machen, sind daher neben der ICD-Diagnostik eine entwicklungsorientierte Diagnostik, eine soziale und Lebensweltdiagnostik sowie eine ausführliche Ressourcenanalyse hilfreich (vgl. zum Vorgehen Gahleitner 2005b).

Die frühen und komplexen Traumatisierungen bei Nathalie führten zu Entwicklungsdefiziten auf der emotionalen und kognitiven Ebene. Körperlich schlugen sie sich psychosomatisch nieder. Nathalie mußte früh an altersangemessenen Kompetenzanforderungen scheitern, insbesondere in der Schule. Die Familie war nach außen hin zudem hermetisch abgeriegelt. Dies führte zu einer sozialen Abschottung und einem Entwicklungsdefizit im sozialen Bereich, das sich bis heute in sozialen Rückzugstendenzen zeigt. Nathalie konnte die Adoleszenzphase jedoch nutzen, um sich hilfesuchend an die Familientherapeutin zu wenden und in einer Einrichtung Zuflucht zu suchen. In der Exploration des sozialen Umfeldes wurde der positiv stützende Kontakt zu den MitarbeiterInnen und BewohnerInnen der Einrichtung sichtbar. In der alltäglichen Dynamik jedoch zeigte sich, daß Nathalie dem ansonsten guten Kontakt in Konfliktfällen auswich und in starke Ängste geriet (s.u.). Das konstant erhöhte Erregungsniveau sowie ein defizitäres Selbstbewußtsein und Selbstwertgefühl stellten ein großes Risiko der Reviktimisierung, jedoch auch eigener aggressiver Durchbrüche dar.

Betrachtet man die Möglichkeiten der Behandlung komplexer Traumata, so gilt als Grundvoraussetzung zunächst die Etablierung eines Mindestmaßes an relativer Sicherheit und Vertrauen. Erst dann können Versuche unterstützt werden, sich mit der traumatischen Erfahrung auseinander zu setzen. Dabei muß sehr behutsam umgegangen werden. Die traumatische Erfahrung kognitiv und emotional zu restrukturieren, ist ein langer und mühsamer Weg (Herman 1992/1993; Wirtz 1990). Traumabehandlung erfordert daher eine engmaschige Vernetzung personenzentrierter, umfeldorientierter und sozialstruktureller Aufgaben und ist damit eine biopsychosoziale Aufgabe (vgl. dazu ebenfalls Gahleitner, 2005b). Die Basis für den gesamten Behandlungsprozeß bildet eine emotional tragende, positiv korrektive und ‚nachnährende' Beziehung. Diese soll im vorliegenden Artikel den Schwerpunkt der Betrachtung darstellen und zunächst aus einer theoretischen Perspektive reflektiert und anschließend in ihrer Anwendung vorgestellt werden.

1.2 Bindung

Zu Beginn des 20. Jahrhunderts stieß John Bowlby (1907-1990) bei der Behandlung schwer beeinträchtigter Kinder und Jugendlicher immer wieder auf frühkindliche Defizite und Traumata. Im Kontrast zum Mainstream der damaligen psychoanalytischen Theoriebildung hielt er die von den Kindern berichteten Erfahrungen nicht für Phantasien, sondern erkannte deren Bedeutung für den Lebensverlauf. Aus diesen Erkenntnissen entwickelte er die Bindungstheorie als ein zentrales Konstrukt zum Verständnis der lebensnotwendigen soziokulturellen Erfahrungen eines Menschen.

In den zentralen Publikationen (WHO-Studie 1951/1973; Trilogie ‚Attachment; Seperation; Loss' 1969/2006, 1973/2006, 1980/2006) vertritt Bowlby die Auffassung, daß Kinder aufgrund einer evolutiv vorgegebenen Bindungsneigung die Nähe vertrauter Personen aufsuchen. Er geht davon aus, daß diese frühen Bindungen Kindern als sichere Basis und Grundstruktur für die gesamte weitere Entwicklung dienen. Die Bindungstheorie verbindet damit – für den damaligen Zeitpunkt revolutionär – ethologisches, entwicklungspsychologisches, psychoanalytisches und systemisches Denken und betrachtet Säugling und Fürsorgeperson als aktive Interaktionsteilnehmer (vgl. auch Brisch 1999).

In Situationen von Verunsicherung wird das Bindungsverhalten aktiviert. Ist das Sicherheitsbedürfnis gestillt, kann Exploration stattfinden. Die Abwesenheit stabiler Bindungspersonen behindert daher die Entwicklung emotionaler, kognitiver und sozialer Fähigkeiten. Das Gefühl der Gebundenheit kann infolgedessen verschiedene Qualitäten annehmen. Um eine stabile Bindung zu ermöglichen, müssen Fürsorgepersonen die Signale des Kindes richtig wahrnehmen, interpretieren sowie prompt und angemessen beantworten (Konzept der Feinfühligkeit; Ainsworth et al., 1974). Damit wird Bindung zu einem der zentralen Schutzfaktoren für „die seelische Gesundheit und die Charakterentwicklung" (Bowlby 1953/2005, 11).

Auf dieser Basis unterscheidet man verschiedene Bindungstypen (Ainsworth, Wittig 1969): Verhält sich die zentrale Bindungsperson dem Säugling gegenüber ‚feinfühlig', so entwickelt er eine sichere Bindung, die von Vertrauen, Gegenseitigkeit und Kontinuität geprägt ist. Reagiert die Bindungsperson mit Distanz bzw. Unzuverlässigkeit, so bildet sich eine distanzierte bzw. unsicherambivalente Bindung aus. Die Bindungstypen sind dabei nicht als absolute, sondern relative Größen zu verstehen. Über die Interaktion mit Bindungspersonen entwickelt der Säugling Erwartungen, die sich mit der Zeit verfestigen und zu ‚Internalen Arbeitsmodellen' werden (Main et al. 1985; vgl. auch ‚representations of interactions that have been generalized': RIGs bei Stern 1992, bzw. ‚Mentalisierungsprozesse des Selbst' bei Fonagy et al. 2004).

Diese finden eine Entsprechung auf neurophysiologischer Ebene (Spangler 2001). Das Zentralnervensystem ist in den ersten Lebensmonaten und -jahren noch stark formbar und muß angemessen stimuliert werden, damit es später funktionieren kann (LeDoux 1996/1998). Werden Interaktionssequenzen empathisch und entwicklungsangemessen unterstützt, können die vagen Selbstempfindungen zunehmend kognitiv erfaßt und mit Verstehen und Sprache gefüllt werden. Gelungene Interaktionen werden auf diese Weise zu einem grundlegenden Organisationsprinzip der emotionalen, sozialen und kognitiven Entwicklung (Crittenden 1995). Die ‚Internalen Arbeitsmodelle' entwickeln sich in ständiger Interaktion des Individuums mit seinem Umfeld zu ‚Bindungsrepräsentationen' (vgl. für eine Übersicht Hesse 1999).

Im Gegensatz zur Entstehung einer ‚sicheren Bindungsbasis' in den ersten Lebensjahren erleben Kinder ohne einen ‚sicheren Hafen' eine bedrohliche Double-Bind-Situation: einerseits das existentielle Bedürfnis, sich der Bezugsperson zu nähern, andererseits dort nicht sicher oder gar bedroht zu sein. Dies hinterläßt beim Kind einen unlösbaren Bindungskonflikt mit der Folge massiver innerer Spannungen (Brisch 2003). Für mißhandelte Kinder besteht sozusagen dauernder ‚Feueralarm' (Grossmann 2002). Dies kann zur Ausbildung eines ‚desorganisierten Bindungsmusters' führen, das zusätzlich zu den drei Bindungstypen klassifiziert wird. Dazu zählt beispielsweise stereotypes Verhalten, Erstarren mitten in einer bindungsrelevanten Situation oder chaotisches Wechseln zwischen verschiedenen Bindungstypen (Main, Hesse 1990; Solomon, George 1999). Eine globale, schwerwiegende Fragmentierung bis Zerstörung der Internalen Arbeitsmodelle klassifiziert man als ‚Bindungsstörung' (Crittenden 1995; Brisch 1999).

In die Bindungsbeziehung gehen damit alle Gefühle, Erwartungen und Erfahrungen ein, die ein Kind mit zentralen Bezugspersonen gemacht hat. Menschen können jedoch zu verschiedenen Bezugspersonen unterschiedliche Bindungsmuster entwickeln. Bindungen sind zwar nicht austauschbar, sondern eine jede hat ihre eigene Spezifität, Tragfähigkeit, Kontinuität und emotionale Qualität – für jede Bezugsperson kann jedoch ein eigenständiges Arbeitsmodell ausgebildet werden (Steele et al. 1996). Alle Bindungserfahrungen nehmen damit Einfluß nicht nur auf die momentane Situation, sondern den gesamten Lebensverlauf – bis hin zu Voraussetzungen für die Einwirkungsmöglichkeiten späterer sozialer und professioneller Unterstützung. Ein lohnenswertes Feld also – insbesondere für den personzentrierten Ansatz.

2 Bindungstheorie und Kinder- und Jugendlichenpsychotherapie – Ergebnisse aus Forschung und Theoriebildung

Befragt man Erwachsene retrospektiv nach ihren Erfahrungen als Kind mit dem professionellen Umfeld, zeigen sich bei Opfern komplexer Traumatisierung gravierende Lücken im psychosozialen Hilfenetz. Gemäß den Ergebnissen eines Forschungsprojektes zur Bewältigung sexueller Gewalt, basierend auf 22 problemzentrierten, biographisch orientierten Interviews sowie ergänzenden soziometrischen und diagnostischen Erhebungen wurde das Helfersystem in keinem der Fälle seiner Aufgabe gerecht[1]. Alle Befragten berichteten ausnahmslos, daß während ihrer Kindheit und Jugend auf den Mißbrauch nicht angemessen reagiert wurde. Die Befragten sprechen im Rückblick auf ihre Kindheit und Jugend sowohl von blinden Flecken im Hilfesystem als auch von aktiv verweigerter Hilfeleistung. Selbst bei Klinikaufenthalten und im Rahmen ambulanter Maßnahmen wurde die zugrunde liegende Problematik nicht erkannt, sondern als pubertärer Konflikt klassifiziert und in die Verantwortung der Familie zurückverortet. Die wenigen ‚schützenden Inselerfahrungen' durch positive und unterstützende Begegnungen in ihrem Leben schildern die Klientinnen und Klienten jedoch als überaus wichtig für die Bewältigung der sexuellen Gewalterlebnisse.

---

1 Die nun folgenden Fallbeispiele stammen aus der Studie ‚Sexuelle Gewalterfahrung und ihre Bewältigung bei Frauen und Männern' (Gahleitner 2003, 2005b).

In der Beurteilung ihrer Therapieerfahrungen tauchen bei den Klienten zahlreiche thematische Übereinstimmungen auf. Alle Befragten betonen die große Bedeutung spezifischer Fachkompetenz zum Thema sexuelle Gewalt – zu ihrer Dynamik, ihren Auswirkungen und ihrer Bewältigung. Unwissenheit und Unerfahrenheit führen nach ihren Erfahrungen zur Unterlassung wichtiger Hilfestellung oder gar zu pathologisierenden, retraumatisierenden Interventionen. Die Erfahrungsberichte belegen entwertende therapietheoretische Dogmen, an der Realität vorbeigehende psychiatrische Diagnosen sowie eine generelle Ignoranz gegenüber dem Thema – „ein Kampf um die Wahrheit", erzählt Herr Degan, „eine Situation wie früher". Heute erklärt sich Herr Degan dieses Verhalten mit uneingestandener Hilflosigkeit der Therapeutinnen und Therapeuten.

Besondere Bedeutung für das Gelingen einer Therapie messen die Betroffenen der therapeutischen Beziehung bei. Als zentrale Qualität beschreiben sie ein Grundgefühl des Angenommenseins, „einfach, daß jemand an Sie glaubt". Die Beziehung zum Therapeuten stellt demnach aus der Sicht der Betroffenen eine grundlegende Voraussetzung für die Überwindung des erlittenen Vertrauensverlustes dar. Ein tragfähiges therapeutisches Arbeitsbündnis erfordert ihrer Erfahrung nach eine empathische, machtsensible Atmosphäre, in der auch der Therapeut oder die Therapeutin sich auf einen aufrichtigen Dialog einläßt und unmittelbare Menschlichkeit verkörpert. Die Erlebnisse der Klienten weisen dagegen auf eine starke Verbreitung machtträchtiger, theoretisch fixierter und deutungsintensiver Orientierungen in den therapeutischen Begegnungen hin: „Ich hatte ... den Eindruck, daß da ... ein ganz bestimmtes Schema war", sagt Frau Cirillo, „alles, was davon abwich, durfte, sollte nicht sein".

In eine ähnliche Richtung gehen die Erfahrungen der Betroffenen, wenn sie über verschiedene Therapiemethoden und -techniken sprechen. Sie betonen dabei die Bedeutung der Integration kognitiver, erlebnis- und emotions- wie auch körperorientierter Techniken und die Problematik einseitiger Herangehensweisen. Therapeutische Techniken sollten aus ihrer Sicht nicht nach ‚Belieben' des behandelnden Therapeuten, sondern personzentriert, situationsadäquat und prozeßangemessen – sowie mit großer Vorsicht vor Überforderung – eingesetzt werden: „Es gibt einfach viele Leute, die machen Experimente", sagt Herr Belgard.

Auch Interventionen in bezug auf das soziale Umfeld, so z.B. das konstruktive Zusammenwirken von Gruppenzusammenhängen und Einzelbehandlungen, werden positiv erwähnt. Die Chance, die die Teilnahme an Selbsthilfegruppen eröffnet, wird von den Klienten, die diesen Weg gegangen sind, positiv hervorgehoben. „Das war ganz wichtig, daß ich dort respektiert und angenommen wurde", sagt Herr Degan, der ansonsten vom professionellen Hilfesystem schwer enttäuscht ist. Oftmals ermöglicht die Arbeit in den Selbsthilfegruppen auch erst eine spätere Weiterbearbeitung der Themen in einem professionell angeleiteten Einzel- oder Gruppenkontext, wie die Erfahrungen von Frau Cirillo aufzeigen.

Die derzeitigen Regelungen des psychotherapeutischen Versorgungssystems mit seinen festgelegten Therapieverfahren erschweren allerdings nach Ansicht der Betroffenen ein flexibles Vorgehen, das den einzelfallorientierten und situationsangemessenen Anforderungen gerecht werden könnte. Richtlinienverfahren und die Unmöglichkeit, eine Therapeutin beziehungsweise einen Therapeuten außerhalb dieser Therapierichtungen zu finanzieren, so berichtet Herr Degan, treibe Betroffene durch einen undurchdringlichen Psychotherapiedschungel voller schlechter Erfahrungen.

Sexuelle Gewalt wird nach Meinung der Klienten zu wenig thematisiert: Es fehle vor allem an einem für die Aufarbeitung förderlichen gesellschaftlichen Klima sowie an angemessenen Antworten der Gesellschaft auf diese Problematik. Die Realität sexueller Gewalt muß ernst genommen und ausgehalten werden, auch und insbesondere von Professionellen: „Die müssen wissen, wie fühlt sich denn so ein Leben wirklich hier innen an", fordert Herr Degan. Daß das Thema angemessen an die Öffentlichkeit vermittelt wird, ist Betroffenen sexualisierter Gewalt daher ein großes Anliegen.

Anhand der Aussagen wird deutlich, daß der professionelle Umgang mit der Problematik der Verarbeitung sexueller Gewalt deutlich hinter den Erwartungen der Betroffenen zurückbleibt. Zieht man aus den Erfahrungsberichten zusammenfassend Schlüsse für die beraterische und therapeutische Praxis, so lassen sich die Forderungen in zwei Kernbereiche verdichten. Klienten wünschen sich demnach eine Psychotherapie und Beratung, (a) die der Bedeutung des gesellschaftlichen Umgangs mit sexuellen Traumata Rechnung trägt und Fachwissen zur Problematik voraussetzt; (b) in der die therapeutische Beziehung die Hauptachse des Therapieprozesses darstellt und personzentriert, situations- und prozeßspezifisch und nicht verfahrensorientiert vorgegangen wird.

Bereits John Bowlby (1953/1995) betonte die Bedeutung der professionellen Bindungsbeziehung, ihre Funktion als sichere Basis für freies Explorieren. Auch nach den Ergebnissen der Psychotherapieforschung gilt die therapeutische Beziehung ebenfalls seit geraumer Zeit als stärkster allgemeiner Wirkfaktor (Orlinsky et al., 1994; vgl. bereits Alexander, French 1946). Dolan, Arnkoff und Glass (1993) beschreiben die therapeutische Beziehung als ‚korrigierende Erfahrung' und betonen die Bedeutung eines bindungssensiblen Vorgehens. Als auslösende Faktoren für die Herstellung und Aufrechterhaltung ‚emotional korrigierender Erfahrungen' gilt die „unausgesprochene Affektabstimmung" zwischen Patient und Therapeut sowie das „affektive Klima" (Brisch 1999, S. 94).

Die Abwesenheit von tragfähigen Beziehungen verursacht bei Kindern wie Erwachsenen physiologische Streßreaktionen (Grossmann 2002; Spangler 2001), das Bestehen nur einer einzigen förderlichen Bindung jedoch kann trotz sonstigem Vorherrschen negativer Erfahrungen einen bedeutsamen Schutzfaktor darstellen. Dieser Sachverhalt hat eine große Bedeutung für das Konzept so genannter ‚schützender Inselerfahrungen' – dies belegen retrospektive Interviews mit Erwachsenen (Gahleitner 2005a). Zum differenzierteren Verständnis dessen lohnt sich erneut ein Blick in die so genannten Mentalisierungsprozesse des Kindes (vgl. insbesondere Fonagy et al. 2004): Werden emotional bedeutsame Erlebnissequenzen bereits früh von bedeutsamen Bezugspersonen empathisch unterstützt, entwickeln sich vage Selbstempfindungen zu ‚Internalen Arbeitsmodellen'. „Innere Gefühlszustände ... werden nun für das Kind auf der Ebene bewußter sprachlicher Diskurse ‚verfügbar'" (Grossmann, Grossmann 2004, 419). Parallel dazu wächst die Fähigkeit zur ‚sozialen Perspektivübernahme'. Idealerweise lernt das Kind, daß sich aus einer partnerschaftlichen Orientierung „spielerisches, erkundendes, zielorientiertes und mit der Wirklichkeit umgehendes Verhalten entwickeln kann, im Gegensatz zu eingeschränktem, starrem, wirklichkeitsunangemessenem' Verhalten" (ebenda, 30).

Auch in Therapie und Beratung arbeitet man auf eine Rekonstruktion des Weltbildes und der Modelle von sich selbst und anderen hin, so daß wieder gemäß den Umweltanforderungen gehandelt werden kann. Carl R. Rogers (1957, 1959/1987, 1967) formulierte als erster Vertreter systematisch aus dem helfenden Spektrum eine wachstumsfördernde Beziehung als notwendige und hinreichende Grundbedingung beraterischen und therapeutischen Handelns. ‚Verzerrte Symbolisierungen' werden in ‚exakte Symbolisierungen' (Rogers 1959/1987) transformiert, das „Bezugssystem jeweils um Nuancen erweitert" (Finke 2004, 4). Dieses Vorgehen der klientenzentrierten Ansätze zeigt Parallelen mit dem Konzept der Feinfühligkeit (Ainsworth, Wittig 1969).

„Auf der Grundlage einer entwicklungsfördernden Grundhaltung, die durch die Kernbedingungen (Basisvariablen) Kongruenz, Akzeptanz und Empathie ebenso wie das Angebot der Strukturgebung und Bindungssicherheit gekennzeichnet ist, wird reflexiv ein auf das jeweilige Gegenüber ‚abgestimmtes' Beziehungsangebot gemacht. Dadurch können nicht verarbeitete Erfahrungen reaktualisiert, symbolisiert, d.h. dem Bewußtsein zugänglich gemacht und integriert werden. Zusätzlich kann das Kind ... korrigierende Beziehungserfahrungen machen, so daß es seine Inkongruenzen lösen, verzerrte oder verleugnete Erfahrungen ändern kann. So werden intrapsychische Prozese aktiviert und es können neue Selbst- und Weltwahrnehmungen in ein sich veränderndes Selbstkonzept integriert werden." (Fröhlich-Gildhoff 2006, 43f.)

Helfende Professionen sind aus dieser Perspektive „im Sinne der Bindungstheorie für das Reparieren und das Anknüpfen an die unterbrochene Kommunikation zuständig" (Döring 2004, 196). „Besonders in schwierigen Lebenssituationen müssen sprachliche Repräsentationen vom Denken, Fühlen und Handeln anderer und von sich selbst durch offene Kommunikation mit vertrauten Personen ‚ko-

konstruiert' werden" (Grossmann, Grossmann 2004, 427). Zentral daran aus der Perspektive der Bindungstheorie ist die aufrichtige menschliche Begegnung als Alternativerfahrung zur bisherigen Beziehungsverunsicherung, eine gemeinsame Ko-Konstruktion in identitätsstiftenden Erzählungen, diesmal mit einer vertrauenswürdigen Person. Die Möglichkeit, im späteren Lebensverlauf wieder mehr Bindungssicherheit zu erwerben, bezeichnet man in der Bindungstheorie als ‚earned secure' (Main 1995; vgl. auch Hauser, Endres 2002).

In der ‚Begegnung' mit Martin Buber fand bei Carl R. Rogers die Bedeutung der Gegenseitigkeit Eingang in die therapeutische Beziehung der klientenzentrierten Therapie: „a real meeting of persons in which it was experienced the same from both sides" (Rogers, Buber 1960, 212). Nach der Existenzphilosophie steht dieser Dialog für eine Art des Austauschs, der auf Gegenseitigkeit zielt, auf verstehende Konfrontation, auf Verwirklichung der Möglichkeiten des Einzelnen in der jeweiligen Beziehung, auf (Selbst-) Öffnung und (Selbst-)Erweiterung. Wenn wir in eine unmittelbare einzigartige Begegnung eintreten, so Buber, entfaltet sich ein Dialog im ‚Zwischen'. Dieses ‚Zwischen' konstituiert sich in jeder Begegnung neu. Die Begegnung ist dabei ihr eigener Inhalt. Begegnung „geschieht" (Buber 1923/1983, 18) mit der „Macht der Ausschließlichkeit" (ebenda, 14; vgl. zusammenfassend Balen 1992).

3 Trotz allem Bindungen wagen – bindungssensibles Vorgehen in der Praxis der Kinder- und Jugendlichenpsychotherapie

Für die Praxis heißt dies: Kinder- und Jugendlichenpsychotherapeuten sind aktiv gefordert, als Antwort auf den Vertrauensmißbrauch eine emotional tragende und ‚nachnährende' Beziehung möglich zu machen, die von Wertschätzung, Empathie und Authentizität getragen wird. Eine stabile, gegenseitige Beziehung bildet den Boden für die Arbeit an belastenden Gefühlen und Kognitionen und macht damit eine Gefühlsdifferenzierung und kognitive Weiterentwicklung möglich. Je stabiler die zugrunde liegende Beziehung und Aushandlungsfähigkeit, um so größer die Chance auf emotionale und kognitive Veränderungsprozesse und damit eine Traumabewältigung. Dabei können verschiedene Prozeßmomente unterschieden werden (vgl. dazu auch Finke, Teusch 2007; Gahleitner 2005a).

> Als Zielsetzung für den Aufenthalt in der Einrichtung war auf den begleitenden Hilfekonferenzen eine Stärkung des Selbstwertes und Selbstbezugs auf der einen sowie eine möglichst realitätsgetreue Einsicht in die Grenzen der Leistungsfähigkeit auf der anderen Seite formuliert worden. Gewünscht wurde eine Verbesserung der Affektregulation und eine Senkung des latent vorhandenen starken Erregungsniveaus. Eine Bearbeitung der Albträume, Ängste und pseudopsychotischen Erscheinungen

sowie der dahinter liegenden traumatischen Situationen sollte im Rahmen des Möglichen erfolgen. Die Familienkontakte sollten in enger Vernetzung mit der Einrichtung in der begleitenden Familientherapie stattfinden.

Der erste Schritt in die Beziehungsgestaltung ist stets der Aufbau eines tragfähigen Arbeitsbündnisses. Die helfende Beziehung ist grundsätzlich eine Bindungsbeziehung und bietet eine ebenso „grundsätzliche Möglichkeit zur Veränderung internaler Arbeitsmodelle" (Grossmann, Grossmann 2004, 409; vgl. auch Pauls 2004). Die Eingangsphase und die Abschiedsphase sind jedoch sehr vorsichtig zu gestalten, weil sich hier Beziehungsängste und -konflikte erneut aktualisieren können. Wird Beziehungsgestaltung nicht vom ersten Moment an in den Vordergrund gestellt, kommt eine Zusammenarbeit häufig gar nicht erst zustande. In dieser angespannten Bindungssuche ist es hilfreich, den KlientInnen entgegen zu kommen und ihnen dort zeitlich, räumlich und emotional angemessen zur Verfügung zu stehen.

Nach Herstellung der äußeren Sicherheit beginnt daher die häufig mühsame und störungsanfällige Beziehungsarbeit. Sie sollte auf zwei Ebenen erfolgen: (1) auf der Alltagsebene durch Eltern oder Umfeldpersonen und (2) durch das Angebot einer therapeutischen Beziehung. In enger Vernetzung sollten die Angebote zwei unterschiedliche Ebenen von Beziehungsräumen möglich machen: eine klar strukturierte und nach außen orientierte Alltagsbeziehung und eine nach innen orientierte raumgebende therapeutische Beziehung. Beide sollten jedoch gleichermaßen Alternativverfahrungen zu ehemals traumatisierenden Personen eröffnen – sowohl in bezug auf einen verantwortlichen Umgang mit Grenzen als auch bezüglich des Angebots von Schutz und Fürsorge.

So begegnete Nathalie uns in der Eingangsphase auf dem Boden ihrer Ängste von Gewalterfahrung und verschlungenen Beziehungsenttäuschungen. Dies wurde jedoch nicht auf den ersten Blick deutlich. Bei der Aufnahme zeigte sie nach einer kurzen Phase stark angepaßten Verhaltens zunächst unsicher vermeidende Bindungsstrukturen, jedoch in einem – gemessen an der Gewaltproblematik – nicht sehr starken Ausmaß auch desorganisierte Strukturen. Die Beziehungsangebote durch die Betreuungspersonen nahm sie, von außen betrachtet, zunächst erstaunlich schnell an. Bereits nach kurzer Zeit jedoch wurde ihr Mißtrauen sichtbar, indem sie wichtige Informationen verheimlichte, durch falsche Aussagen zu verstecken versuchte und sich anschließend ‚unsichtbar' machte. In dieser Phase füllte sie in meiner therapeutischen Begleitung den ‚Eingangsbogen' aus, der mir die Möglichkeit gab, ihre Ängste und Übertragungsproblematik zum Thema zu machen.

Ist dieser Schritt gelungen und das Klima von Empathie, Wertschätzung und Kongruenz geprägt, entsteht die Chance der korrigierenden Beziehungserfahrung. Eine stabile gegenseitige Beziehung bildet den Nährboden für die weitere

Arbeit. Donald W. Winnicott (1956/1972) prägte für die Bedeutung einer fördernden und haltenden Umwelt den Begriff des ‚Holding Environment'. Das Konzept läßt sich gut zu der ‚sicheren Basis' von John Bowlby (1988), dem ‚Konzept der Feinfühligkeit' von Mary D.S. Ainsworth und Barbara A. Wittig (1969), der ‚mütterlichen Einstimmung' von Daniel Stern (1992) und Carl R. Rogers' Grundmaximen (1957, 1959/1987, 1967; s.o.) in Beziehung setzen. Sie alle zielen auf das gleiche methodische Konzept: auf die Funktion von bedeutsamen Personen als Basis für die (Neu-) Strukturierung der inneren Erfahrung.

Nach wiederholten Erfahrungen, daß Konflikte auf andere Weise als mit Gewalt lösbar waren und gravierende Bestrafungen dafür ausblieben, legte sich dieses Verhalten von Mißtrauen und Bindungsdistanzierung. Auch psychosomatische Erscheinungen wie z.b. ein andauernder Spannungskopfschmerz konnten z.t. über zeichnerischen Ausdruck in Körperbildern besprochen und gemildert werden. Nathalie war nun tatsächlich in der Einrichtung angekommen und mit ihrer Bezugsbetreuerin sowie mit mir als Psychotherapeutin in einer relativ tragfähigen Beziehung. In der Kinder- und Jugendlichenpsychotherapie wurde daraufhin zunächst ein sicherer innerer Schutzort etabliert, den sie als eine Insel darstellte, nur ihr und vertrauten Tieren Zuflucht bietend. Besuche seien möglich, betonte sie, man benötige dazu ein Boot – aber das letzte Stück müsse man über das Wasser laufen.

Die Bindung funktioniert auch in der Arbeit mit Kindern und Jugendlichen im doppelten Sinne: Sie stellt eine Alternativerfahrung für frühe Bindungsunsicherheiten und -störungen dar und wirkt in dieser Form direkt auf das zutiefst verunsicherte Bindungssystem der Betroffenen. Sie ermöglicht jedoch zugleich die Öffnung für ein neues ‚Explorationssystem', einen neuen Raum, also die Fähigkeit, sich dem Hilfeprozeß zu öffnen und Veränderungsprozesse für die Zukunft zuzulassen. Diese Veränderungsprozesse sind dann nicht mehr primärer, sondern sekundärer Natur, das heißt, stets durch Erfahrungen aus der Kindheit geprägt. Dennoch gestattet der Hilfeprozeß neue emotionale und kognitive Erfahrungen und Weiterentwicklungen der Internalen Arbeitsmodelle. Auf dieser Ebene wird es eventuell möglich, aktuelle wie vergangene Beziehungen zu explorieren und zu bearbeiten.

In bezug auf die gewaltbelastete Kernfamilie zeigte sich bei Nathalie in der Familiendiagnostik eine extreme Ambivalenz zwischen den angstbesetzten Gewalterfahrungen gegenüber dem Vater und der Enttäuschung gegenüber der nicht schützenden Mutter auf der einen Seite und einer positiv besetzten Beziehung zu beiden Elternpersonen sowie eine enge Verbindung zu den Geschwistern auf der anderen Seite. Neben dem Bewußtsein über die Gewalthandlungen und Schädigungen gab es also auch zu bewahrende Bindungsanteile gegenüber den Eltern und Geschwistern. In der retrospektiven Diagnostik erklärte sich dies noch weitergehender durch die enge Bindung zu ihrem Großvater, der eine wichtige schützende Instanz in der Kindheit dargestellt hatte. Der sorgsame Umgang mit dieser Ambivalenz zwischen Abstand und Nähe zur Ursprungsfamilie stellte sich schließlich als Schlüsselvariable für das Gelingen der Begleitung Nathalies heraus.

Obwohl die Eltern nicht zu gemeinsamen Gesprächen mit den Mitarbeiterinnen der Einrichtung an einem neutralen Ort bereit waren, wurde das Bedürfnis Nathalies nach einem Besuch bei ihnen trotz der Mißhandlungsgefahr nicht geleugnet, sondern statt dessen engmaschig durch Gespräche begleitet. So etablierte Nathalie nach dem Wegfall der Familientherapie mit einigen Übergangsschwierigkeiten eigenständige Kontakte zu den Eltern, die nach einiger Zeit in Absprache mit uns und einem hohen Maß an Aufmerksamkeit und Selbstschutz ihrerseits verliefen.

Auf dieser Basis von Bindungssicherheit und Alltagsstabilität konnten auch traumazentrierte Abschnitte in der Therapie ihren Platz finden, ohne daß die Sicherheit in der Bindung dadurch gefährdet wurde. Belastende Erinnerungen konnten in der Regel über verbale oder kreative Wege zum Ausdruck gebracht werden und anschließend in ihrer Bedeutung an Kraft und Einfluß auf den heutigen Alltag verlieren. In der Arbeit an den Albträumen z.b. begegnete Nathalie häufig einem ‚schwarzen Mann', der eine große Ähnlichkeit mit jenen Zeichnungen aufwies, die sie vom Vater gemacht hatte. In der Folge gelang es ihr, bewußter zwischen den positiven und negativen Anteilen des Vaters zu unterscheiden und Strategien zu entwickeln, sich seinen Gewaltdurchbrüchen zu entziehen bzw. zu widersetzen. Die Albträume in Person des schwarzen Mannes nahmen schließlich mehr und mehr ab. Mit viel Behutsamkeit konnte die Abschiedsphase eingeleitet werden.

Heute wohnt Nathalie nicht weit entfernt von ihrem geschützten Ausbildungsplatz und ihren Eltern und Geschwistern in einer eigenen Wohnung mit mehreren Haustieren und hat eine ihrem Alter entsprechende Partnerschaft. Sie hat einen Grad an Selbständigkeit erreicht, der angesichts des Ausmaßes an traumatischer Beeinträchtigung und Intelligenzminderung Achtung abverlangt. Auf der Basis tragender Beziehungsarbeit war sie in der Lage, die Einrichtung mit ihren Selbstheilungskräften immer wieder aufs Neue zu überraschen und den pädagogisch-therapeutischen Prozeß selbst aktiv mit zu gestalten. Bisher ist es nicht zu einer Wiederholung der ehemaligen häuslichen Gewaltsituation gekommen, obwohl bei Nathalie mit einem dauerhaften Risiko von Reviktimisierung und chronischer Belastung durch die komplexe Traumatisierung im weiteren Lebensverlauf gerechnet werden muß.

Schlußgedanken

Das Fallbeispiel soll trotz seines idealtypischen Verlaufs keine Illusionen in bezug auf die Arbeit mit früh beeinträchtigten Klienten schüren. In vielen Fällen gestaltet sich der Verlauf schwierig und so komplex, daß die Interventionsgestaltung ständig neu überdacht werden muß. Eine vollständige Verarbeitung schwerer Traumata ist nicht möglich. Trotz der Suche nach Systematik und Struktur zum Verständnis persönlicher Beziehungen im Alltag und in der Anwendung auf die Beziehungsgestaltung in der Kinder- und Jugendlichenpsychotherapie können und dürfen konkrete ‚Anweisungen und Forderungen' für die praktische Arbeit vor Ort daher immer nur Anregungen sein. Bindungsorientierte Intervention in Form von Regeln zu organisieren, kann einen wichtigen Wissenshintergrund darstellen, vor dem aber macht letztlich der indikationsspezifische und situationsadäquate Einsatz die eigentliche Qualität der Hilfestellung aus. Die Ausführungen sollen daher lediglich als Anregungen dienen, die Sensibilität für bindungsorientierte Beziehungsgestaltung in helfenden Prozessen zu erhöhen.

Gerade in der postmodernen globalisierten Welt jedoch, die von fragmentierten Erfahrungen, pluralen Lebenslagen und Milieus sowie extremer Individualisierung gekennzeichnet ist, in der Psychotherapie sich erschreckend in die Richtung einer symptomfixierten „Reparaturwerkstatt für gestörte Aggregate" (Hentze 2007, 2) entwickelt, sind soziale Ressourcen in Form stabiler psychosozialer Geborgenheit als positiver Gegenhorizont bedeutsam (Keupp 1997, 2003). Beziehung schafft Schutz, Stabilität und Kontinuität sowie eine Ausgangsbasis für Neuerschließungen. Bindungstheorie vertritt „entgegen dem puritanischen Ethos der Unabhängigkeit des Individuums, daß das Bestreben, jemandem nah sein zu wollen, respektiert, wertgeschätzt und unterstützt werden soll" (Grossmann 2002, 55) und „nicht als ein defizienter Modus menschlicher Existenz" (Finke 2004, 14) zu verstehen ist. Statt „Unabhängigkeit" fordert der Fokus auf Beziehungsprozesse „Autonomie in Verbundenheit" (Grossmann 2002, 39), eine Würdigung des „grundsätzlichen Bedürfnisses des Menschen nach Anerkennung ..., sein Angewiesensein auf Gemeinschaft" (Finke 2004, 4).

Literatur

Ainsworth, M.D.S., Wittig, B.A. (1969): Attachment and the exploratory behavior of one year olds in a strange situation. *Determinants of infant behavior,* 4, 113-136.
Ainsworth, M.D.S., Bell, S.M., Stayton, D.J. (1974): Infant-mother attachment and social development. „Socialization" as a product of reciprocal responsiveness to signals. In M. P. Richards (Ed.), *The integration of a child into social world* (pp. 99-135). London: Cambridge University Press.
Albrecht, H. (2006): Die Heilkraft des Vertrauens – Wie wichtig das Verhältnis zwischen Arzt und Patient ist, entdeckt die Medizin gerade neu. *DIE ZEIT,* 3. August 2006, 25.
Alexander, F., French, T.M. (1946): *Psychoanalytic therapy.* New York: Rolande.
Balen, R. van (1992): Die therapeutische Beziehung bei C. Rogers: Nur ein Klima, ein Dialog oder beides? *Jahrbuch für personzentrierte Psychologie und Psychotherapie, 3,* 162-183.
Bowlby, J. (1973): *Mütterliche Zuwendung und geistige Gesundheit.* München: Kindler. (Kindlers Taschenbücher. 2106.) (Original erschienen 1951.)

Bowlby, J. (1995): Elternbindung und Persönlichkeitsentwicklung. Therapeutische Aspekte der Bindungstheorie. Heidelberg: Dexter-Verlag. (Original erschienen 1953.)
Bowlby, J. (2005): *Frühe Bindung und kindliche Entwicklung.* (5. neugest. Aufl.). München: Reinhardt. (Original erschienen 1953.)
Bowlby, J. (2006): *Bindung und Verlust.* 3 Bde. München/Basel: Reinhardt. (Originale erschienen Bd. 1: 1969, Bd. 2: 1973, Bd. 3: 1980.)
Bowlby, J. (1988): A secure base. Clinical applications of attachment theory. London: Tavistock & Routledge.
Brisch, K.H. (1999): Bindungsstörungen. Von der Bindungstheorie zur Therapie. Stuttgart: Klett-Cotta.
Brisch, K.H.. (2003): Bindungsstörungen und Trauma. Grundlagen für eine gesunde Bindungsentwicklung. In: K. H. Brisch & T. Hellbrügge (Hrsg.), *Bindung und Trauma* (105-135). Stuttgart: Klett Cotta.
Buber, M. (1983): *Ich und Du.* Heidelberg: Lambert Schneider 1983. (Original erschienen 1923: Ich und Du. Leipzig: Insel)
Crittenden, P.M. (1995): Attachment and psychopathology. In: Goldberg, S., Muir, R., Kerr, J. (Eds.), *John Bowlby's attachment theory. Historical, clinical, and social significance* (pp. 367-406). Hillsdale, NJ: Analytic Press.
Dolan, R., Arnkoff, D., Glass, C. (1993): Client attachment style and the psychotherapists interpersonal stance. Psychotherapy: *Theory, Research and Practice*, 30, 408-412.
Döring, E. (2004): Personzentrierte Psychotherapie mit Kindern und Jugendlichen. Was hilft Spielen mit traumatisierten Kindern und Jugendlichen? *Gesprächspsychotherapie und Personzentrierte Beratung,* 35 (3), 193-198.
Finke, J. (2004): Gesprächspsychotherapie. Grundlagen und spezifische Anwendungen. Stuttgart: Thieme.
Finke, J., Teusch, L. (2007): Gesprächspsychotherapie bei posttraumatischer Belastungsstörung. In: GwG Akademie (Hrsg.), Personzentrierte Psychotherapie und Beratung für traumatisierte Klientinnen und Klienten. Dokumentation der Vorträge und Workshops der Fachtagung am 2. und 3. Februar 2007 in Bonn (69-92). Köln: GwG.
Fischer, G., Riedesser, P. (1998): *Lehrbuch der Psychotraumatologie.* München: Ernst.
Fonagy, P., Gergely, G., Jurist, E.L., Target, M. (2004): *Affektregulierung, Mentalisierung und die Entwicklung des Selbst.* Stuttgart: Klett-Cotta.
Fröhlich-Gildhoff, K. (2006): Die Kraft des Spiel(en)s – Personzentrierte Psychotherapie mit Kindern. *Psychotherapie im Dialog,* 7 (1), 42-47.
Gahleitner, S.B. (2003): Sexuelle Gewalterfahrung und ihre Bewältigung bei Frauen und Männern. Eine explorative Untersuchung aus salutogenetischer Perspektive. Dissertation an der Freien Universität Berlin, Fachbereich Erziehungswissenschaft und Psychologie.
Gahleitner, S.B. (2005a): Neue Bindungen wagen. Beziehungsorientierte Therapie bei sexueller Traumatisierung. München: Reinhardt.
Gahleitner, S.B. (2005b): Sexuelle Gewalt und Geschlecht. Hilfen zur Traumabewältigung bei Frauen und Männern. Gießen: Psychosozialverlag.
Grossmann, K. (2002): Praktische Anwendungen der Bindungstheorie. In M. Endres & S. Hauser (Hrsg.), *Bindungstheorie in der Psychotherapie* (S. 54-80). München: Reinhardt.

Grossmann, K., Grossmann, K.E. (2004): *Bindungen. Das Gefüge psychischer Sicherheit.* Stuttgart: Klett-Cotta.
Hauser, S., Endres, M. (2002): Therapeutische Implikationen der Bindungstheorie. In: Endres, M., Hauser, S. (Hrsg.): *Bindungstheorie in der Psychotherapie* (S. 159-176). München: Reinhardt.
Hentze, K.-O. (2007): Vom Psycho-Therapeuten zum Symptom-Techniker. Vortrag auf dem Fachtag „Alles Trauma – Oder?" – Von der Notwendigkeit einer wissenschaftlich fundierten Traumatherapie am 29.9.2007 in Köln. Unveröffentlichtes Manuskript des Vortrages (mit freundlicher Genehmigung des Autors).
Herman, J.L. (1993): Die Narben der Gewalt. Traumatische Erfahrungen verstehen und überwinden. München: Kindler. (Original erschienen 1992.)
Hesse, E. (1999): The Adult Attachment Interview: Historical and current perpectives. In J. Cassidy & P. R. Shaver (Eds.), *Handbook of attachment. Theory, Research, and Clinical Applications* (pp. 395-433). New York: Guilford.
Keupp, H. (1997): *Ermutigung zum aufrechten Gang.* Tübingen: DGVT.
Kolk, B.A. van der (1999): Zur Psychologie und Psychobiologie von Kindheitstraumata (Developmental Trauma). In Annette Streeck-Fischer (Hrsg.), *Adoleszenz und Trauma* (S. 32-56). Göttingen: Vandenhoeck & Ruprecht.
Kolk, B.A. van der, Pelcowitz, D., Roth, S., Mandel, F.S., McFarlane, A., Herman, J.L. (1996): Dissociation, somatization, and affect dysregulation. The complexity of adaption to trauma. *American Journal of Psychiatry, Festschrift Supplement*, 153 (7), 83-93.
LeDoux, J.E. (1996): *Das Netz der Gefühle. Wie Emotionen entstehen.* München: Hanser. (Original erschienen 1996.)
Main, M. (1995): Recent studies in attachment: Overview with selected implications for clinical work. Attachment theory: Social, developmental, and clinical perspectives. R. M. J. K. S. Goldberg. Hillsdale, NJ, The Analytic Press: 407-474.
Main, M., Hesse, E. (1990): Parents' unresolved traumatic experience is related to infant disorganized attachment status: Is frightened and/or frightening parentalbehavior the linking mechanism? In: Greenberg, M.T., Cichetti, D., Cummings, E.M. (Eds.): *Attachment in the preschool years* (pp. 161-182). Chicago: University of Chicago Press.
Main, M., Kaplan, N., Cassidy, J. (1985): Security in infancy, childhood and adulthood. A move to the level of representation. In: Bretherton, I., Waters, E. (Eds.): *Growing points in attachment theory and research* (pp. 66-104). Chicago: University of Chicago Press. (Monographs of the Society for Research in Child Development. 50.)
Orlinsky, D.E., Grawe, K., Parks, B.K. (1994): Process and outcome in psychotherapy – Noch einmal. In: Bergin, A.E., Garfield, S.L. (Eds.): *Handbook of psychotherapy and behavior change* (4th ed.) (pp. 270-376). New York: Wiley.
Pauls, H. (2004): *Klinische Sozialarbeit. Grundlagen und Methoden psychosozialer Behandlung.* Weinheim: Juventa.
Rogers, C.R. (1957): The necessary and sufficient conditions of therapeutic personality change. *Journal of Consulting Psychology,* 21, 95-103.
Rogers, C.R. (1987): Eine Theorie der Psychotherapie, der Persönlichkeit und der zwischenmenschlichen Beziehungen. Entwickelt im Rahmen des klientenzentrierten Ansatzes. Köln: GwG 1987. (Original erschienen 1959.)

Rogers, C.R. (1967): The Interpersonal Relationship in the Facilitation of Learning. In: Leeper, R.R. (Ed.): *Humanizing education. The person in the process. Addresses at the 22nd ASCD Annual Conference, Dallas, Texas, March 12-16, 1967* (pp. 1-18). Washington: Association for Supervision and Curriculum Development,.

Rogers, C..R., Buber, M. (1960): Dialogue Between Martin Buber and Carl Rogers. [The dialogue was held at Ann Arbor, organized by the University of Michigan on April 18, 1957.] *Psychologia. An International Journal of Psychology in the Orient, 3* (4), 208–221.

Solomon, J., George, C.C. (1999): The place of disorganization in attachment theory. Linking classic Observations with contemporary findings. In: Solomon, J., George, C. (Eds.), *Attachment disorganization* (pp. 3-32). New York: Guilford.

Spangler, G. (2001): Die Psychobiologie der Bindung. Ebenen der Bindungsorganisation. In: Suess, G.J., Scheurer-Englisch, H.,Pfeifer, W.-K.P. (Hrsg.): *Bindungstheorie und Familiendynamik* (S. 157-177). Gießen: Psychosozial. (edition psychosozial.)

Steele, H., Steele, M., Fonagy, P. (1996): Associations among attachment classifications of mothers, fathers and their infants: Evidence for a relationship-specific perspective. *Child Development*, 67, 541-555.

Stern, D. (1992): *Die Lebenserfahrung des Säuglings.* Stuttgart: Klett-Cotta.

Terr, L.C. (1995): Childhood traumas: An outline and overview. In: Everly, G.S., Lating, J.M. (Eds.): *Psychotraumatology. Key papers and core concepts in post-traumatic stress* (pp. 301-319). New York: Plenum.

Winnicott, D.W. (1972): *Von der Kinderheilkunde zur Psychoanalyse.* München: Kindler. (Original erschienen 1956.)

Wirtz, U. (1990): *Seelenmord. Inzest und Therapie.* (2. Aufl.) Zürich: Kreuz.

Stabilisierung in der Traumaadaptierten Tanz- und Ausdruckstherapie – TATT

Claudia Schedlich/Erika Sander

Die Bedürfnisse und der Unterstützungsbedarf von Menschen, die eine potentiell traumatische Erfahrung erlebt haben, sind sehr unterschiedlich, vielfältig und komplex. Vorrangiges Ziel ist die Wiederherstellung relativer Sicherheit, eine Rückkehr zur Alltäglichkeit sowie eine Verarbeitung der Erfahrung, was je nach Erleben im natürlichen Verarbeitungsprozeß durchaus Wochen bis Monate, in Trauerfällen auch länger andauern kann. Bei einem Teil der Betroffenen muß mit mittel- und langfristigen psychischen Belastungsfolgen gerechnet werden, die im Anschluß an eine störungsunabhängige psychosoziale Versorgung eine Psychotherapie im engeren Sinne indiziert sein lassen. Bis dato wurde dabei vorrangig auf die Behandlung der Posttraumatischen Belastungsstörung (PTBS) abgezielt. Nach heutigem Erkenntnisstand sind jedoch die Belastungsfolgen nach potentiell traumatischen Erfahrungen deutlich komplexer, so daß eine empirische Fokussierung auf die PTBS der Bandbreite psychischer Belastungsfolgen nicht gerecht werden kann. Zu den längerfristigen psychischen Beeinträchtigungen gehören u. a. die Anpassungsstörung (F 43.2), die Posttraumatische Belastungsstörung (F 43.1) sowie auch Depressionen, Angststörungen, Suchterkrankungen, Borderlinestörung oder somatoforme Störungen. Gerade die körperbezogenen – oft langfristigen Folgen – sind dabei lange Zeit unberücksichtigt geblieben.

In den vergangenen Jahren wurden sowohl tiefenpsychologisch fundierte (z.B. Fischer 2000; Reddemann 2004; Wöller et al. 2006) als auch verhaltenstherapeutisch orientierte Therapiekonzepte (z.B. Foa 1997, Maercker et al. 2002; Meichenbaum 1994) für die Behandlung traumatisierter Patienten entwickelt und entsprechend den Anforderungen dieses Klientels modifiziert. Psychische Traumata umfassen immer auch eine somatische, neurophysiologische Komponente, weshalb zunehmend ein Interesse an körperorientierten Psychotherapieverfahren und der Integration körperorientierter Techniken in die Psychotraumatherapie entstand. Auch bei körperorientierten Psychotherapien traumatisierter Patienten müssen fundierte Kenntnisse über den traumatischen Prozeß und die spezifische Psychodynamik Grundlage eines adaptierten Therapieverständnisses sein. Die Integration psychotraumatologischer Erkenntnisse in die Theorie und Praxis der

Tanz- und Ausdruckstherapie als Leitfaden tanztherapeutischen Vorgehens, ergibt den Ansatz der traumaadaptierten Tanz- und Ausdruckstherapie (TATT), der aus den Erfahrungen der letzten fünfzehn Jahren in der stationären und ambulanten tanztherapeutischen Arbeit mit traumatisierten Patienten gewonnen werden konnte.

Um in die traumaadaptierte tanztherapeutische Arbeit einzuführen, werden wir nach einer kurzen Darstellung körperbezogener Phänomene die Tanztherapie und die wesentlichen Prinzipien der Psychotraumatherapie skizzieren. In der Darstellung der traumaadaptierten Tanz- und Ausdruckstherapie (TATT) fokussieren wir in diesem Beitrag auf stabilisierende Elemente als einem vordergründigen Interventionsansatz. Zur genaueren Darstellung des Konzeptes der TATT verweisen wir auf Schedlich/Sander (2001) und Sander/Schedlich (2005).

Der Körper im traumatischen Prozeß

Bei singulärer und natürlich verstärkt bei komplexer Traumatisierung kann das Selbstbild der betroffenen Personen durch die Erfahrung von Ohnmacht und schutzloser Preisgabe (Fischer 2003) zutiefst erschüttert werden. Das Erleben von stark eingeschränkten Handlungs- und Bewegungsspielräumen, Erstarrung und/oder ineffizientes körperliches Agieren während der traumatischen Erfahrung erschüttern dabei oft auch das Erleben des Körperselbst.

Die posttraumatischen Symptome, insbesondere die der Übererregung (ICD-10, Dilling et al. 1993), können zu dauerhaft erhöhter – auch muskulärer – Anspannung führen und damit zu einem veränderten – oft belasteten und schmerzhaften – Körpererleben. Bewegungsmuster, die die traumatische Situation repräsentieren, können oft über Jahre – meist unbewußt – aufrechterhalten werden. Psychisch kann das Vertrauen in die körperliche Funktionsfähigkeit und die Möglichkeit der Selbstbestimmung über den eigenen Körper beeinträchtigt sowie positives Körpererleben nachhaltig erschwert sein.

Bedeutsam für das (Körper)Selbstbild ist – vor allem im Kontext komplexer Traumatisierung – der Abwehrmechanismus der Dissoziation, einem in der traumatischen Situation durchaus effizientem Schutzmechanismus. Die peritraumatische dissoziative Abwehr kann bei wiederholter Traumatisierung und entsprechender Disposition chronifizieren und Teil der psychischen Struktur werden. Körpersignale werden nur noch partiell oder gar nicht mehr wahrgenommen, einzelne Körperbereiche können empfindungslos bleiben und die Betroffenen erleben sich (von ihrem Körper) entfremdet.

Bei länger andauernder Traumatisierung können als unmittelbar auf den Körper bezogene Folgen ein negatives Körperbild, die eingeschränkte Wahrnehmung der körperlichen Primärbedürfnisse, eingeschränkte körperliche Flexibilität, eine mangelnde libidinös-narzißtische Besetzung des Körpers, sexuelle Funktionsstörungen sowie Körperschemastörungen beobachtet werden (Schedlich/Schenk 2001; Schedlich/Sander 2001, 2005). Die Vielschichtigkeit körperbezogener Phänomene lassen erkennen, wie wichtig es ist, den Körper in die Therapie miteinzubeziehen, lassen aber auch ahnen wie sensibel und angstauslösend die Arbeit mit und am Körper sein kann. Die psychotraumatologisch adaptierte Konzeption der Tanz- und Ausdruckstherapie muß entsprechend an folgenden Fragestellungen orientiert sein: Wie können wir mit dem Wissen um Körperkonzepte im Sinne der Betroffenen arbeiten? Welche Möglichkeiten der Unterstützung können wir anbieten? Wie direkt oder indirekt können wir mit dem Körper arbeiten, wenn das Körpererleben Aspekte der traumatischen Erfahrung repräsentiert oder Konfliktträger und Agierfeld für die innerpsychische Dynamik ist?

Einer Beantwortung der Fragestellung nähern wir uns nach der Darstellung der allgemeinen Prinzipien der Tanztherapie und der Psychotraumatherapie an.

Tanztherapie

Tanz- und Ausdruckstherapie bedeutet die psychotherapeutische Verwendung von Bewegung als Prozeß, mit dem Ziel der emotionalen, kognitiven und körperlichen Integration des Individuums (ADTA 1966). Die Tanz- und Ausdruckstherapie ist ein körperorientiertes psychotherapeutisches Verfahren, das am Körper des Patienten und an den sich entwickelnden kreativen Prozessen ansetzt. Die Theoriebildung der Tanz- und Ausdruckstherapie basiert auf tiefenpsychologischen Grundannahmen, wobei auch humanistische, verhaltenstherapeutische, lösungsorientierte, systemische, psychodramatische und gestalttherapeutische Einflüsse sichtbar werden (Sander 2004). Stanton-Jones (1992) und Eberhard (1996, 2004), fassen fünf Grundannahmen für die Tanz- und Ausdruckstherapie zusammen:

1. Psyche und Körper befinden sich in konstanter, komplexer und wechselseitiger Interaktion.
2. Bewegung reflektiert Aspekte der Persönlichkeit, einschließlich entwicklungspsychologischer und biographischer Prozesse.
3. Die entstehende therapeutische Beziehung ist von zentraler Bedeutung für die Wirkung tanztherapeutischer Interventionen.
4. Bewegung ist Ausdruck von Prozessen des Unbewußten, Zugang zum Unbewußten und Mittel zur Reintegration des unbewußten Materials in das Bewußtsein.

5. Kreative Bewegungsprozesse verkörpern (...) von Natur aus therapeutische Effekte und sind an sich heilsam, da die Neuschaffung von Bewegung für die Person den Erwerb fehlender oder die Erweiterung begrenzter Formen des „In-der-Welt-Seins" beinhaltet.

Die Tanz- und Ausdruckstherapie versteht sich primär als ressourcenorientiertes Therapieverfahren und die Stärkung der Ressourcen eines Menschen wird als Voraussetzung für spätere Konfliktbearbeitung angestrebt, was unmittelbar auf den allgemein anerkannten phasischen Verlauf bei Psychotraumatherapien übertragbar ist.

Die Psychotraumatherapie

Die Psychotherapie psychotraumatischer Störungen erfordert einen besonderen Fokus auf die Wiederherstellung einer relativen inneren und äußeren Sicherheit und Selbstwirksamkeit. Traumatherapie orientiert sich entsprechend an den drei Phasen des traumatherapeutischen Prozesses nach Herman (1993): 1. Stabilisierung, 2. Traumaexploration und 3. Integration, wobei Maßnahmen zur Stabilisierung ein besonderer Stellenwert beigemessen wird.

Vorrangiges Anliegen der Stabilisierung ist das Stärken relativer Sicherheit, Beruhigung und Selbstwirksamkeit und die Stärkung individueller Ressourcen und funktionaler Coping-Strategien, so daß Patienten an ihre Kraft und Kompetenzen anknüpfen können.

Neben der Setting- und Beziehungsgestaltung, basierend auf Sicherheit, Verläßlichkeit, Transparenz und parteilicher Abstinenz, gelten spezifische Interventionen allgemein als obligate Elemente der Stabilisierung in der Traumatherapie.

Wesentliche Maßnahmen der Stabilisierung sind die Psychoedukation und die Vermittlung von Techniken/Übungen zur Distanzierung. Psychoedukation unterstützt die kognitive Strukturierung und Kontrolle über erschreckendes und unerklärliches peri- und posttraumatisches Erleben (Schedlich/Bering/Zurek/ Fischer 2002). Techniken und Übungen, die auf die Distanzierungsfähigkeit von intrusivem traumatischen Erleben abzielen, stärken die Selbstwirksamkeit sowie die Kontrollfähigkeit und damit das Erleben relativer Sicherheit (u.a. Fischer 2002; Reddemann 2002).

Die Interventionsplanung in der Stabilisierungsphase muß sich dabei an der Zielvorgabe der Stärkung traumakompensatorischer Schemata und des persönlichen Kompensationsstil der Patienten orientieren. In der Basisinterventionslinie werden präventive und reparative Annahmen der Patienten aufgegriffen, dysfunktionale Strategien benannt und konstruktive Strategien der Abwehr, des Selbstschutzes und der Sicherung erarbeitet (Fischer 2000; Fischer/Riedesser 2003).

Ziele der Stabilisierung sind:
- Wiederherstellung des Gefühls einer relativen Sicherheit
- Rückgewinnung des Erlebens von Selbstwirksamkeit
- Stärkung des traumakompensatorischen Schemas
- Stärkung von individuellen Ressourcen
- Fähigkeit zur Distanzierung von intrusivem Erleben
- Rückgewinnung körperlich-motorischer und kognitiver Kontrolle
- Erweiterung des minimalen Handlungs- und Ausdrucksfeldes

Stabilisierung in der traumaadaptierten Tanz- und Ausdruckstherapie

Die spezifische tanztherapeutische Vorgehensweise in der TATT und die Integration des Körpers fokussiert insbesondere auf Aspekte der Stabilisierung. Die Zielsetzung in der Stabilisierungsarbeit sollen im Folgenden dargelegt werden (zu Prinzipien der TATT in den Phasen der Traumaexploration und Integration sowie zu konkreten Übungsangeboten in der Stabilisierung siehe Sander/Schedlich 2005).

In der Phase der Stabilisierung ist es notwendig, Setting und Vorgehensweise zu erläutern und mögliche Ängste, Vorbehalte oder besorgniserregende Phantasien der Patienten zu klären. Gerade mit traumatisierten Patienten ist ein hohes Maß an Transparenz in Bezug auf Übungsangebote, deren Thematik und Zielsetzung erforderlich, da so das so wesentliche Erleben von Kontrolle und Mitbestimmung möglich ist.

Konkrete Übungsangebote zur Stabilisierung fokussieren vor allem auf die Stärkung der Selbstwirksamkeit, der Traumakompensation und Distanzierungsfähigkeit, der Sensibilisierung der Selbst- und Fremdwahrnehmung, der Förderung eines positiven Körper-Selbsterlebens sowie Vitalisierung. Aus der körperorientierten Arbeit ergeben sich – neben den genannten allgemeinen Zielen der Stabilisierung in der Psychotraumatherapie – modifizierte und erweiterte Zielvorgaben für die Stabilisierungsarbeit in der TATT:

1. Vermittlung von spannungsreduzierenden Techniken, sowie Stabilisierungstechniken
2. Achtsamkeitstraining unter Einbeziehung körperlicher Prozesse
3. Sensibilisierung der (Körper)Selbstwahrnehmung, Sensibilisierung und Differenzierung von Körpergefühlen
4. Sensibilisierung der Fremdwahrnehmung
5. Stabilisierung der Körpergrenzen
6. Sensibilisierung für die Wahrnehmung eigener Kontaktbedürfnisse und Grenzen sowie die anderer

7. Lernen, Bedürfnisse wahrzunehmen und auszudrücken
8. Stärkung des Erlebens von Selbstkontrolle, auch bezogen auf die Kontrollfähigkeit den eigenen Körper/körperliche Prozesse betreffend

Um in der TATT nachhaltig stabilisierend intervenieren zu können, ist es ratsam auf allgemeine Prinzipien im Umgang mit traumatisierten Patienten aufmerksam zu machen, die nach unserer Erfahrung unbedingt berücksichtigt werden müssen. Hier spiegelt sich der Paradigmenwechsel von einem mehr problem- und konfliktorientierten und emotionalisierenden Arbeiten hin zur Förderung der Ressourcen und Kontrollfähigkeit.

Tanztherapeutische Prinzipien im Umgang mit traumatisierten Patienten

1. Transparenz bezüglich des Vorgehens, der Übungsstruktur und der Zielsetzung ist wesentlich, um Kontrolle über das Geschehen zu ermöglichen und somit Angst zu reduzieren und das Arbeitsbündnis zu stabilisieren. Im körperpsychotherapeutischen Setting verlassen die Patienten die eher sicherheitsbietende oder vertraute Ebene der verbalen Kommunikation. Deshalb und aufgrund der speziellen Traumadynamik und deren Auswirkungen auf das Beziehungserleben ist unseres Erachtens nach die Transparenz der Therapeuten besonders wichtig.
2. Die Therapeutin unterstützt die Patienten, Bedürfnisse, Wünsche, Körpererleben oder die eigenen Grenzen wahrzunehmen und zu kommunizieren. Traumatisierten Patienten – insbesondere bei komplexer Traumatisierung – fällt es häufig schwer, Bedürfnisse oder auch Grenzen wahrzunehmen und mitzuteilen. Dementsprechend ist es erforderlich, daß die Therapeutin kontinuierlich die Wahrnehmung der Patienten auf diese Aspekte lenkt, Möglichkeiten der Kommunikation und Umsetzung ausprobiert, die bezüglich ihrer Effekte einer Realitätsprüfung unterzogen werden sollen.
3. Abwehrstrategien werden im Sinne einer traumakompensatorischen Fähigkeit verstanden, akzeptiert und gestärkt, wobei eine eventuelle Dysfunktionalität thematisiert wird. Wichtig ist, den präventiven und reparativen Aspekt der traumakompensatorischen Abwehr zu verstehen, zu respektieren, bewußt zu machen und zu stärken sowie den individuellen Kompensationsstil mit zu berücksichtigen. So würde z.B. bei einem Patienten vom leistungskompensatorischen Typ ein Angebot mit erspürenden, ruhigen Bewegungsqualitäten zunächst eher Abwehr provozieren, wohingegen Angebote, die einen gewissen Leistungsaspekt ansprechen annehmbarer sein dürften.

4. Es wird keine! kathartische Körperarbeit angeboten, sondern stabilisierend, ich-stärkend und ressourcenorientiert vorgegangen. Zu keinem Zeitpunkt wird über das Initiieren körpertherapeutischer Prozesse eine Katharsis angestrebt. Neben der Gefahr der Reaktualisierung traumatischen Materials kann es schnell zu dem Erleben von Kontrollverlust oder Grenzüberschreitung kommen, wodurch eine Labilisierung eintreten würde. Es sollte zu jedem Zeitpunkt die Möglichkeit der Steuerung und damit Selbstkontrolle gegeben sein.
5. Konfliktzentriertes und traumaexploratives Vorgehen darf erst nach Herstellung einer tragfähigen therapeutischen Beziehung und nach ausreichender Befähigung zur Stabilisierung erfolgen. Es kann in Psychotraumatherapien ein langwieriger Vertrauensbildungsprozeß entstehen, insbesondere bei intendierter personaler Traumatisierung. Patienten müssen immer wieder die Vertrauenswürdigkeit der Therapeutin überprüfen, wozu die Therapeutin aktiv auffordern kann. Ein verfrühtes konfliktzentriertes Vorgehen kann die Erschütterung des bis dahin gewonnenen Erlebens von Sicherheit und Vertrauen bedeuten.
6. Mit Hilfe der tanztherapeutischen Angebote werden die Patienten zu Selbstbestimmung und Übernahme von Selbstverantwortung aufgefordert, um das Prinzip der Selbstwirksamkeit erfahren zu können. Das Prinzip der Selbstwirksamkeit stellt – insbesondere in der Arbeit mit beziehungstraumatisierten Patienten – eines der Hauptziele dar, da dies eine Basis für mehr Lebensqualität und den Abschied von der Opferidentität bedeutet. Auch die Aspekte Selbstverantwortung und Selbstbestimmung müssen trainiert werden, damit eine Integration ins Körper-Selbstbild erfolgen kann.
7. Beim verbalen (!) Durcharbeiten des Traumas können Körpersensationen, Körpererinnerungen oder dissoziative Zustände auftreten. In diesem Fall gilt: Distanzierungstechniken anbieten (z.B. vorab geübte nicht-traumaassoziierte Körperhaltungen oder -bewegungen einzunehmen) und Integration des Erlebens über kognitive Reflexion und Differenzierung fördern. Die Bearbeitung konkreter traumatischer Erfahrungen hat immer verbal zu erfolgen. Körpertherapeutische Interventionen dienen dabei grundsätzlich der Stärkung oder Stabilisierung. Das körperliche Erleben wiederum soll in stärkender Weise bearbeitet werden, als Voraussetzung einer Integration.
8. Bei Erfahrungen, die v.a. emotional-körperlich gemacht werden, bleibt der kognitiv-reflexive Austausch bestehen, um das Erlebte kognitiv zuordnen und damit Kontrollmöglichkeiten entwickeln zu können. Um eine Integration von körperlich-seelischen Prozessen und ein Verständnis für deren Bedeutung zu fördern ist der kognitiv-reflexive Austausch und damit die verbale Aufarbeitung notwendig.

Zusammenfassung

Nach unseren klinischen Ergebnissen ist tanz- und ausdruckstherapeutisches Arbeiten mit traumatisierten Patienten unter Berücksichtigung der dargelegten Prinzipien hilfreich, sinnvoll und bereichernd. Gerade das unmittelbare körperliche Erleben und dessen Einbettung in reflexive Prozesse erleichtert die Reintegration – auch neurophysiologisch – gespaltener Verarbeitungsmodi. Die teils korrektive körperliche Erfahrung wird von den Patienten als heilsam erlebt und die positiven körperlichen Erfahrungen sind – auch in Belastungssituationen – kognitiv und emotional stabil repräsentiert und können von den Betroffenen selbststärkend genutzt werden.

Nach aktuellem Forschungsstand haben sich bestimmte Wirkprinzipien in der Nachsorge traumatisierter Menschen als besonders effizient erwiesen. Hobfall et al. (2007) fassen in ihrer aktuell vorgelegten umfangreichen Metaanalyse internationaler Studienergebnisse die Wirkprinzipien der akuten und mittelfristigen Nachsorge von Menschen nach Großschadensereignissen zusammen, die aber auch für die längerfristige Nachsorge Betroffener mit unterschiedlichen Situationserfahrungen durchaus Relevanz aufweisen. Nach den Autoren lassen sich fünf zentrale Interventionsprinzipien herauskristallisieren, die nach neuestem Erkenntnisstand als Leitlinien in der Interventionsplanung herangezogen werden müssen. Zielführend soll die Wiederherstellung des Erlebens von Sicherheit, Beruhigung, Selbstwirksamkeit, Kontakt und Verbundenheit sowie das Wiedererstarken von Hoffnung gewährleistet sein (Hobfall et al. 2007).

Bezogen auf die TATT können wir konstatieren, daß uns insbesondere für die Förderung der Selbstwirksamkeit und Handlungskompetenz, die Befähigung zur Selbstberuhigung und die Förderung von Kontaktfähigkeit ein sehr handlungsorientiertes Interventionsspektrum zur Verfügung steht.

Es gibt für die TATT keine generellen Kontraindikationen. Problematisch kann eine körperorientierter Ansatz sein, wenn schwergradige Traumatisierungen vorliegen, bei denen der Körper intensiven Verletzungen ausgesetzt war und eventuell bleibende Schäden vorliegen. Hier kann schon eine begrenzte Fokussierung auf das Körpererleben u.U. Triggerfunktion haben und mit zu starken Ängsten, Schmerz oder auch Scham verbunden sein. Ein tanz- und ausdruckstherapeutisches Vorgehen ist hier in der Regel – wenn überhaupt – erst zu einem späteren Zeitpunkt im therapeutischen Prozeß indiziert. Um dennoch den Körper in die therapeutische Arbeit zu integrieren eignen sich hier andere Verfahren, die mehr somatopsychisch dysfunktionale Muster modifizieren, wie z.B. die Myoreflextherapie (Mosetter/Mosetter 2001).

Literatur

Dilling, H., Mombour, W., Schmidt, M.H. (Hrsg.) (1993): Internationale Klassifikation psychischer Störungen, ICD-10 Kapitel V (F) Klinisch diagnostische Leitlinien (2. Aufl.). Bern: Huber.

Eberhard-Kaechele, M. (1996): *Tanz – und Ausdruckstherapie*. Psychosom Med.

Eberhard-Kaechele, M. (2004): *Tanztherapie. Indikationsstellung – Wirkfaktoren – Zielsetzung*. Vortrag auf dem Symposium „Mit allen Sinnen. Künstlerische Therapien im Rheinland" des Landschaftsverbandes Rheinland

Fischer, G. (2000): Mehrdimanesionale Psychodynamische Traumatherapie – MPTT. Manual zur Behandlung psychotraumatischer Störungen. Heidelberg: Asanger

Fischer, G. (2002): *Neue Wege aus dem Trauma*. Köln: DIPT

Fischer, G., Riedesser, P. (2003): *Lehrbuch der Psychotraumatologie*. 3. Auflage. Stuttgart: UTB

Foa, E.B., Meadows, E.A. (1997): Psychosocial Treatments for Posttraumatic Stress Disorder: a Critical Review. Annu Rev Psychol; 48: 449-480

Herman, J.L. (1993): Die Narben der Gewalt. Traumatische Erfahrungen verstehen und überwinden. München: Kindler

Hobfoll, S.E., Watson, P., Bell, C.C., Bryant, R.A., Brymer, M.J., Friedman, M.J., Friedman, M., Gersons, P.R., de Jong, J.T.V.M., Layne, C.M., Maguen, S., Neria, Y., Norwood, A.E., Pynoos, R.S., Reissman, D., Ruzek, J.I., Shalev, A.Y., Solomon. Z., Steinberg, A.M., Ursano, R.J. (2007): Five Essential Elements of Immediate and Mid-Term Mass Trauma Intervention: Empirical Evidence. Psychiatry 70(4), 283-315

Landschaftsverband Rheinland (Hrsg.) (2001): *Vorhang auf! Tanz- und Dramatherapie im Rheinland*. Schriften des Dezernats für Gesundheitspflege Nr.4

Maerker, A. (Hrsg.) (2002): Therapie der Posttraumatischen Belastungsstörung. Berlin: Springer

Meichenbaum, D. (1994): A Clinical Handbook/Practical Therapist Manual – For Assessing and Teratment Adults with Posttraumatic Stress Disorder (PTSD). University of Waterloo: Institute Press

Mosetter, K., Mosetter, R. (2001): *Myoreflextherapie. Muskelfunktion und Schmerz*. Konstanz: Vesalius

Reddeman, L. (2002): Imagination als heilsame Kraft. Zur Behandlung von Traumafolgen mit Ressourcenorientierten Verfahren. Klett-Cotta

Reddemann, L. (2004): Psychodynamisch-imaginative Traumatherapie. PITT – das Manual. Klett-Cotta

Sander, E. (2004): *Tanz- und Ausdruckstherapie im klinischen Setting*. Vortrag in der Dr. von Ehrenwall'schen Klinik, Ahrweiler

Sander, E., Schedlich, C. (2005). Traumaadaptierte Tanz- und Ausdruckstherapie-TATT. Eine Einführung. In: Trautmann-Voigt, S., Voigt, B. (2005)

Saß, H., Zaudig, M., Houben, I., Wittchen; H.-U. (Hrsg.) (1996): *Diagnostisches und statistisches Manual psychischer Störungen DSM IV*. Göttingen: Hogrefe

Schedlich, C., Schenk, B. (2001): *Trauma und Körperbild. Auswirkungen, Phänomene und tanztherapeutische Überlegungen*. In: Trautmann-Voigt, S., Voigt, B. (2001), 102-111

Schedich, C., Sander, E. (2001): Tanztherapeutische Interventionsmöglichkeiten in der Arbeit mit traumatisierten PatientInnen. In: Landschaftsverband Rheinland (2001), 230-240

Schedlich, C., Bering, R., Zurek, G., Fischer, G. (2002): *Maßnahmenkatalog der Zielgruppenorientierten Intervention zur Einsatznachbereitung*. In: Untersuchungen des psychologischen Dienstes der Bundeswehr 37. Hrsg. Vom Bundesministerium der Verteidigung

Stanton-Jones, K. (1992) : An Introduction to Dance Movement Therapy in Psychiatry.

Trautmann-Voigt, S., Voigt, B. (Hrsg.) (2001): Bewegung und Bedeutung. Anregungen zu definierter Körperlichkeit in der Psychotherapie. Claus Richter Verlag

Trautmann-Voigt, S., Voigt, B. (Hrsg.) (2006): Trauma und Kunst. Methodische Überlegungen. Claus Richter Verlag

Wöller, W., Mattheß, H., Eberhard-Kaechele, M. (2006): *Psychodynamisch-integrative Therapie*. Stuttgart: Schattauer

Traumatherapie – aus dem Blickwinkel der Integrativen Therapie

Peter Schay/Ingrid Liefke

Die Anamnese von Menschen mit Persönlichkeitsstörungen vom Borderlinetyp, Suchterkrankungen, Eßstörungen, autoaggressives Verhalten sowie Somatisierungs- und Angststörungen weist oft psychosoziale Krisen und traumatische Erfahrungen in der Biographie auf.

Kennzeichnend für eine psychosoziale Krise ist der „Verlust des seelischen Gleichgewichts, den ein Mensch verspürt, wenn er mit Ereignissen und Lebensumständen konfrontiert wird, die er im Augenblick nicht bewältigen kann, weil sie von der Art und dem Ausmaß her seine ... Fähigkeiten ... zur Bewältigung seiner Lebenssituation überfordern" (*Sonneck* 2003, 319).

In unserer therapeutischen Praxis begegnen wir seit Jahren diesen Phänomenen. Viele unserer Patienten haben Deprivation, körperliche und sexuelle Gewalt erfahren. Diese Erfahrungen haben sich schädigend auf ihre Seele und ihren Körper ausgewirkt.

Mit spezifischen Ansätzen der Traumatherapie ermöglichen wir Patienten, sich ihrer selbst bewußt zu werden und durch entspannungs- und regulationstherapeutische Ansätze wie Lauftherapie (vgl. *van der Mei, Petzold* et al. 1997, *Schay, Petzold* et al. 2006), sowie durch die Arbeit mit „protektiven Faktoren" und Resilienzen (vgl. *Petzold, Goffin, Oudhof* 1993) die Kontrolle über ihre Gedanken und Gefühle wieder zu erlangen. Auf diese Weise wird ihr Ich-Bewußtsein unterstützt und gestärkt, um damit die Möglichkeiten der bewußten Kontrolle (*consciousness*) und Willensentscheidungen zu erhöhen (vgl. auch *Petzold* et al. 2004l).

Die Patienten sollen durch diese intensive Psychoedukation in die Lage versetzt werden, sich von aufkommenden negativen Emotionen zu distanzieren und die Kontrolle (vgl. *Fischer, Riedesser* 2003, *Redde-mann* 2005) über sich zu haben. Eine Aufarbeitung der Traumaproblematik soll in Einzelsegmenten erreicht werden, wobei die Bearbeitung des traumatischen Erlebens – wenn überhaupt – nur phasenweise und in größeren zeitlichen Abständen indiziert ist. Das insbesondere, da in der Traumatherapie darauf geachtet werden muß, daß die Patienten nicht zusätzlich belastet und retraumatisiert werden. Insgesamt betrachtet, sollen die Patienten im Rahmen der Behandlung stabilisiert und die PTBS-Symptomatik deutlich verringert werden.

„Ziel von Therapie ist die Veränderung von dysfunktionalen Verhaltensweisen, von Störungen mit Krankheitswert, weiterhin die Entwicklung von *Fähigkeiten/Kompetenzen* und *Fertigkeiten/Performanzen*, die der Bewältigung ... und Gestaltung ... des weiteren Lebensweges ... dienen soll" (*Petzold* 1997p, in: *Scheiblich, Petzold* 2006, 482).

In der Arbeit mit traumatisierten Patienten hat sich die Integrative Therapie als ein für dieses Störungsbild geeigneter Therapieansatz bewährt. „Die *Integrative Therapie* ist der erste Ansatz einer systematischen *Methodenintegration* und schulenübergreifenden Konzeptentwicklung in der Psychotherapie im europäischen Raum (vgl. *Petzold* 1974k, 394f) und verstand sich seit ihren Anfängen als *entwicklungsorientierte Therapie*, die mit Menschen aller Altersstufen gearbeitet hat. Ihr ging es und geht es in zentraler Weise um die Förderung der *Entwicklung von Menschen*, um die Ermutigung, immer wieder auch *neu anzusetzen* – weg von Störungen und Krankheit hin zu Gesundheit und Wohlbefinden, von schon erreichten Zielen der „Arbeit an sich selbst" weiter zu neuen Möglichkeiten der Verwirklichung der eigenen Persönlichkeitspotentiale" (*Petzold, Orth, Sieper* 2006, 628).

Grundprinzipen der IT
1. „Integrative Therapie ist *„theoriegeleitet"*. Theorie als „mental durchdrungene, komplex betrachtete und erfaßte Wirklichkeit" bestimmt auf dem Boden koreflexiver und diskursiver Auseinandersetzung die Interventionen und muß in der Praxis *selbst zur Intervention* werden.
2. Integrative Therapie ist im konkreten Vollzug *„angewandte Theorie"*, die sich in der Praxis und durch die Praxis immer wieder koreflexiv und korespondierend weiterentwickelt, eine *transversale* Qualität gewinnt, und sie ist in diesen Überschreitungen *„Praxeologie"*.
3. Integrative Therapie als Praxeologie ist *„kreative Therapie"*, die Theorien, Methoden, Techniken und Medien in kreativer/kokreativer Weise einsetzt und entwickelt und den Therapeuten selbst als „kreatives Medium" und koaktiven Gestalter sieht.
4. Integrative Therapie ist *„ethikgeleitete Therapie"*, die ihr Handeln an Werten orientiert, welche in einer „Grundregel" für die Praxis umrissen wurden.
5. Integrative Therapie gründet in systematischer *„methodischer Reflexion/Metareflexion"* und zielt auf sorgsame, für neue Impulse, Ideen, Forschungsergebnisse offene, gemeinsame, ko-respondierende Weiterentwicklung des Verfahrens und seiner Methoden.

6. Integrative Therapie ist *differentiell* und *integrierend* auf *„komplexes Lernen"* *(Sieper, Petzold* 2002) auf der kognitiven, emotionalen, volitiven und Handlungsebene gerichtet *(Heuring, Petzold* 2003; *Petzold, Engemann, Zachert* 2003)" *(Orth, Petzold* 2007, 271-272).

Ziel ist es, Vielfalt zu ermöglichen. „Denken und Wissen wird sozusagen sozialer und historischer Gehalt zuerkannt, indem sie prinzipiell intersubjektiv und diskursiv, in Kontext und Kontinuum verstanden werden, d.h. in Korespondenz, in Konsens und Dissens gewonnen, als Begegnung und Auseinandersetzung in Polylogen, unter Berücksichtigung von Anderem und Beachtung und Achtung des Anderen" (ebenda, 3)[1].

„Integrative Therapie ist als methodenübergreifendes, dem „neuen Integrationsparadigma" in der modernen, forschungsorientierten Psychotherapie, klinischen Psychologie und den „health sciences" verpflichtetes Verfahren auf die Behandlung von psychischen und somatoformen bzw. psychosomatischen Erkrankungen „in der Lebensspanne" gerichtet, also ein entwicklungspsychotherapeutischer, biopsychosozialer Ansatz der „Humantherapie". Sie verbindet durch eine mehrperspektivische, d.h. differentielle, ganzheitliche und kontextuelle Betrachtung und vermittels eines *konnektivistischen und metahermeneutischen Modells* ökologisch-systemische, sozialkonstruktivistische (kognitivistische) und tiefenpsychologische Zugehensweisen. Auf dieser Grundlage und unter beständigem Bezug auf die Erkenntnisse und Forschungsergebnisse der wissenschaftlichen Psychologie und der klinisch relevanten Sozial-, Neuro- und Biowissenschaften wurden nach einer kritischen Sichtung der Hauptverfahren in der Psychotherapie Aspekte verschiedener therapeutischer *Methoden* mit den eigenen integrativtherapeutischen theoretisch-konzeptuellen und behandlungsmethodischen Entwicklungen verbunden. So entstand ein *eigenständiger, integrierter Ansatz* der Krankenbehandlung, Gesundheitsförderung und Persönlichkeitsentwicklung. ... Es wird auf diese Weise eine Therapie des ganzen Menschen in und mit seinem Umfeld (Netzwerk- und Lebenslageperspektive), in seinem lebensgeschichtlichen Zusammenhang und seinen Lebensentwürfen angestrebt. ... In einem Prozeß „persönlicher und gemeinschaftlicher Hermeneutik" sollen im therapeutischen Geschehen bewußte und unbewußte Strebungen und lebensbestimmende belastende und protektive Ereignisse der Biographie fokussiert und in ihrer Relevanz für die Persönlichkeitsentwicklung, Lebensführung und die

---

1 *Ebert, Könnecke-Ebert* (2004, 178) stellen dar, daß im Konzept der Integrativen Therapie „diese spezifische Betrachtungsweise ... mit den Kernkonzepten: Exzentrizität, Mehrperspektivität, Konnektivierung, „komplexes Lernen" und Transversalität gekennzeichnet und charakterisiert werden" kann.

persönlicher Lebenskunst erfahrbar gemacht werden" (*Petzold, Schay, Sieper* 2006, 598-599).

Definition und Diagnostik von Trauma und PTBS

Trauma und Traumatisierungen gehören zum menschlichen Leben. Menschen sind in der Lage zu überleben und sich anzupassen. Traumatische Erfahrungen bringen das Gleichgewicht des Menschen in psychologischer, physiologischer und sozialer Hinsicht durcheinander (vgl. *van der Kolk, MacFarlane, van der Hart* 2000).

Die Grundüberzeugungen von Sicherheit und Geborgenheit können durch traumatische Erfahrungen erschüttert und zerstört werden. Die Präsenz von Schutzfaktoren bestimmt, ob eine bestimmte Erfahrung traumatische Folgen hat oder nicht.

Die grundlegenden Bewältigungsstrategien wie Kampf, Flucht und Copingverhalten versagen. „Führt aber weder Coping noch Abwehr zur Kontrolle der biologisch und/oder psychosozial bedrohlichen Problemsituation, so gerät das psychophysische Individuum aus dem Bereich der Streßbelastung in eine potentiell bedrohliche Erfahrungssituation hinein. Die regulativen Schemata versagen. In einer extrem bedeutsamen Situation kommt es so zu einer systematischen Diskrepanz zwischen bedrohlichen Situationsfaktoren und individuellen Bewältigungsmöglichkeiten" (*Fischer/Riedesser* 2003, 82).

Unter regulativen Schemata sind systemerhaltende Abwehrmechanismen zu verstehen, „die auf interne Selbsterhaltung und Stabilisierung psychischer, somatischer oder sozialer Systeme gerichtet sind, oft ohne hinreichende Rücksicht auf das pragmatische bzw. kommunikative Realitätsprinzip. ... Die wichtigsten sind Verdrängung (vor allem der Gegebenheiten der Innenwelt), Verleugnung (vor allem gerichtet auf die Außenwelt), Regression, ... Rationalisierung, Isolierung" (ebenda, 363).

Psychisches Trauma ist als „vitales Diskrepanzerlebnis zwischen bedrohlichen Situationsfaktoren und den individuellen Bewältigungsmöglichkeiten (zu verstehen), das mit Gefühlen von Hilflosigkeit und schutzloser Preisgabe einhergeht und so eine dauerhafte Erschütterung von Selbst- und Weltverständnis bewirkt" (ebenda, 82); was auf den prozeßhaften Verlauf eines Traumas hinweist, der weit über das eigentliche Ereignis hinausgeht.

Die Integrative Therapie definiert den „Begriff Trauma bzw. Traumatisierung (als) eine extreme Stimulierungssituation (zuweilen außergewöhnlich kurz, zuweilen sequentiell verlängert), die für den Organismus bzw. das ‚personale System', die Persönlichkeit, derart existenzbedrohende, ohnmächtig machende, überwältigende und überlastende Wirkung hat (Hyperstreß), daß sie zu bleibenden Strukturschäden führen *kann* (z.b. durch einen übersteuernden Generalisierungseffekt, aufgrund dessen etwa alle Kontaktsituationen als existenzbedrohend eingestuft werden). Traumatisierungen können durch massive Über- oder Unterstimulierungen gesetzt werden, wie z.b. Unfälle, Krankheiten, Überfall, ‚experiencing or witnessing atrocities', akute Deprivation, ‚long term shelter', extreme Isolation etc..

Traumatisierungen sind niemals ‚n u r psychisch', sondern immer auch körperliche Prozesse mit Folgen innerhalb des gesamten Leibes (verstanden als Synthesebegriff für Körper, Seele, Geist): z.b. psychosomatische Reaktionen, Störungen der Atem- und Tonusregulation, Dysregulationen des neurohumoralen und immunologischen Systems, mit den damit einhergehenden Gefühlen/Stimmungen, Gedanken, Willensimpulsen).

Traumatische Belastungen, Probleme, Störungen können deshalb immer nur auf der Ebene des ‚Leibes im Kontext' insgesamt angegangen werden: durch Reduktion der Belastungen, Beseitigung von Risikofaktoren, Bestärkung von Resilienzen sowie Bereitstellung von protektiven Faktoren und Ressourcen. Dabei ist der Leib nie nur ‚my body' sondern immer auch ‚social body', denn er ist kulturell geprägt aufgrund von ‚représentations sociales', als ‚Männer- und Frauenleib'. Er ist in Fremd- und Selbstbewertung sozial qualifiziert, eingestuft, ggf. stigmatisiert. Die Traumatisierung ist sozial bewertete Psychophysiologie, d.h. sie ist auf persönlich-individueller und auf kollektiver Ebene bewertet" (*Petzold* 2004, 29).

Mosetter (2007) weist in diesem Kontext nach, daß „Streß (Distreß) und seine physiologischen Funktionen ... den Organismus des Erlebenden ... in Ausnahmesituationen ... unter kurzzeitiger Mobilisation aller körperlichen Ressourcen maximal leistungsfähig machen (soll). ... (Das aber bei) Dauerbelastung ... nicht nur körperliche Regulationen im Sinne von Hypertonie, Erhöhung der Herzfrequenz ... und den entsprechenden Streßhormonen mit Cortisol, Adrenalin und Noradrenalin (entgleisen), sondern auch neuroanatomische Schaltkreise".

Da der Begriff Trauma häufig inflationär verwendet wird, ist eine differenzierte Diagnostik zwingend erforderlich, um den Betroffenen gerecht zu werden und nicht jedes Ereignis als Trauma zu bewerten.

Denn einerseits kann „schon eine einmalige schwere seelische Belastung ... genügen, die weitere Entwicklung einer Persönlichkeit bleibend zu stören" (*Lehmann, Teuchert-Noodt* 2005, 4), andererseits darf die Definition eines psychischen Traumas auch nicht zu eng gefaßt werden.

Für die Traumabehandlung ist entscheidend, welche Art von Traumatisierung erfahren wurde. Man unterscheidet zunächst drei Traumakategorien (vgl. *Petzold, Wolf, Landgrebe* et al. 2000, 478 ff, *Osten* 2007):

1. Ursachen
   a. natural desaster
      (Naturkatastrophen)
   b. technical desaster and another major adverse events
      (Unfälle etc. durch technisches Versagen
   c. man made desaster
      (von Menschen zugefügte Schädigungen)
2. Modi des Traumas
   a. viktimisierendes Trauma
      (z.B. Gewalt in lebensbedrohlichem Ausmaß)
   b. deprivatives Trauma
      (z.b. deprivative Lebenserfahrungen in den ersten zehn Lebensjahren)
   c. partizipatives Trauma
      (z.b. das Beobachten oder das unmittelbare Beteiligtsein an den verschiedenen Formen von Traumatisierungen)
   d. kollektives Trauma
      (z.B. Extremerfahrungen bei Gruppenentführungen, patizipative Gewalterfahrungen bei Folter, Kriegserfahrungen → das Erleben von Genozid-Handlungen)
   e. sekundäres Trauma (indirekte traumaforme Belalastung)
      (z.b. die psychischen Belastungen der Helfer von Traumatisierten, die nach einiger Zeit ähnliche Symptombilder wie partizipativ Traumatisierte entwickeln)
3. Typen von Traumatisierungen
   a. singuläre Traumata
      (d.h. einmalig auftretende Extremerfahrungen)
   b. prolongierte oder persistierende Traumata
      (d.h. Extrembelastungen, die über längere Zeiträume intermittierend oder mit andauernder Wirkung das Individuum unter traumatischen Streß bringen)
   c. serielle Traumata
      (d.h. „Menschen sind über längere Dauer oder die gesamte Lebensspanne, anhaltend oder intermittierend, mehreren unterschiedlichen Formen von Traumatisierungen ausgesetzt, seriell unter Überforderung und Extrembelastungen geraten, Ressourcenlagen immer wieder akkumulativ überschritten werden, so daß sich sog. „serielle oder kumulative Traumatisierungskarrieren" ergeben – ohne protektive Entlastungen, die eine Resilienzbildung fördern könnte – die dann den Typ der sog. „komplexen Traumatisierung" hervorbringen" (*Osten* 2007))

„Die aufgezeigten Traumaerfahrungen müssen in ihrer ganzen Vielfalt im Zeitkontinuum/Lebensverlauf, als kontextuelle und sequentielle Einflußfaktoren betrachtet werden:
a. prätraumatische Faktoren
(Lebensalter, Entwicklungsverlauf, Sozialisationseinflüsse, Krankheitsgeschichte, ... Stile des Copings und Creatings, Resilienzen, ... Ressourcenlage, Netzwerksituation)
b. peritraumatische Faktoren
(Typ ... des Traumas, Ressourcenlage, Copingkapazität, Risiken, protektive Interventionen, kognitive und emotionale Ereignisbewertung usw.)
c. faktuale posttraumatische Faktoren
(unmittelbar verfügbare Hilfe und Unterstützung, aktuelle Netzwerksituation, Ressourcenzufuhr, kognitive und emotionale Ereignisbewertung, ... Verarbeitungsbemühungen, Reorientierungserfolge/-mißerfolge, unmittelbare Nach- und Auswirkungen)
d. prolongierte posttraumatische Einflußfaktoren
(die längerfristigen Entwicklungen der unter c) aufgeführten Faktoren)"
(*Petzold, Wolf, Landgrebe* et al. 2000, 479f).

Die Auflistung zeigt die Vielschichtigkeit traumatischer Erfahrungen in einem bestimmten Kontext und Kontinuum sowie die Notwendigkeit einer mehrperspektivischen Diagnostik.

Trauma und PTBS aus dem Blickwinkel der Neurobiologie

Die neurobiologische Forschung hat zum Verständnis der Posttraumatischen Belastungsstörung erhebliche Beiträge geleistet, d.h. störungsspezifische Symptome können auf der Basis neurobiologischer Erkenntnisse erklärt werden.
Zentral ist die Entdeckung der „Neuroplastizität". „Der Begriff Neuroplastizität bezeichnet in seinem einfachsten und allgemeinsten Sinn die Fähigkeit von Nervenzellen, sich entsprechend ihrer Nutzung und Aktivierung adaptiv zu verhalten. Vermehrte Aktivierung und Inanspruchnahme führt zu verbesserter Verschaltung, indem synaptische Kontakte an Intensität und Anzahl zunehmen und dadurch den Grad ihrer Nutzbarkeit erhöhen, (was) ... als Grundlage aller Lernvorgänge anzusehen (ist)" (*Schiepek* 2004, 408).
Ähnliches ist für die Gedächtnisbildung anzunehmen. Im Unterschied zum Langzeitgedächtnis sind die für das Überleben notwendigen Reaktionen kurz und rasch, d.h. die Verarbeitung und Bewertung der eingehenden Informationen erfolgt schnell, um Notfallreaktionen ableiten zu können (ebenda).

Neuere Gehirnuntersuchungen bestätigen eine beträchtliche Beteiligung des limbischen Systems bei traumatischem Streß. „Zwei verschiedene Arten wichtiger Befunde sind bis jetzt im Labor erhoben worden: (1) eine Verminderung des Hippokampusvolumens bei Menschen mit PTBS; und (2) eine überstarke Aktivierung der Amygdala und mit ihr in Zusammenhang stehenden Strukturen sowie eine abnorme Lateralisation und eine Verminderung der Aktivität des Brocaschen Zentrums, wenn Patienten dazu gebracht werden, ihre Traumata wiederzuerleben" (*van der Kolk* 2000, 235).

„Zentrale Schaltstellen des sensorischen Inputs sind die Thalamusregion sowie die im limbischen System direkt benachbarten Strukturen von Amygdala und Hippokampus. Mit der Aufgabe der affektiven Bewertung der eingehenden Informationen kommt dem Mandelkern die Funktion des Brandmelders zu, der im Sinne der oben beschriebenen Notfallsituation sofortige vegetative und motorische Reaktionsmöglichkeiten vermittelt. Zeitlich erfolgt diese vegetative Umstellung meßbar schneller als die entsprechende Information bewußtseinsfähig wird und führt parallel zur motorischen Innervation zu einer Aktivierung der neuronen-endokrinen Streßachsen" (*Schiepek* 2004, 409). In traumatischen Situationen kommt es zu unkontrollierten Streßreaktionen. Es entsteht eine erhöhte „Reagilität".

Nach *Schiepek* (2004) ist die Qualität des Abspeicherungsprozesses von Erinnerungen auch verantwortlich für die Ausbildung traumaspezifischer Gedächtnisfunktionen (vgl. ebenda). Das bedeutet, daß eine sehr hohe Erregung zu einer Veränderung der Abspeicherung von Daten und Fakten im Gedächtnis führt und eine Fragmentierung traumatischer Ereignisse so erklärbar ist.

„Die Speicherung traumatischer Eindrücke erfolgt nicht selten ausschließlich durch eine Encodierung der affektiven Aspekte von Angst, Panik und Horror über die Amygdala, getrennt von einer kontextuellen Spezifizierung im Hippocampus und einer autobiographischen Einordnung im präfrontalen Cortex. Stattdessen kommt es über eine klassische Konditionierung zu einem abnormen neuronalen Traumaerinnerungsnetz, das selbst schon durch sensorische Einzelreize (visuell, akustisch, olfaktisch, gustatorisch, kinästhetisch), wenn sie mit der ursprünglichen Traumasituation in einer (möglicherweise auch nur zufälligen) räumlichen und zeitlichen Kontingenz standen, in seiner Gesamtheit ausgelöst werden kann" (*Kapfhammer* 2000, 9).

Die Konsequenzen neurobiologischer Veränderung unter Extremstreß in der cerebralen Informationsverarbeitung faßt *Kapfhammer* (2000) wie folgt zusammen:

- „ein Nebeneinander von Hyperamnesie und Amnesie
- ein Überwiegen des konditionierten emotionalen Gedächtnisses zu Lasten eines narrativen autobiographischen Gedächtnissen
- eine emotionale Bewertung von fragmentarischen sensorischen Informationen noch vor einer bewußten emotionalen Wahrnehmung und adäquate Realitätskontrolle
- eine verzögerte Habituation und ein behindertes Neulernen
- vorherrschende impulshafte Handlungen und starke Rückzugstendenzen
- ein betonter perzeptiv-affektiver Erlebnisstil sowie ein überwiegender sensorimotorischer Reaktionsmodus" (ebenda, 21)

Bei Menschen mit einer posttraumatischen Belastungsstörung kann das Volumen des Hippocampus deutlich geringer sein als bei anderen Menschen. Dies erlaubt den Schluß, „daß auch die traumareaktive Degeneration von Hippokampuszellen die adäquate Verarbeitung und Kontextualisierung von Umgebungsreizen behindert und zu einer verminderten Steuerungsfähigkeit führt. Relevant ist dies im Hinblick auf die Beobachtung, daß Patienten mit Vortraumatisierung eine größere Vulnerabilität auf neue traumatische Ereignisse aufweisen" (ebenda, 411).

„Die sensorischen Informationen gelangen in das ZNS durch die sensorischen Organe (Augen, Nase, Haut, Ohren). Diese Informationen werden zum Thalamus weitergeleitet, wo ein Teil davon integriert wird. Der Thalamus leitet diese sensorischen Rohinformationen zur weiteren Auswertung an die Amygdala und an den präfrontalen Kortex weiter. Die Amygdala interpretiert die emotionale Valenz der eintreffenden Informationen und versieht sie mit emotionaler Bedeutung. ... Die von der Amygdala evaluierte Information wird an Gebiete des Gehirnstamms weitergeleitet, die die Verhaltens- sowie die autonomen und neuro-hormonalen Reaktionssysteme kontrollieren. Mit dieser Hilfe wandelt die Amygdala die sensorischen Stimuli in emotionale und hormonelle Signale um, wodurch sie die emotionalen Reaktionen initiiert und kontrolliert ... Die emotionale Auswertung der sensorischen Information geht also dem bewußten emotionalen Erleben voraus: Die Menschen werden autonom und hormonell aktiviert, bevor sie eine bewußte Einschätzung dessen vornehmen können, worauf sie reagieren. Folglich kann ein höherer Aktivierungsgrad der Amygdala und verwandter Strukturen emotionale Reaktionen und sensorische Eindrücke generieren, die nicht auf einer vollständigen Wahrnehmung von Objekten und Ereignissen, sondern auf Informationsfragmenten basieren" (*van der Kolk* 2000, 236f).

Der aktuelle Forschungsstand zeigt, daß sich traumatische Erfahrungen in Form von Empfindungen und Gefühlszuständen niederschlagen und nicht in Form einer persönlichen Schilderung „angeeignet" werden, d.h. traumatische Erinnerungen werden in Form von emotionalen und sensorischen Zuständen, in denen nur wenig verbale Repräsentationsfähigkeit besteht, verinnerlicht. Aus dieser Unfähigkeit der Informationsverarbeitung auf symbolischer Ebene, wie sie für eine korrekte Klassifizierung und Integration in andere Erfahrungen notwendig ist, entsteht die wesentliche Grundlage für die Pathologie der PTBS (vgl. ebenda).

Nach *Schiepek* (2004, 412) werden traumaspezifische Gedächtnisfunktionen charakterisiert als

- die Fokussierung der Aufmerksamkeit, durch die die Enkodierung und Abspeicherung traumaspezifischer Gedächtnisinhalte erfolgt.
- traumaspezifische Erinnerungen, die nur teilweise wie explizite Gedächtnisfunktionen abgerufen werden können.
- traumatische Erinnerungen, die in Form von Affektzuständen und Sinnesmodalitäten, beispielsweise als visuelle Bilder, olfaktorische oder auditive Wahrnehmung oder auch als körperliche Empfindung abgespeichert werden.
- traumatische Erinnerungen, die häufig ohne adäquate räumliche und zeitliche kontextuelle Einordnung verbleiben, so daß sie im Vergleich zu normalen Gedächtnisinhalten häufig nicht in ein persönliches Narrativ übersetzt werden können.
- traumabezogene Gedächtnisinhalte, die häufig eine erhöhte Löschungsresistenz zeigen, insofern sie detailgenau stabil bleiben, ohne durch sekundäre kognitive Überarbeitung modifiziert zu werden.
- interne und externe Stimuli, die als Triggerreize lebenslang traumatische Erinnerungen anstoßen können, die bezüglich der sensorischen und emotionalen Intensität einem Wiedererleben der ursprünglichen Erfahrung nahe stehen.

Wie die Erkenntnisse der Neurobiologie belegen, führen traumatische Streßreaktionen zu gravierenden Veränderungen im menschlichen Gehirn (hier insbesondere im limbischen System).

Behandlungsgrundlagen der Integrativen Therapie

Die vier Wege der Heilung und Förderung

Die für die Integrative Therapie „charakteristische, mehrdimensionale Behandlungsorientierung wird in besonderer Weise durch die „vier Wege der Heilung und Förderung" gewährleistet, die höchst flexibel Möglichkeiten bieten, auf die Lebenslage und Krankheitssituation von Patienten unter Berücksichtigung ihrer Probleme, Ressourcen und Potentiale unter Berücksichtigung von Pathogenese und Salutogeneseorientierung (*Petzold* 2003a) einzugehen. ... Das optimale Zusammengehen der „Modalitäten" schafft vielfältige Entwicklungs- und Heilungschancen" (*Petzold* 2005s, 295f). Die Wirksamkeit dieser Vorgehensweise zeigt sich „in einer hohen Flexibilität der prozessualen Handhabung von Beziehungsdynamik, Situationsgegebenheit und Krankheitsgeschehen" (ebenda, 307).

Diese Zugänge werden in der IT gewählt, um mit den Menschen Wege über die Lebensspanne zu finden, mit der zentralen Zielsetzung der Heilung und Förderung, wobei heilen im kurativen, klinischen Sinn verstanden wird. Die Differenzierungen der Schädigungen, die im Rahmen der Krankheitslehre vollzogen werden, verlangen nach unterschiedlichen Wegen der Heilung, Strategien der Behandlung mit pragmatischer Ausrichtung, durch die die anvisierten Ziele erreicht werden können.

Die IT hat das Konzept der „4 Wege der Heilung und Förderung" entwickelt, wobei entsprechend der Persönlichkeitsentwicklung innerhalb des Therapieverlaufs über die jeweilige Akzentuierung entschieden wird (*Petzold* 1988).

Bei den Wegen ist immer zu reflektieren, wie die Aufgabenverteilung zwischen Therapeut und Patient zu gestalten ist, damit der Patient befähigt wird, die vier Wege in seinem Alltagsleben bewußt zu nutzen und anzuwenden. Diese zirkuläre Reziprozität ist äußerst bedeutsam, denn: Therapeut → formt Patient → formt Therapeut → formt Patient → formt Therapeut usw..

Der Therapeut begleitet den Patienten auf diesen Wegen als kundiger und erfahrener „Wegführer" mit großem „Wegwissen" und vermittelt dem Patienten Sicherheit und Orientierung.

Zur Verdeutlichung stellen wir im folgenden die „Sinndimensionen" der „vier Wege der Heilung und Förderung" bezogen auf den Kontext der Behandlung von traumatisierten Menschen zusammenfassend dar:

Erster Weg der Heilung: Bewußtseinsarbeit – Sinnfindung

Differenzierung – Komplexität, Dissens

- Herstellung von Kontakt
- Aufbau einer Vertrauensbasis
- Explorieren der Problemlage

Dieser Weg zielt ab auf eine Aufdeckung von verdrängten Störungen, Konflikten und – dosiert – Traumata und Defiziten.

Zweiter Weg der Heilung: Differenzierungsarbeit – Nachsozialisation – Grundvertrauen

Strukturierung – Prägnanz, Konsens

- Erfassen alter Strukturen
- rationales Verstehen

Es geht um Nachsozialisation zur Restitution von Grundvertrauen und die Wiederherstellung von Persönlichkeitsstrukturen, die durch Defizite (und Traumata) beschädigt bzw. mangelhaft ausgebildet wurden.

Der Patient soll die Funktion, Wirkung und den anfänglichen früheren „Sinn" des Suchtmittels zu erkennen. Es geht um Einsichts- und Entscheidungsprozesse, das Erarbeiten persönlicher Normen und Werte; thematisiert werden sollen u.a. auch Erwartungen an den zukünftigen Lebensstandard, die Arbeitsmotivation, den weiteren Lebenshorizont.

„Endlich gibt es einen Menschen, der es gut mit mir meint, der mich nicht verläßt, auch wenn ich unausstehlich bin/Mist gebaut habe. Endlich gibt es einen Menschen, der sich nicht alles gefallen läßt von mir, vor dem ich Respekt/Achtung haben kann; wenn das so weitergeht, könnte ich Lust am Leben mit anderen Menschen kriegen."

Viele dieser Themen werden zunächst in der Einzeltherapie bearbeitet, wo der Patient dann auch ermuntert wird, sich anderen Menschen, denen er Vertrauen schenken möchte, diesbezüglich *mitzuteilen*. So wird „Beziehung erfahren und geübt".

Dritter Weg der Heilung: Erlebnis- und Ressourcenaktivierung – Persönlichkeitsentfaltung

Integration – Stabilität, Konzepte

- vertiefendes Verstehen
- Einordnung in den (Lebens-)Kontext

Ziele sind das Ressourcenpotential zu vergrößern, die Ressourcennutzung zu verbessern sowie die Kompetenzen und Performanzen des Copings und Creatings zu fördern. Der Einsatz von erlebnisaktivierenden Methoden, Techniken und Medien und übender behavioraler Ansätze erschließen die Entwicklungspotentiale der Persönlichkeit, so daß Entwicklungsaufgaben erkannt, gemeistert und zukunftsbezogene Handlungsspielräume zugänglich werden.

Es geht es um die Entwicklung persönlicher und gemeinschaftlicher Potentiale wie Kreativität, Phantasie, Sensibilität usw. durch Bereitstellung einer „fördernden Umwelt" mit neuen und/oder alternativen Beziehungs- und Erlebnismöglichkeiten.

Mittel hierzu sind Erlebnisaktivierung und multiple Stimulierung in der erlebnis- und übungszentrierten Modalität der kreativen Therapie und das gezielte Einbeziehen des Alltagslebens als Experimentierfeld. In der erlebnisaktivierenden Arbeit werden gute Quellen der Vergangenheit erschlossen und neu durchlebt. Es wird systematisch darauf hingearbeitet, das Alltagsleben als Lern-, Experimentier- und Übungsfeld zu benutzen.

Erfolge und Mißerfolge in der Therapie erweisen sich erst in der Veränderung von Verhalten und von Haltungen im Alltagsleben. Im Schutzraum des therapeutischen Settings können zunächst in spielerischer Improvisation alle Möglichkeiten des Ausdrucks erprobt und genutzt werden.

Vierter Weg der Heilung: Solidaritätserfahrung – Metaperspektive und Engagement

Kreation – Transgression, Kooperation

- aus dem Wahrgenommenen und Verstandenen sowie den rationalen Einsichten werden Konsequenzen gezogen, um den (Lebens-)Kontext zu verändern
- Überschreitung zu Neuem

Ziele sind die Förderung von persönlicher Souveränität und gesundheitsfördernder, persönlichkeitsentwickelnder Potentiale.

Das Wissen über Traumata, Konflikte, Störungen, zeitextendierte Überlastungen, d.h. Erfahrungen von Formen psychophysischen Stresses, des „Copings" und des „Creatings" in der gesamten Lebensspanne als das Zusammenwirken von kritischen bzw. belastenden Lebensereignissen mit ggf. abwesenden oder unzureichenden protektiven Faktoren/Prozessen und Resilienzen sind grundlegend für die Praxis. Dieses Wissen bestimmt die diagnostische Sicht auf Störungen und Beeinträchtigungen, aber auch für vorhandene oder aktualisierbare Ressourcen und Potentiale.

Die 14 therapeutischen Wirkfaktoren

Für die Integrative Therapie ist die Effektivitätskontrolle der Maßstab für die optimale Versorgung der Patienten, d.h. die Linderung seiner Leidenszustände, die Minderung seiner Beschwerden und seine Gesundung, die Förderung aktiven Gesundheitsverhaltens, die Unterstützung bei der Bewältigung von Lebensproblemen und Wiederherstellung seiner Arbeitsfähigkeit (vgl. *Petzold, Wolf, Landgrebe* et al. 2000). Weitere wichtige Aspekte sind die Verbesserung der Lebensqualität und die Förderung von Persönlichkeitsentwicklung.

Dabei gilt es, habitualisierte Verhaltensmuster und dysfunktionale Muster der Übertragung und Widerstand des Patienten *wahrzunehmen*, zu *erfassen*, zu *verstehen* und zu *erklären*, um sie beeinflussen und verändern zu können. Besonders wichtig ist es, seine spezifischen *persönlichen* Fragen nach Hilfe, Unterstützung, Förderung zu erfassen, um diese maßgeblich in der Therapie zu berücksichtigen (vgl. *ebenda*).

Von *Schigl* (2002) wurde eine Evaluationsstudie zu den Wirkungen und Wirkfaktoren in der Integrativen Therapie durchgeführt.

Als Wirkfaktoren im Therapieprozeß dominierten Eigenschaften und Fähigkeiten des Therapeuten wie Einfühlsamkeit, Wärme, Geduld, Hilfe, Empathie, zum Vertrauen in dessen Kompetenz und Wissen etc.. Weitere wirksame Elemente waren als spezifische Wirkfaktoren interpretierbare integrativ-gestalttherapeutische Methoden und Techniken. Bedeutsam waren auch allgemeine unspezifische therapeutische Haltungen und Methoden wie Akzeptanz, Ermutigung, Selbstreflexions- und Selbstwertförderung, sowie die Dimension der gezielten Auseinandersetzung mit Emotionen, vor allem die Unterstützung beim Zulassen unbequemer Gefühle wie Angst oder Wut.

Positive Gruppenerfahrungen und die Auseinandersetzungen mit der persönlichen Vergangenheit (Familienbeziehungen) waren weniger bedeutsam.

Die von *Petzold* entwickelten vier Wege der Heilung und Förderung beinhalten feiner differenziert als Prozeß-Strategien die 14 Wirkfaktoren (vgl. *Petzold* 1992) in der Integrativen Therapie. Je nach Fokus und abhängig von der aktualen Problemlage und dem Krankheitsbild werden die einzelnen Faktoren in unterschiedlicher Weise einzusetzen sein:

- **Einfühlendes Verstehen**
  Korrigierende emotionale Erfahrungen des Miteinanders wirkten als Gegenpol zu negativen biographischen Einflüssen und Erinnerungen.
- **Emotionale Annahme und Stütze**
  Die Patienten erleben Akzeptanz, Entlastung, Trost, Ermutigung, positive Zuwendung, insbesondere Förderung *positiver selbstreferentieller Gefühle*

und Kognitionen (z.b. Selbstwertgefühl, Selbstsicherheit, Selbstakzeptanz, Selbstvertrauen).
- **Hilfen bei der realitätsgerechten praktischen Lebensbewältigung/Lebenshilfe**
  Erschließen von Ressourcen, Rat, und tätige Hilfe bei der Bewältigung von Lebensrealität, Problemen usw., praktische Lebenshilfe.
- **Förderung emotionalen Ausdrucks**
  Der „Förderung emotionalen Ausdrucks" ist besondere Beachtung zu schenken, da Psychotherapie als „*emotionale Differenzierungsarbeit*", als Behandlung „dysfunktionaler emotionaler Stile" oder als die Beeinflussung von „Grundstimmungen" zu verstehen ist.
- **Förderung von Einsicht, Sinnerleben, Evidenzerfahrungen**
  Die Patienten können *Zusammenhänge und Hintergründe* ihrer Lebens-, Problem-, und Krankheitsbedingungen in umfassender Weise verstehen, Ursachen und Wirkungen zusammenbinden und hierüber handlungsleitende Explikationsfolien für die *Strukturierung ihres Alltags* und ihres Lebensvollzugs erhalten.
- **Förderung kommunikativer Kompetenz und Beziehungsfähigkeit**
  Der Erschließung und Erprobung von Kommunikationsmöglichkeiten und dem Transfer in den Alltag werden besondere Bedeutung gewidmet.
- **Förderung leiblicher Bewußtheit, Selbstregulation und psychophysischer Entspannung**
  Förderung eines bewegungsaktiven Lebensstils, um zu gewährleisten, daß die Selbstregulationskräfte gestärkt werden.
- **Förderung von Lernmöglichkeiten, Lernprozessen und Interessen**
  Die Patienten können im Alltagshandeln wichtige konstruktive Potentiale erkennen und entwickeln, sowie dysfunktionale Verformungen auflösen.
- **Förderung kreativer Erlebnismöglichkeiten und Gestaltungskräfte**
  Das komplexe Realitätserleben der Patienten wird im Behandlungskontext beständig gefördert; d.h. Anregungen zu kreativem Tun als Form der Lebensbewältigung, der Entlastung, der Bearbeitung von Problemen, der Selbstverwirklichung, um ihnen einen Zugang zu „salutogenen Erfahrungen" der Vergangenheit zu eröffnen.
- **Erarbeitung von positiven Zukunftsperspektiven**
  Entwicklung positiver Lebensziele und -perspektiven. Wichtig ist, den Patienten „Mut zu zusprechen", um ihre Befürchtungen abzumildern. Zum Zeitpunkt ihrer Entlassung soll ihre Grundhaltung realitätsgerecht und (vorsichtig) zuversichtlich sein, da sie für sich ein Gefühl der Sicherheit entwickelt haben und sich in emotional belastenden Situationen gefestigt fühlen sollen.

- **Förderung eines positiven, persönlichen Wertebezugs**
  Die Patienten erarbeiten sich Werte wie Offenheit, Ehrlichkeit und emotionaler Bezogenheit und erkennen hierin eine wichtige Quelle für Anerkennung durch ihr Gegenüber und fühlen sich in ihrer Identität gestärkt.
- **Förderung eines prägnanten Selbst- und Identitätserlebens**
  Der Fokus liegt hierbei auf den „fünf Dimensionen der Identität" mit dem Ziel positive Zuschreibungen internalisierbar zu machen. Besonderes Augenmerk wird auf positive Attributionen in Bereichen gelegt, in denen sie in ihrem Lebenskontext wenig/keine Erfahrung gesammelt haben (z.b. etwas leisten zu können, etwas Wert zu sein). Alte Zuschreibungen können so abgemildert/widerlegt werden.
- **Förderung tragfähiger sozialer Netzwerke**
  Entwicklung einer aktiven Beziehungsgestaltung und Aufbau eines tragfähigen sozialen Netzwerkes. Die supportive Valenz eines sozialen Netzwerkes und Möglichkeiten der eigenen Selbstwirksamkeit soll konkret erfahrbar werden.
- **Ermöglichung von Solidaritätserfahrungen**
  Im Kontext der Behandlung werden Solidaritätserfahrungen mit anderen erlebbar.

„Die 14 Heilfaktoren der Integrativen Therapie sind nicht nur für heilungsorientierte Therapieprozesse wichtig, sie sind auch konstruktive Verhaltenselemente positiven Alltagslebens und damit Gesundheit, Wohlbefinden und Entwicklung fördernde *Erfahrungsqualitäten*, die den PatientInnen in psychoedukativer Information und im konkreten Erleben als *Behandlungsmodalitäten* verdeutlicht werden, damit sie diese Faktoren auch in ihrem alltäglichen Lebenszusammenhang einsetzen und sich um ihr Vorhandensein bemühen, sie pflegen, entwickeln" (*Petzold, Sieper, Orth* 2006, 690).

„Die Wirkfaktoren kommen integriert im persönlichen Stil des Therapeuten und organisch im Geschehen der Therapie situations- und problemangemessen zum Tragen" (*Petzold, Wolf, Landgrebe* et al. 2000, 289).

Traumaspezifischer Behandlungsgrundlagen

Im Sinne der „vier Wege der Heilung und Förderung" will Integrative Traumatherapie dem Patienten Möglichkeiten aufzeigen, über sich selbst/seine Lebensumstände nachzudenken, positive Erfahrungen von Beziehung zu machen, sein Ressourcenpotential zu vergrößern/zu nutzen und eine Überschau über sein Leben zu erhalten.

Der traumaspezifische Behandlungsansatz wird nach einem 4-Phasen-Modell gestaltet:

1. *Phase: Beziehung, Anamnese, Diagnostik*
   Diese Phase wird für den Beziehungsaufbau genutzt; eine ausführliche Eigen- und Familienanamnese und eine Anamnese der traumatischen Erfahrungen wird – soweit noch nicht erfolgt – erhoben.
2. *Phase: Stabilisierungsphase*
   In dieser Phase werden mit dem Patienten Entspannungsverfahren (z.B. kreatives Laufen) und Imaginationsübungen durchgeführt, damit er lernt, sich selbst in belastenden Situationen zu stabilisieren. Ziel ist die Optimierung von Alltagsfunktionen und der Aufbau sozialer Kompetenzen.
3. *Phase: Traumaarbeit*
   In dieser Phase werden die traumatischen Ereignisse (nach sorgfältiger Vorbereitung) in den Fokus genommen und bearbeitet.
4. *Phase: Integration und Neuorientierung*
   In dieser Phase werden die bearbeiteten traumatischen Erfahrungen in das Selbstbild des Patienten integriert und Perspektiven für seine Zukunft erarbeitet.

Die einzelnen Phasen laufen nicht streng nacheinander ab, sondern wechseln sich im Verlauf des Prozesses immer wieder ab (⇒ Hermeneutische Spirale) und beziehen den Lebenskontext des Patienten immer mit ein. In der Traumtherapie geht es nicht um „eine schnelle Bearbeitung von traumatischen Ereignissen ..., (sondern um) die Verarbeitung eines traumatischen Ereignisses auf der Basis bisher gemachter Erfahrungen und die anschließende Integration und das Entwickeln einer Zukunftsperspektive" (*Freiha* 2005, 171). Die therapeutische Beziehung und die Zeit sind dabei von entscheidender Bedeutung.

Mit dem Verfahren der Integrativen Therapie mit seiner Ausrichtung auf den „ganzen Menschen in seiner gesamten Lebensspanne" (vgl. Petzold, Sieper 1996) und der „mehrperspektivischen, ganzheitlichen und differentiellen Betrachtensweise" (vgl. Osten 1995/2000, 2004, 2006) werden im Sinne von „Heilung und Förderung" positive Verhaltensänderungen (Wirkung) für die Patienten erreicht.

Bei einem traumaspezifischen Behandlungsansatz ist das Zusammenwirken von Patient und Therapeut von besonderer Bedeutung, wobei auf Seiten des Therapeuten „die Konsistenz von persönlicher Ausstrahlung, Konzept, Methode und Performanz ... – (oder anders ausgedrückt) – die Persönlichkeit (des Therapeuten) eine überragende Rolle spielt. ...

Auf Klientenseite sind es ... ebenfalls allgemeine Merkmale (Therapiemotivation, Änderungsoptimismus, ... self-efficiency ...), die den Verlauf und Erfolg von Therapie wesentlich bestimmen. ...

Die Wirksamkeit von Psychotherapie läßt sich nur in sehr geringem Maße auf den Einsatz von bestimmten Verfahren und Methoden zurückführen. Die Wirksamkeit von Psychotherapie wird vielmehr durch ein komplexes Zusammenspiel vieler Faktoren in einem Prozeß subjektiver und interaktiver Abstimmung zwischen Personen bestimmt" (*Bleckwedel* 2006, 378).

Therapeuten sind „wirksam", wenn sie „den Klienten Wertschätzung für sich selbst und das Vertrauen in die eigene Lösungskompetenz (vermitteln); sie ... in KONTAKT mit ihren Klienten (sind), sie ... ihren Klienten ... HALT geben, sie ... gemeinsam mit Klienten Zustände und Situationen (KLÄREN), sie ... gemeinsam mit Klienten Entwicklungen und Zusammenhänge (VERSTEHEN), sie ... gemeinsam mit Klienten Konflikte und Probleme (BEARBEITEN), sie ... Klienten für Veränderungen (MOTIVIEREN) und sie ... Potentiale und Ressourcen (AKTIVIEREN)" (ebenda, 379).

„Veränderungen (müssen) ... von einem Gefühl der Sicherheit und Stabilität getragen werden. ... Deshalb muß die Therapie ... für stabile Bedingungen sorgen. ... (wobei) ganz besonders die Beziehung zum Therapeuten ... eine wichtige Rolle" spielt (*Schiepek* et al. 2007, 47).

Abschließende Bemerkungen

Moderne klinische „Praxis wird durch die Entwicklung von Methoden, Techniken und Interventionspraxen vorangetrieben" (*Kennair* 2006, 48) und nicht durch Theorien. Als Therapeut müssen wir die Lebenswelt und den lebensgeschichtlichen Kontext der Patienten – ihre Lebensverhältnisse in ihrer Gesamtheit – erfassen und mit ihnen gemeinsam klären, „welche bio-psycho-sozialen Ziele und ... lebensgeschichtlichen Aufgaben sie höchst motiviert zu erreichen oder zu lösen versuchen" (*Schiepek* et al. 2007, 50). Und natürlich müssen wir dabei berücksichtigen, daß die Möglichkeiten der Patienten abhängig von Kontext und Problem sind und dies Einfluß auf die Behandlung *und* das Behandlungsergebnis hat.

„Wir wissen selten, warum unsere Methoden funktionieren und für wen sie ... funktionieren. ..., (d.h.:) keine ... Methode funktioniert für alle Patienten ... (*und*) ... das blinde Implementieren von ... Methoden ist oftmals akademisch und ... unbefriedigend – obwohl es von einer ethischen Perspektive aus der Verpflichtung folgt, die beste Behandlung zur Verfügung zu stellen, um spezifische Symptome zu lindern" (ebenda, 51).

Auch müssen wir berücksichtigen, daß „das jeweilige Verhalten und Handeln (der Patienten) von (ihrer) individuellen Vergangenheit mitbestimmt (wird)" (*Wuketits* 2006, 106), d.h. ihre Lernfähigkeit wird durch ihre individualgeschichtlichen Erlebnisse und Erfahrungen positiv oder negativ beeinflußt. Je ausgeprägter diese „Vorgaben" sind, die dann in schweren Störungen/Auffälligkeiten und Krankheit (wie der Sucht) ihren Ausdruck finden können, um so schwieriger wird es, ihnen ein Behandlungssetting zur Verfügung zu stellen, in dem sie „gebessert" werden können.

Die „Patienten kommen nicht mit säuberlich abgegrenzten Symptomen zu uns" (*Kennair* 2006, 52), d.h., es muß für uns Praxis sein, uns und unser Vorgehen immer wieder zu hinterfragen, daß wir improvisieren und versuchen müssen, um die Patienten zu unterstützen – möglicherweise ohne über spezifisches Wissen zu verfügen -, *aber*, um die Wirksamkeit unserer Behandlung zu verbessern und das Bestmögliche für die Patienten zu erreichen.

Traumatherapie kristallisiert sich zunehmend zu einem festem Bestandteil in der psycho- und soziotherapeutischen Arbeit heraus. Von besonderer Relevanz ist dabei die Frage, inwieweit es möglich ist, dieses Behandlungssetting – beispielsweise im Rahmen der medizinischen und sozialen Rehabilitation – auch umzusetzen, es von der Klientel angenommen wird und über den Rahmen der Behandlung hinausgehend weitergeführt werden kann (z.b. in Form ambulanter Psychotherapie).

Insbesondere die Chance, der Klientel mit einem traumaspezifischen Behandlungsansatz ein Hilfsmittel zu bieten, ihre individualgeschichtlichen Erlebnisse und Erfahrungen positiv zu bearbeiten, ihnen Sicherheit und Stabilität zu vermitteln und letztlich ihre Ich-Stärke zu fördern, wird immer noch weitgehend ungenutzt gelassen.

> wenn du sagst,
> es gibt keinen Weg für dich,
> so irrst du dich
>
> es mag sein,
> daß da kein Weg zu sehen ist,
> aber du kannst dir immer einen bahnen
>
> du kommst nirgendwo an,
> wenn du nicht losgehst
>
> dir öffnet sich keine Tür,
> wenn du nicht anklopfst,
> wenn du auch tausendmal davon sprichst
>
> selbst der längste Weg der Welt
> fängt mit dem ersten Schritt an
>
> (Patientin)

Literaturangaben

Bleckwedel, J. (2006): Zur Diskussion: Jenseits von Richtungen und Schulen wartet die Vernunft. Ein Beitrag zur Debatte um die Zulassung von psychotherapeutischen Verfahren und Methoden, in: *Psychotherapeuten-journal*, 5. Jahrgang, Heft 4/2006, Psychotherapeuten Verlag, Heidelberg, 377-379

Ebert, W., Könnecke-Ebert, B. (2004): Einführung in die Integrative Beratung und Therapie mit Suchtkranken – Grundlegungen des Integrativen Konzeptes der Europäischen Akademie für psychosoziale Gesundheit, in: *Petzold. H.G., Schay, P., Ebert, W.* (2004): Integrative Suchttherapie, VS-Verlag für Sozialwissenschaften, Wiesbaden

Fischer, G., Riedesser, P. (2003): Lehrbuch der Psychotraumatologie, 3. Auflage, Reinhard, München

Freiha, T. (2005): Behandlung einer PTBS mit EMDR: Kasuistik II, in: *Resch, F., Schulte-Markwort, M.* (Hrsg.) (2005): Kursbuch für integrative Kinder- und Jugendpsychotherapie, Schwerpunkt: Dissoziation und Trauma, Weinheim, Beltz Verlag, 161-174

Kapfhammer, H.P. (2000): Trauma und Dissoziation – eine neurobiologische Perspektive, www.ikttp.de

Kennair, L.E.O. (2006): Evolutionspsychologie, Lebens-Geschichts-Theorie und Psychotherapie-Integration, in: *Integrative Therapie*, 1-2/2006, Edition Donau-Universität Krems, Krammer Verlag, Wien, 25-61

Lehmann, K., Teuchert-Noodt, G. (2005): Trauma und Hirnentwicklung, in: Rech, F., Schulte-Markwort, M. (2005): Kursbuch für integrative Kinder- und Jugendpsychotherapie, Schwerpunkt: Dissoziation und Trauma, Beltz Verlag, Weinheim/Basel, 4-20

Mosetter, K. (2007): Chronischer und Streß auf der Ebene der Molekularbiologie und Biochemie, in: (unveröffentlicher) Vortrag auf dem Fachtag der *Arbeitsgemeinschaft Psychotherapeutischer Fachverbände* (AGPF) „Alles Trauma – Oder?" am 29.09.2007 im Maternushaus in Köln

Orth, I. Petzold, H.G. (2007): Theoriearbeit, Praxeologie und „Therapeutische Grundregel" Zum transversalen Theoriegebrauch, kreativen Medien und methodischer und „sinnlicher Reflexivität" in der Integrativen Therapie mit suchtkranken Menschen. in: *Petzold, H.G., Schay, P., Ebert, W.* (2004): Integrative Suchttherapie, VS Verlag für Sozialwissenschaften, Wiesbaden, 297-342, überarb. 2. Auflage (2007): 271-304

Osten, P: (1995/2000): Die Anamnese in der Psychotherapie. Ein integratives Konzept, Reinhardt, München, 2. überarb. und erw. Aufl. (2000): Die Anamnese in der Psychotherapie. Klinische Entwicklungspsychologie in der Praxis, Reinhardt, München

Osten, P: (2004): Integrative Diagnostik bei Sucht- und Abhängigkeitserkrankungen, in: *Petzold, H.G., Schay, P. Ebert, W.*, Integrative Suchttherapie, VS Verlag für Sozialwissenschaften, Wiesbaden, 221-294

Osten, P. (2006): Integrative psychotherapeutische Anamnese und Diagnostik, unveröffentl. Seminarunterlagen 22.-23.04.2006, Master Upgrade (IT), Donau-Universität Krems

Osten, P. (2007): Integrative psychotherapeutische Diagnostik bei Traumatisierungen und PTBS, in: (unveröffentlicher) Vortrag auf dem Fachtag der *Arbeitsgemeinschaft Psychotherapeutischer Fachverbände* (AGPF) „Alles Trauma – Oder?" am 29.09.2007 im Maternushaus in Köln

Petzold, H.G. (1974k): Integrative Bewegungstherapie, in: *Petzold, H.G.* (Hrsg.) (1974j): Psychotherapie und Körperdynamik, 3. Aufl. 1979, Junfermann, Paderborn, 285-404

Petzold, H.G. (1988): Die „vier Wege der Heilung" in der „Integrativen Therapie" – Teil I, in: *Integrative Therapie* 4, Junfermann, Paderborn

Petzold, H.G. (1992): Integrative Therapie in der Lebensspanne, Junfermann, Paderborn

Petzold, H.G. (2003a): Integrative Therapie, 3 Bde, überarb. und erg. Neuauflage, Junfermann, Paderborn

Petzold, H.G. (2004): Transversale Identität und Identitätsarbeit (Teil 1). Die Integrative Identitätstheorie als Grundlage für eine entwicklungspsycho-logisch und sozialisationstheoretisch begründete Persönlichkeitstheorie und Psychotherapie – Perspektiven „klinischer Sozialpsychologie", in: *Integrative Therapie* 4/2004, Junfermann, Paderborn, 395-422

Petzold, H.G. (2004l): Integrative Traumatherapie und Trostarbeit. in: *POLYLOGE* – Internetzeitschrift für „Integrative Therapie", Ausgabe 03/2004

Petzold, H.G. (2005s): Qualität in Therapie, Selbsterfahrung und Ausbildung. Ergebnisse einer Ausbildungsevaluation (n=7068) und Instrumente der Qualitätsdokumentation: EAG-Stundenbegleitbogen, IT-Checkliste, IT-Therapieprozeßdokumentation, in: *Integrative Therapie* 3/2005, Junfermann, Paderborn, 294-326

Petzold, H.G., Goffin, J.J.M., Oudhof, J. (1993): Protektive Faktoren und Prozesse – die „positive Perspektive in der longitudinalen, „klinischen Entwicklungspsychologie" und ihre Umsetzung in die Praxis der Integrativen Therapie, in: *Petzold, H.G., Sieper, J.* (1993): Integration und Kreation – Modelle und Konzepte der Integrativen Therapie, Agogik und Arbeit mit kreativen Medien, Bd. 1, Junfermann, Paderborn, 173-266; auch in: *Petzold, H.G.* (Hrsg.): Psychotherapie und Babyforschung, Bd. I, Junfermann, Paderborn, 345-497

Petzold, H.G., Orth, I., Sieper, J.. (2006): Erkenntniskritische, entwicklungs-psychologische, neurobiologische und agogische Positionen der „Integrativen Therapie" als „Entwicklungstherapie", in: *Petzold, H.G., Schay, P., Scheiblich, W.* (2006): Integrative Suchtarbeit, VS Verlag für Sozialwissenschaften, Wiesbaden, 627-713

Petzold, H.G., Schay, P., Sieper, J. (2006): Das Weiterbildungscurriculum „Sozialtherapie Suchtkrankenhilfe" im Verfahren „Integrative Therapie" und seine Methoden psychologischer Psychotherapie, Gestalttherapie, Entwicklungstherapie, in: *Petzold, H.G., Schay, P., Scheiblich, W.* (Hrsg.) (2006): Integrative Suchtarbeit, VS Verlag für Sozialwissenschaften, Wiesbaden, 589-625

Petzold, H.G., Wolf, U., Landgrebe, B., Josic, Z., Steffan, A. (2000): Integrative Traumatherapie – Modelle und Konzepte für die Behandlung von Patienten mit „posttraumatischer Belastungsstörung". in: *van der Kolk, B., McFarlane, A., Weisaeth, L.* (2000): Traumatic Stress, erw. dt. Ausg., Junfermann, Paderborn, 445-579

Reddemann, L. (Hrsg.) (2005): Trauma und Sucht, ZPPM – Zeitschrift für Psychotraumatologie und Psychologische Medizin, Asanger, Kröning

Schay, P., Petzold, H.G., Jakob-Krieger, C., Wagner, M. (2006): Lauftherapie als übungs- und erlebniszentrierte Behandlungsmethode der Integrativen Therapie in der medizinischen Rehabilitation, in: *Petzold. H.G., Schay, P., Scheiblich, W.* (2006). Integrative Suchtarbeit, VS Verlag für Sozialwissenschaften, Wiesbaden, 159-204

Scheiblich, W., Petzold, H.G. (2006): Probleme und Erfolge stationärer Behandlung drogenabhängiger Menschen im Verbundsystem – Förderung von „REGULATIONS-KOMPETENZ" und „RESILIENZ" durch „komplexes Lernen" in der Karrierebegleitung, in: *Petzold, H.G., Schay, P., Scheiblich, W.* (Hrsg.) (2006): Integrative Suchtarbeit, VS Verlag für Sozialwissenschaften, Wiesbaden, 477-532

Schiepek, G. (2004): Neurobiologie der Psychotherapie, Schattauer, Stuttgart

Schiepek, G., Tominschek, I., Eckert, H., Caine, C. (2007): Monitoring: Der Psyche bei der Arbeit zuschauen, in: : *Psycholohie Heute*, 34. Jg., 1/2007, Beltz-Verlag, Weinheim, 42-47

Schigl, B. (2002): Evaluationsstudie zur Wirkung und Wirkfaktoren in der Integrativen Gestalttherapie, http://www.gestalttherapie.at/studie.htm

Schuch, H.W. (2001): Integrative Therapie. Ein kurzer Überblick über Denken, Positionen und klinische Verfahrensweise, in: www.hwschuch.de (Wissen; Psychotherapie), 12.10.2006

Sonneck, G. (2003): Krisenintervention, in: *Psychotherapie im Dialog*, Zeitschrift für Psychoanalyse, Systemische Therapie und Verhaltenstherapie, 4. Jg., Nr. 4, 12/2003, Thieme, Stuttgart, 319-329

van der Kolk, B.A. (2000): Trauma und Gedächtnis, in: *van der Kolk, B.A., McFarlane, A.C., Weisaeth, L.* (Hrsg.) (2000): Traumatic Stress, Jungfermann, Paderborn, 221-240

van der Kolk, B.A., McFarlane, A.C., van der Hart, O. (2000): Ein allgemeiner Ansatz zur Behandlung der posttraumatischen Belastungsstörung, in: *van der Kolk, B.A., McFarlane, A.C., Weisaeth, L.* (Hrsg.) (2000): Traumatic Stress, Jungfermann, Paderborn, 309-330

van der Mei, S.H., Petzold, H.G., Bosscher, R.J. (1997): Runningtherapie, Streß, Depression – ein übungszentrierter Ansatz in der Integrativen leib- und bewegungsorientierten Psychotherapie, in: Integrative Therapie, 23. Jg., Heft 3/1997, Junfermann, Paderborn, 374-428

Wuketits, F.M. (2006): Evolution zum freien Willen? Der Wille in evolutionstheoretischer Sicht – Perspektiven für die Psychotherapie, in: *Integrative Therapie*, 1-2/2006, Edition Donau-Universität Krems, Krammer Verlag, Wien, 101-115

Vom Psycho-Therapeuten zum Symptom-Techniker?

Karl-Otto Hentze

Der Beitrag zeichnet die Gesamtentwicklung der Psychotherapie in Deutschland seit 1999 nach. Er will dazu motivieren und ermutigen, einer Entwicklung entgegenzutreten, an deren Ende der Mensch in der Psychotherapie eine höchst nachgeordnete Rolle spielt und er allenfalls als Symptomträger gesehen wird, dem symptomspezifische „Anwendungen" verabreicht werden.

Des Psychotherapeuten, der durch seine wissenschaftliche Ausbildung befähigt ist, die komplexen Krankheitsursachen zu erkennen, sein Handeln zu reflektieren und aus einer Persönlichkeits- und Störungstheorie fallgerecht abzuleiten, bedarf es dann nicht mehr. Vielmehr steht am Ende dieser Entwicklung der Psychotechniker, noch präziser der Symptomtechniker, der das Seelische nicht kennt, der ihm vorgeschriebene Interventionen zur Anwendung bringt, ganz dem Physiotherapeuten nachgebildet, der die ärztlich rezeptierten Anwendungen durchführt.

Diese Bestrebungen gründen auf einer in der Naturwissenschaft längst überholten neopositivistischen Auffassung.

Beunruhigend ist nicht die Existenz dieser an das ärztlich-organzentrierte Behandlungsverständnis angelehnten Auffassung von Psychotherapie – beunruhigend ist der von den Protagonisten dieser Auffassung vertretene Anspruch, an die Stelle der psychotherapeutischen Vielfalt eine alleingültige Einheitspsychotherapie nach ihrem Verständnis durchzusetzen.

Dieser dogmatische Anspruch setzt sich über Patienteninteressen und Versorgungsnotwendigkeiten hinweg, denn unterschiedliche Psychotherapieverfahren sind für eine qualitativ ausreichende Gesundheitsversorgung notwendig. Sie sind Ausdruck unterschiedlicher Menschenbilder, unterschiedlicher Verstehensweisen menschlicher Existenz und unterschiedlicher Zugangswege zum seelischen Geschehen.

Deshalb sind unterschiedliche Psychotherapieverfahren nicht nur zu akzeptieren – vielmehr müssen sie im Interesse einer qualitativ ausreichenden Gesundheitsversorgung aktiv gefördert werden.

Dem wird aber nur dann Rechnung getragen, wenn die Psychotherapeutenprofession mit ihrer praktisch-klinischen Expertise die Definitionskompetenz für

Psychotherapie wahrnimmt und die Eigengesetzlichkeiten psychotherapeutischer Behandlung gegenüber der somatischen Medizin vertritt und betont.

Das Krankheitsverständnis, die Behandlungslogik und die daraus folgenden Forschungsnotwendigkeiten und Bewertungsmöglichkeiten unterscheiden sich von der somatischen Medizin und verlangen Beachtung, soll die psychotherapeutische Versorgung keinen Schaden nehmen.

Die eingangs angesprochene Entwicklung hin zu einer dogmatischen Psychotherapie wird insbesondere von dem Wissenschaftlichen Beirat Psychotherapie (WBP) propagiert und exekutiert. Die für das psychotherapeutische Berufsrecht eigentlich zuständige Psychotherapeuten-Vertretung, die Bundespsychotherapeutenkammer (BPtK), hat sich pflichtwidrig auf die Rolle des applaudierenden Zuschauers zurückgezogen und den WBP zur Profession erklärt.[1]

Nach dem Psychotherapieverständnis des WBP und seiner Bewertungslogik soll der Mensch geteilt, zerlegt, aus seinen Sinnzusammenhängen und Perspektiven herausgelöst und nach Störungen, richtiger wohl nach Symptomen klassifiziert werden. „Störung" – damit wird die Vorstellung verbunden, das Symptom sei die Störung. Und dieses „Symptom" könne aus dem Ganzen isoliert, also auch isoliert behandelt und „weg gemacht" werden. Das „Symptom" wird als Entität, als ein abgrenzbares Ganzes gesehen.

Dem steht die Erkenntnis entgegen, daß das Symptom lediglich Ausdruck gestörten seelischen Geschehens ist. Dem unmittelbar sichtbaren, erfahrbaren und beschreibbaren Symptom liegen in der Regel komplexe, ineinander greifende Bedingungen zugrunde, die in den Psychotherapie-Richtlinien zutreffend als „seelische Krankheit" bezeichnet werden.

Psychotherapie, die nachhaltig und ganzheitlich wirken will, muß deshalb stets den ganzen Menschen in seinem Umfeld, in seiner Historie, in seiner Gegenwartssituation und in seinen Zukunftserwartungen, also in seinen Sinnzusammenhängen berücksichtigen.

Mit der Reduzierung des Menschen auf sein Symptom droht Psychotherapie zur Reparaturwerkstatt für gestörte Aggregate zu verkommen, an die Stelle des Psycho-Therapeuten würde der Symptom-Techniker treten. Ihren Anfang hat diese Entwicklung im Jahr 1999 genommen.

---

1 Protokoll BPtK-Vorstandssitzung 10.11.07 zur Beteiligung von G-BA, WBP und BPtK an der Definition von Psychotherapieverfahren: „Der Vorstand geht davon aus, daß eine Forderung der BPtK nach einer Neuformulierung des Kompromisses problematisch sein dürfte, weil dies nicht Aufgabe des G-BA allein sein könne, sondern in erster Linie durch die Profession – also durch den Wissenschaftlichen Beirat – zu leisten wäre."

1 Integration in die kassenärztlichen Strukturen

Mit der Einführung des PsychThG und der damit verbundenen Integration der Psychotherapie in die kassenärztlichen Strukturen begannen die Bestrebungen, die Unterschiede zwischen psychotherapeutischer und organmedizinischer Behandlung zu negieren und zu verwischen. Mit der organisatorischen Verortung von psychotherapeutischer und ärztlich-organmedizinischer Behandlung unter einem gemeinsamen Dach werden aber die fachlichen Unterschiede der beiden Disziplinen nicht aufgehoben. Vielmehr müssen die Eigengesetzlichkeit der Psychotherapie, ihr Wissenschaftsverständnis und eine dem Gegenstand adäquate Forschungsmethodik gegenüber den Eigengesetzlichkeiten der organmedizinischen Disziplin gewahrt bleiben.

Psychotherapie basiert zum Einen auf der Naturwissenschaft und den mit naturwissenschaftlicher Methodik gewonnenen Erkenntnissen, zum anderen auf der Geisteswissenschaft, die die Subjektivität betont und berücksichtigt. Geisteswissenschaft kann nur geisteswissenschaftlich logifiziert werden und ist damit vor allem qualitativer Forschung zugänglich.

Die bisherige Koexistenz dieser zwei unterschiedlichen Ansätze in der Psychotherapie wird jetzt in Frage gestellt und das behauptete Spannungsfeld soll dadurch aufgelöst werden, daß dem naturwissenschaftlichen Ansatz in seiner neopositivistischen Ausprägung alleinige Gültigkeit zugewiesen wird. Für die Bewertung der Psychotherapie heißt das, daß nur den Ergebnissen experimenteller Laborstudien Geltung zukommen soll; die Bewertung von Psychotherapie (-verfahren) soll nach gleicher Methodik und anhand gleicher Kriterien erfolgen wie die Bewertung ärztlicher Methoden oder eines Medikaments.

2 Der Wissenschaftliche Beirat Psychotherapie – seine rechtliche Stellung und sein Auftrag

Der WBP ist nach § 11 PsychThG vom Gesetzgeber ausschließlich dazu vorgesehen, daß er von den zuständigen Landesbehörden zu deren Entscheidungshilfe um ein Gutachten angefragt werden kann, wenn diese Zweifel haben, ob ein Psychotherapieverfahren wissenschaftlich anerkannt, das heißt ob es in der Wissenschaft anerkannt ist.

Er hat diese Aufgabenstellung bewußt verkannt und sich statt dessen zu einer Behörde und zu einer Art Wissenschaftsgericht ausgeformt. Verwaltungsgerichtliche Urteile (VG Düsseldorf) und gerichtliche Darlegungen in Klageverfahren, die durch Vergleich beendet worden sind (VGe München, Leipzig, Gelsenkirchen) zur Unhaltbarkeit seiner „usurpierten Prüfkompetenz" (Spellbrink, Richter am BSG) hat er unbeachtet gelassen.[2] Die Landesbehörden sind bei ihren Entscheidungen mit dem unbestimmten Rechtsbegriff „wissenschaftlich anerkannt" konfrontiert. Die Auslegung dieses Begriffes ist im Beihilferecht (also in der Krankenbehandlung) höchstrichterlich geklärt (u.a.: BVerwG, 29.6.1995 – 2 C 15/94 und 24.11.2004, 2 B 5/04). Es gibt keinen Anhaltspunkt dafür, der Gesetzgeber habe dem Begriff „wissenschaftlich anerkannt" im Psychotherapeutenrecht eine neue Bedeutung beimessen oder gar den Beirat nach § 11 PsychThG als „Anerkennungsbehörde" einrichten wollen. Das Verwaltungsgericht Arnsberg (08.07.2005, 13 K 1519/04) hat die ständige Rechtsprechung (s.o.) wie folgt zusammengefaßt:

„Eine Behandlungsmethode ist wissenschaftlich anerkannt, wenn sie von der herrschenden oder doch überwiegenden Meinung in der medizinischen Wissenschaft für eine Behandlung der Krankheit als wirksam und geeignet angesehen wird. Um in diesem Sinne anerkannt zu sein, muß einer Heilbehandlung von dritter Seite – also von anderen als dem Urheber – attestiert werden, zur Heilung einer Krankheit oder zur Linderung von Leidensfolgen geeignet zu sein, um wirksam eingesetzt werden zu können. Um wissenschaftlich anerkannt zu sein, müssen Beurteilungen von solchen Personen vorliegen, die an Hochschulen und anderen Forschungseinrichtungen als Wissenschaftler in der jeweiligen medizinischen Fachrichtung tätig sind."

Demnach ist der gesetzliche Begutachtungsauftrag nach § 11 PsychThG auf die Ermittlung der herrschenden Meinung in der Wissenschaft über die psychotherapeutische Wirksamkeit und Eignung einer Behandlungsform gerichtet.

Der WBP beharrt dagegen ausdrücklich darauf, die Meinung der Fachwissenschaftler als unbedeutend zu betrachten. Nach seiner dem Verwaltungsgericht München am 20. September 2005 mitgeteilten Auffassung sind die Erkenntnisse der Fachwissenschaft nur der „niedrigsten Evidenzstufe" zuzurechnen.

3 Verfahrensordnung des Gemeinsamen Bundesausschusses (G-BA)

Im September 2005 hat der für das Leistungsrecht in der gesetzlichen Krankenversicherung zuständige Gemeinsame Bundesausschuß (G-BA) eine Verfahrensordnung (G-BA-VerfO) beschlossen, mit der er psychotherapeutische Verfahren

---

2 Inzwischen hat das OVG NRW am 15.01.08 das Land NRW durch Beschluss zur Anerkennung einer Ausbildungsstätte für Kinder- und Jugendlichenpsychotherapeuten mit dem Vertiefungsgebiet Gesprächspsychotherapie verpflichtet; anders lautende gutachtliche Empfehlung des WBP sei unbeachtlich. Dem WBP hat das OVG jegliche Beteiligungsrechte an der normativen Ausgestaltung des Psychotherapeutenrechts abgesprochen.

den ärztlichen Behandlungsmethoden zuordnet (§ 8 Abs. 1 G-BA-VerfO). Damit hat er sich die formale Grundlage geschaffen, die komplexe Leistung Psychotherapie mit ärztlichen Methoden (wie z.b. operativer Eingriff, Bestrahlung, Endoskopie) oder mit medikamentöser Behandlung „in einen Topf zu werfen" und nach gleichen Kriterien zu bewerten.

Mit dieser Birnen/Äpfel-Gleichsetzung ignoriert der G-BA nicht nur die fachlichen Besonderheiten psychotherapeutischer Heilbehandlung, sondern auch den mit dem PsychThG neu in das Sozialrecht eingeführten Leistungsbegriff „Behandlungsverfahren" bzw. „Psychotherapieverfahren", der neben die Leistungsbegriffe „ärztliche Methode", „besondere Therapieverfahren" und „Heilmittel" getreten ist. Der neu für die Psychotherapeuten in das Sozialgesetzbuch V eingeführte Leistungsbegriff wird auf diese Weise von dem G-BA faktisch außer Kraft gesetzt.

Aus der formal vollzogenen Gleichsetzung von Psychotherapieverfahren mit ärztlichen Methoden leitet der G-BA das Recht ab, Psychotherapie „indikationsbezogen" (korrekt: „symptombezogen"; s. folgend) zu prüfen.

Eine nähere Prüfung zeigt aber, daß die Bestimmungen der G-BA-Verfahrensordnung eine symptomspezifische Bewertung von Psychotherapieleistungen weder begründen noch rechtfertigen.

Begünstigt wird das Vorgehen des G-BA lediglich durch einen „Übersetzungsfehler": Wenn heute von indikationsbezogener Bewertung von Psychotherapie die Rede ist, dann wird das in der fachöffentlichen Diskussion häufig mit „symptomspezifische Bewertung" übersetzt.

Das Mißverständnis „Indikation/Symptom" wird durch eine teils wohl unbedachte, teils interessensgeleitet-vorsätzliche, in jedem Fall falsche Gleichsetzung von Indikation (indiziert = angesagt) einerseits und Störung oder Symptom andererseits konstruiert.

Die Verfahrensordnung beschreibt lediglich – der Name sagt es – wie bei der Bewertung von Leistungen zu verfahren ist. Sie soll sicherstellen, daß Bewertungen und Prüfungen in einem ordentlichen Verfahren (Verfahrensordnung) – z.B. transparent, Beachtung der Evidenzstufen und der Beteiligungsrechte Dritter, z.B. der Bundespsychotherapeutenkammer – erfolgt. Sie beschreibt keine Inhalte!

Fachlich-inhaltliche Regelungen würden eine Verfahrensordnung, die sui generis die Vielzahl von Einzelfällen allgemein regeln soll, auch überfrachten.

Die Inhalte, die nach den Vorgaben der G-BA-VerfO zu prüfen sind, finden sich in den jeweiligen Richtlinien. Für den Gegenstand Psychotherapie sind die Psychotherapie-Richtlinien maßgebend. Dort ist die „Indikation" für Psychotherapie (wann ist Psychotherapie angesagt, i. S. von „Krankenbehandlung erforderlich") definiert: Psychotherapie ist indiziert, wenn „seelische Krankheit" vorliegt, die sich in krankheitswertigen Symptomen ausprägt.

„Seelische Krankheit" wird in den Richtlinien als „krankhafte Störung der Wahrnehmung, des Verhaltens, der Erlebnisverarbeitung, der sozialen Beziehungen und der Körperfunktionen" konkretisiert.

Für sein Vorgehen kann sich der G-BA weder auf die Psychotherapie-Richtlinien, noch auf die Wissenschaft, noch auf das Berufsrecht noch auf die Profession stützen:

Die Profession, repräsentiert durch das Bundesparlament der Psychotherapeuten, hat auf dem 5. Deutschen Psychotherapeutentag im April 2005 die zu diesem Zeitpunkt noch in der Planung befindlichen Absichten des G-BA zu einer symptombezogenen Verfahrensbewertung ausdrücklich zurückgewiesen.

Die Mitglieder des 5. DPT verfolgen mit großer Sorge die G-BA-Ankündigungen zur Bewertung der Eignung von Psychotherapieverfahren für die Versicherten-Versorgung.

Mit dem überraschenden Abweichen von der verfahrensbezogenen Bewertung und der nun angekündigten Bewertung nach „Anwendungsbereichen", würde der G-BA die Vorgaben der Psychotherapie-Richtlinien verlassen und insbesondere gravierende Probleme für die Durchführung von Psychotherapie durch Psychotherapeuten im Rahmen der Psychotherapie-Vereinbarungen sowie Rechtsprobleme für das Ausbildungs- und Berufsrecht der Psychotherapeuten aufwerfen.

Wir sind besorgt, daß der G-BA für approbationsfähige Psychotherapieverfahren eine Bewertungspraxis einführen will, die ein neues, mit dem Selbstverständnis der PsychtherapeutInnen, den Psychotherapie-Richtlinien und dem geltenden Psychotherapeutenrecht nicht zu vereinbarendes Psychotherapieverständnis zugrunde legt. Gegen die Zerlegung der Psychotherapie in eine Vielzahl von „Anwendungsbereichen" sprechen erhebliche fachliche Bedenken:

Die Zergliederung psychotherapeutischer Verfahren und psychotherapeutischer Behandlungen in „Anwendungsbereiche" sowie die Reduzierung der Patienten auf isolierte Störungen ließen keinen Raum für eine ganzheitliche Sicht des Menschen, für eine verläßliche psychotherapeutische Beziehung und für Entwicklungsmöglichkeiten der Patienten.

Im Übrigen würde die Bewertung nach „Anwendungsbereichen" anstelle der psychotherapeutenrechtlich gebotenen Anerkennung von zur Approbation führenden Behandlungsverfahren die erforderliche Verzahnung des Berufs- und Ausbildungsrechts der Psychotherapeuten mit dem Sozialrecht grundlegend beeinträchtigen.

Der Vorstand der BPtK wird aufgefordert, gegenüber dem G.-BA das Anliegen dieser Resolution mit Nachdruck zu vertreten.

Der G-BA hat diese unmißverständliche Zurückweisung seiner Vorstellungen von Psychotherapie ignoriert. Hilfreich war ihm dabei, daß die BPtK den in der Resolution zum Ausdruck kommenden Willen der Profession nicht verteidigt, sondern zugunsten einer Kooperation mit dem G-BA dessen Vorstellungen akzeptiert hat. In der Folge dieser Anpassung an die Vorstellungen des G-BA sind die Bemühungen um die Etablierung einer Einheits-Psychotherapie mit dem Ideal, reparaturbedürftige menschliche Aggregate statt den Menschen zum Gegenstand der Psychotherapie zu machen, schon bedrohlich fortgeschritten.

Das zeigt sich auch an dem aktuellen Bewertungsverfahren zur Gesprächspsychotherapie. An ihr wird schon mal die Probe auf's Exempel gemacht, an ihr soll der Paradigmen-Wechsel, soll die Verkürzung auf ein alleingültiges naturwissenschaftliches Paradigma exemplifiziert werden.

Um auf diese Entwicklungen aufmerksam zu machen und ihnen entgegenzuwirken, war von einigen Mitgliedern der Delegierten-Versammlung der BPtK in Privat-Initiative im März 2006 das Symposium „Das Unbehagen in der (Psychotherapie-)Kultur" organisiert worden. Die Organisatoren und Teilnehmer waren noch davon ausgegangen, daß vor einer Konkretisierung der erkennbaren Absichten eine differenzierte längere Diskussion in der Profession und ggf. Berücksichtigung professioneller Expertise erfolgen würde. Das Symposium war mit der „Bonner Erklärung" abgeschlossen worden, in der den erkennbaren Entwicklungen eine Absage erteilt und die in wenigen Tagen von 4000 Psychotherapeuten in Deutschland gezeichnet wurde.

Aber schneller als das Symposium sein konnte, hat dann der G-BA seine Absichten schon im Juni 2006 umgesetzt und die Änderung der Psychotherapie-Richtlinien beschlossen.

4 Beschluß des G-BA zur Änderung der Psychotherapie-Richtlinien vom 20.06.2006

Der Beschluß des G-BA von 20.06.2006 sah vor, die Einbeziehung von Psychotherapieverfahren in die vertragliche Versorgung, die Gegenstand vertiefter Psychotherapeuten-Ausbildung sind, von einem „Schwellenkriterium" abhängig zu machen: Dieses Schwellenkriterium, das allerdings nur für „neue" Psychotherapieverfahren gelten soll, sollte auf der Basis von RCT-Studien für die in der Versorgung quantitativ bedeutsamsten Diagnosen festgestellt werden (näher s. unter V.).

An die Stelle der Indikation „Seelische Krankheit", wie sie in dem PsychThG und in den geltenden Psychotherapie-Richtlinien vorgesehen ist, sollte damit eine störungsspezifische – korrekt müßte es immer heißen „symptomspezifische" – Indikation gesetzt werden.

Die BPtK hat in ihrer Stellungnahme vom 30.10.06 zum ablehnenden Beschluß des G-BA zur Gesprächspsychotherapie zwar ausgeführt:

"In der Profession besteht Konsens, daß eine symptomspezifische Abrechnungsgenehmigung dem psychotherapeutischen Behandlungsansatz insgesamt zuwiderlauft"; einer symptomspezifischen Bewertung hat die BPtK aber zugestimmt. Auf der Grundlage der (willküranfälligen) Bewertung von symptomspezifischen RCT-Studien sollen Feststellungen zur „Versorgungsrelevanz" und damit zur Anerkennung eines Verfahrens und zur Eignung der in diesem Verfahren vertieft ausgebildeten Psychotherapeuten für die vertragliche Versorgung getroffen werden.

Von der BPtK wäre zwingend zu erwarten gewesen, daß sie die durch die Approbation staatlich bestätigte Befähigung zur psychotherapeutischen Krankenbehandlung ohne wenn und aber verteidigt und dem G-BA nicht das Recht zuspricht, die Eignung von Kammerangehörigen, denen mit der Approbation staatlich die Befähigung zur Krankenbehandlung bestätigt worden ist, für die Versichertenversorgung in Frage zu stellen.

Der Beschluß zur Änderung der Psychotherapie-Richtlininen wurde dann vom BMG beanstandet und ist nicht in Kraft getreten.

Als Reaktion auf diese Beanstandung hat der G-BA neue Anstrengungen unternommen, seinen zurückgewiesenen Beschluß durch geringfügige Detail-Modifizierungen dennoch durchzusetzen. An dem vom BMG beanstandeten Kriterium Versorgungsrelevanz hat er festgehalten und dazu inzwischen eine enge Abstimmung und Kooperation mit dem WBP und der BPtK gesucht und hergestellt.

Von diesem „Schulterschluß" verspricht sich der G-BA, daß das BMG, das nur rechtsaufsichtlich eingreifen kann, einen mit der BPtK und dem WBP fachlich konsentierten Beschluß schwerlich erneut beanstanden kann.

5 Das Methodenpapier des WBP 2007

Eigentlicher Motor dieser forcierten Entwicklung ist der Wissenschaftliche Beirat Psychotherapie (WBP). Zur Kodifizierung und Normierung seiner Auffassungen von Psychotherapie hat er das „Methodenpapier" entwickelt und zu dessen Umsetzung Psychotherapie in sogenannte Anwendungsbereiche zerlegt.

Der WBP hatte sich bereits im Mai 2002 – damals noch „unerhört" – an die Landesbehörden gewandt und gefordert, der Psychotherapeuten-Ausbildung nicht mehr Psychotherapieverfahren, sondern einzelne Anwendungsbereiche zugrunde zu legen und eine „problemorientierte" Ausbildung vorzusehen (http://www.wbpsychotherapie.de/page.asp?his =0.1.24).

Das ist zwar mit den gesetzlichen und untergesetzlichen Bestimmungen (§§ 1, 6 und 8 PsychThG) nicht vereinbar; vielmehr bedürfte es dazu der Novellierung des Gesetzes und der Ausbildungs- und Prüfungsverordnung.

Davon hat der WBP sich aber nicht beirren lassen und hat unter Ausschluß der Fachöffentlichkeit ein „Methodenpapier" entwickelt, mit dem er ein neues, ein einseitig neopositivistisches Psychotherapieparadigma mit Alleingültigkeitsanspruch etablieren will.

Erst nach Intervention einiger Delegierter des Bundesparlaments der Psychotherapeuten wurde der WBP genötigt, seinen Entwurf im Januar 2007 öffentlich zu machen und Gelegenheit zu Stellungnahmen zu geben.

Die 17 eingegangenen Stellungnahmen von Fach- und Berufsverbänden und Wissenschaftlern waren ausnahmslos und substantiell kritisch und ablehnend. Der WBP hat daraufhin einige Änderungen vorgenommen, das Methodenpapier in seiner Konzeption aber unverändert gelassen.

Nur die mittels neopositivistisch-naturwissenschaftlicher Forschungsmethoden gewonnenen quantitativen Ergebnisse sollen fortan zur Legitimation der Psychotherapie Geltung haben.

Daß dabei der Gegenstand, zu dem Erkenntnisse gewonnen und Aussagen gemacht werden, mit dem Patienten in der Versorgung und seinem Leidenszustand kaum noch etwas gemein hat, wird zu Gunsten der Objektivierbarkeit der Ergebnisse und der zum Fetisch erhobenen „internen Validität" hingenommen.

Diese Reduzierung auf eine verkünstelte Psychotherapie ist sowohl mit negativen Auswirkungen auf die Qualität der Patientenversorgung als auch auf die Rechte der Leistungserbringer und auf deren Berufsausübung verbunden.

Wissenschaft wird in dem Methodenpapier auf das Kriterium „Wirksamkeit" reduziert. „Wirksamkeit" soll in Form von symptombezogenen Interventionen, die ihre Wirksamkeit in experimentellen, manualisiert durchgeführten Studien an monosymptomatischen Patientengruppen erwiesen haben, festgestellt werden. Also an selektierten Patienten, die für Zwecke der Laborforschung nützlich sein können, die in der Versorgungsrealität aber nur ausnahmsweise angetroffen werden.

Naturalistische bzw. Versorgungsstudien – soweit sie überhaupt berücksichtigt werden – werden an den methodischen Anforderungen scheitern, da Versorgungsstudien die Labor-Anforderungen kaum erfüllen können.

Die vom WBP geforderten experimentellen RCT-Studien[3] mögen der Grundlagenforschung, sie mögen sich selbst genügenden wissenschaftlichen Bemühungen dienen, für Aussagen zur Patientenversorgung sind sie weitgehend unbrauchbar.

---

3 RCT=Randomised Controlled Trials. Experimentelle Vergleichsstudie mit vorab festgelegter Therapiedosis (Behandlungsstunden): Es werden Patienten (aus-)gesucht, die übereinstimmend nur ein bestimmtes Symptom aufweisen; diese werden nach dem Zufallsprinzip Vergleichsgruppen (Behandlungs-, Wartegruppe) zugewiesen.

Reduzierung der Wissenschaftlichkeit auf Wirksamkeit

Das Methodenpapier sieht unter anderem vor: Das entscheidende Merkmal für Wissenschaftlichkeit ist Wirksamkeit; Theorie, Prozeßforschung und Wirkungsweise psychotherapeutischer Interventionen sind dagegen unbeachtlich bis nachrangig.

Es ist bemerkenswert, daß ein Beirat, der sich als „wissenschaftlich" bezeichnet, ernsthaft die Auffassung vertritt, Wirksamkeit und Wirkungsweise könnten und müßten getrennt betrachtet werden, der Wirksamkeit sei Vorrang einzuräumen; Wirkungsweise sei nur ein zusätzlicher Aspekt.

Wenn in dem Methodenpapier die Notwendigkeit theoretischer Fundierung verneint, jedenfalls als entbehrlich dargestellt wird und konsequent weitgehender Verzicht auf Erkenntnisse zur Wirkungsweise propagiert wird, dann liest sich das, als hätten die Autoren dieses Entwurfes aus der Expertise[4] abgeschrieben, die dem Wissenschaftlichen Beirat zur Verhaltenstherapie vorgelegt worden war. Dort wird zur Verhaltenstherapie u. a. erläutert:

> „Art des Verfahrens
> Bei der Verhaltenstherapie handelt es sich nicht um ein homogenes Verfahren, sondern um eine Gruppe von Interventionsmethoden, die jeweils auf spezifische Modifikationsziele gerichtet sind." (S.14)

> „Stand der Theorieentwicklung
> Insgesamt läßt sich keine abgeschlossene und homogene theoretische Grundlegung der Verhaltenstherapie konstatieren, da sie grundsätzlich allen Methoden, die auf empirischer Forschung basieren bzw. mit empirischer Forschung korrespondieren, offen gegenübersteht." (S.21)

> „Es ist abschließend darauf hinzuweisen, daß die Wirksamkeit von Verhaltenstherapie besser beforscht ist als ihre Wirksamkeitsmechanismen. Dementsprechend ist die Kenntnis darüber, welche Interventionen zu welchen Veränderungen mit welchen Konsequenzen führen, nicht durchgängig als befriedigend zu betrachten." (S.22)

Auf der Grundlage dieses Selbstverständnisses wird das okkupative Gebaren der Verhaltenstherapie, die sich aus dem „Steinbruch" anderer Verfahren bedient, verständlich und gleichzeitig legitimiert.

Die gegenseitige Bereicherung unterschiedlicher Psychotherapieverfahren ist zu begrüßen und zu fördern.

Wenn aber Vertreter eines psychotherapeutischen Ansatzes sich wegen mangelnder theoretischer Fundierung ihres Konzepts veranlaßt sehen, passende

---

4   Kröner-Herwig; Die Wirksamkeit der Verhaltenstherapie, DGVT, Tübingen 2004

Elemente aus anderen Ansätzen ihrem Ansatz einzuverleiben und dieses patchwork dann in den Stand alleiniger Wahrheit gehoben werden soll, dann fordert das im Interesse der Weiterentwicklung der Psychotherapie und der Patientenversorgung entschiedenen Widerstand heraus.

Das Methodenpapier und empirische Wissenschaft

Tatsächlich kann sich der WBP mit seinem Methodenpapier noch nicht einmal auf die – auch in der Naturwissenschaft überholte – neopositivistische Auffassung berufen, die wesentlich von einem linearen (Reiz-Reaktions)-Denken bestimmt ist.

Empirische Forschung prüft theoretische Annahmen, sie konstatiert nicht nur Effekte.

Empirische Forschung heißt vielmehr, Effekte auf der Grundlage von theoretischen Annahmen zu prognostizieren und dann die prognostizierten Effekte auf ihr Eintreten oder Ausbleiben zu beobachten.

Und – „empirisch" ist nicht nur das, was mathematisiert werden kann, empirisch ist auch, was mit professioneller Kompetenz qualitativ erfahren, wahrgenommen, reflektiert und interpretiert wird.

Bewertung und Anwendungsbereiche

Der WBP will seine Feststellungen zur Wissenschaftlichkeit anhand von Anwendungsbereichen treffen, in die er deskriptive Symptome aus der ICD-10 gruppiert. Zur Feststellung der „Wissenschaftlichkeit" eines Anwendungsbereiches müssen zu einzelnen Symptomen experimentelle Studien vorliegen.

Immerhin läßt sich hier ein Ansatz von Selbstkritik und Nachdenklichkeit gegenüber seiner Konzeption erkennen, wenn der WBP in dem Methodenpapier formuliert, *„daß vom Nachweis der Wirksamkeit eines psychotherapeutischen Verfahrens oder einer Methode bei einem Anwendungsbereich nicht generell auf die Wirksamkeit des gesamten psychotherapeutischen Verfahrens oder der Methode bei einem anderen Anwendungsbereich geschlossen werden kann."* (Methodenpapier, S.10)

Da also auch nach den Erkenntnissen des WBP nicht von der effektiven Behandlung eines Symptoms auf die effektive Behandlung eines anderen Symptoms oder ggf. desselben Symptoms in Kombination mit einem anderen Symptom (Komorbidität) geschlossen werden kann, lassen sich „Anwendungsbereiche" als Grundlage für die Bewertung von Psychotherapie anhand der Behandlung von „monosymptomatischen Patienten" wissenschaftlich nicht begründen.

Die von ihm beabsichtigte Systematisierung zur Urteilsfindung über die Wissenschaftlichkeit von Verfahren könnte er wegen der von ihm selbst festgestellten Nicht-Übertragbarkeit von symptomspezifischen Wirksamkeitsnachweisen auf andere Symptome nur durchhalten, wenn er zu allen über 300 ICD-10-Diagnosen – bei Berücksichtigung der regelmäßig vorliegenden Komorbiditäten würde die Zahl in`s Unermeßliche steigen – aus experimentellen Studien gewonnene Wirksamkeitsnachweise fordern würde.

Implizit räumt der WBP damit die Untauglichkeit der von ihm vertretenen Aufgliederung von Psychotherapie in Anwendungsbereiche als Bewertungsgrundlage ein, der Ansatz des WBP scheitert in sich, er erstickt an seiner eigenen Logifizierung und setzt sich zudem in Widerspruch zu den Prinzipien einer evidenzbasierten Psychotherapie.

Es ist bemerkenswert, daß der ansonsten rigide auf Quantifizierbarkeit und naturwissenschaftliche Objektivierbarkeit ausgerichtete WBP hier bereit ist, seine Feststellungen auf Vermutungen zu gründen. Er unterstellt, daß ein Psychotherapieverfahren generell, also auch bei Symptomen, zu denen kein Wirksamkeitsnachweis vorliegt, wirksam ist, wenn sich symptomspezifische Interventionen in einer vom WBP bestimmten Zahl als wirksam erwiesen haben.

Diese wissenschaftlich höchst fragwürdige gedankliche Übersprungshandlung muß um so mehr der Kritik begegnen, als der WBP eine theoretische Fundierung und Belege zur Wirkungsweise für seine Feststellungen zur Wissenschaftlichkeit eines Psychotherapieverfahrens für entbehrlich erklärt.

RCT-Studien versus Versorgung

In der Psychotherapieforschung ist inzwischen Allgemeingut, daß der Varianzanteil am Behandlungserfolg dessen, was in der experimentellen Studie isoliert und untersucht wird, circa 15% ausmacht.

In der Psychotherapie-Literatur wird von keiner Seite in Frage gestellt, daß das entscheidende „Verum" die therapeutische Beziehung ist. Diesem „Verum" wird ein Varianzanteil von 50% an dem Behandlungserfolg zugesprochen.

Aber genau dieser überragende Wirkanteil wird bei den experimentellen Studien aus methodischen Gründen planvoll und systematisch weggefiltert. Die Ignoranz des WBP gegenüber dieser gesicherten psychotherapiewissenschaftlichen Erkenntnis provoziert und rechtfertigt den Vorwurf der Unwissenschaftlichkeit gegenüber dem WBP.[5]

---

5 Das Oberwaltungsgericht NRW hat aktuell in seinem Beschluss vom 15.01.08 darauf hingewiesen, daß Wirksamkeit zwar als Indiz für Wissenschaftlichkeit angesehen, aber keinesfalls mit Wissenschaftlichkeit gleichgesetzt werden könne.

Die Konstruktion des Methodenpapiers unterstellt eine „Droge Therapie" in reiner Form. In experimentellen RCT-Studien wird versucht, die therapeutische Intervention als „reine Substanz" gleich einem Medikament nachzubilden, indem ein verum „psychotherapeutische Intervention" aus der komplexen Psychotherapiebehandlung destilliert wird. Je mehr Bedingungen einer realen Therapie – die in einer experimentellen Studie als „Störvariable" gesehen werden – ausgeschaltet werden, desto mehr nähert sich die RCT-Studie dem Ideal des Forschers im Labor.

Damit wird deutlich, daß unter weitgehendem Verzicht auf den eigentlichen Gegenstand das gemessen werden soll, was gemessen werden kann.

Aus der Not der begrenzten Forschungsinstrumente einerseits und des komplexen Forschungsgegenstandes andererseits, wird die „Tugend" entwickelt, den „Untersuchungsgegenstand" den verfügbaren Instrumenten anzupassen. Erforderlich wäre, angemessene Instrumente für den tatsächlichen Untersuchungsgegenstand zu entwickeln.

Für die Bewertung von Psychotherapie ist noch bedeutsamer, daß die in den experimentellen Studien bewußt (als Störvariable) ausgeschlossene therapeutische Beziehung in den psychodynamischen und humanistischen Psychotherapieformen, die sich als verstehende, ganzheitliche, den Menschen in seiner Komplexität in den Blick nehmende Psychotherapieformen beschreiben lassen, das eigentliche verum ist.

Das Methodenpapier des WBP ist geradezu darauf angelegt, daß Psychotherapieformen die Prüfung des Wissenschaftsgerichts WBP nicht bestehen können, die anderen Menschenbildern verpflichtet sind und die dem neopositivistischen Verständnis einer linearen Kausalität „Symptom/Intervention" nicht folgen. Sein Vorgehen führt dann zu dem „objektiven" Ergebnis, daß nur symptomspezifische Interventionen das Prädikat „wissenschaftlich" verdienen.

Damit ist der Weg gebahnt, eine verengte symptomspezifische Ausbildung zu konzipieren und auf dieser Grundlage Symptom-Techniker auszubilden. Die vom WBP bereits im Jahr 2002 erhobene Forderung nach einer problemorientierten Ausbildung wird weiter konkretisiert und das Erfordernis einer symptomspezifischen Ausbildung „belegt".

In einem weiteren Schritt ergänzt der WBP seine Forderungen nach einer symptomspezifischen Ausbildung mit entsprechenden Empfehlungen an die Landesbehörden für die Zusammensetzung des Lehrkörpers an den Ausbildungsstätten.[6] Diese Empfehlungen sollen sicherstellen, daß Psychotherapeuten zu

---

6 „Bei einem Antrag auf Anerkennung eines Ausbildungsinstituts ist vom Antragsteller anzugeben, welche Psychotherapieverfahren oder Psychotherapiemethoden für welche Anwendungsbereiche gelehrt werden sollen und welche Ausbilder und Supervisoren für das Training dieser Psychotherapiemethoden zur Verfügung stehen." (Methodenpapier, S.27)

Handwerkern „trainiert" werden, die zur Benutzung von spezifischen Handwerkzeugen/Interventionen befähigt sind.

Die dem Symptom zugrunde liegende seelische Krankheit, also die Ursache der Symptomatik, wird damit aber nicht erreicht, also auch nicht behandelt.

Die Bemühungen des WBP haben (auch) insoweit Wirkung gezeigt, als das BMG in dem von ihm in Auftrag gegebenen Forschungsgutachten die Frage zum Gegenstand gemacht hat, ob die Ausbildung in Psychotherapie störungs- bzw. symptombezogen erfolgen soll. Wir dürfen gewiß sein, daß bei der Erstellung und Auswertung des Gutachtens diejenigen zuvörderst aktiv sind und Einfluß nehmen, die diese Entwicklung wünschen.

6 Die Gegenwart im Januar 2008

Seit den vorstehenden Anmerkungen sind zwar nur drei Monate vergangen, der Zeitraum hat aber dem Gemeinsamen Bundesausschuß gereicht, in Zusammenwirken mit dem Wissenschaftlichen Beirat Psychotherapie und der Bundespsychotherapeutenkammer weitere Meilensteine auf dem Weg zu der beschriebenen Entwicklung zu passieren und die Weichen für die Zukunft zu stellen.

Am 21.11.2007 hat der WBP sein auch jetzt noch unfertiges Methodenpapier in höchster Eile per e-mail-Abstimmung verabschiedet.[7]

Bestandteil dieses Methodenpapiers ist das „Schwellenkriterium", dessen Erreichung durch eine bestimmte Anzahl von symptombezogenen Wirksamkeitsstudien nachgewiesen sein soll. Nur wenn der WBP jeweils 3 manualisiert durchgeführte randomisierte Wirksamkeitsstudien an monosymptomatischen Patienten in mindestens 4 Anwendungsbereichen feststellt, will er dem Verfahren das Prädikat „wissenschaftlich anerkannt" erteilen.[8]

Dieses Schwellenkriterium wurde unter Ausschluß der Profession, also der zur berufsrechtlichen Vertretung legitimierten Landeskammern und des Bundesparlaments in der Zeit vom Oktober 2006 bis Juni 2007 mit dem G-BA konsentiert.

---

7 Diese wenig seriöse Eil-Verabschiedung des bis heute unfertigen Papiers (http://www.wbpsychotherapie.de/page.asp?his=0.1.78; z.B. S. 23) war erforderlich, weil sich G-BA, WBP und BPtK verabredet hatten, die Psychotherapie-Richtlinien im Konsens zu ändern. Die Änderungen wiederum waren erforderlich, um einen erneut ablehnenden Beschluß zur Gesprächspsychotherapie herbeiführen zu können, denn die Bewertungsergebnisse zeigten, daß die GPT die Anforderungen der geltenden Richtlinien erfüllt.
8 Nach den Berechnungen eines der Verhaltenstherapie verpflichteten Mitgliedes des WBP wäre ca. € 1 Million/Studie erforderlich. Das heißt, neue Verfahren müßten ein Finanzvolumen von ca. € 12 Millionen aufbringen, um den vom WBP geforderten Nachweise erbringen zu können.

Kennzeichnend für die beabsichtigte Reduzierung des Menschen auf Symptome und die damit einhergehende Reduzierung der psychotherapeutischen Behandlung auf symptombezogene Applikationen von „Interventionen" ist, daß der WBP erst in schriftlichen Nachverhandlungen die für die Versorgung besonders aussagekräftigen symptomübergreifenden Studien, also Studien mit komorbiden Patienten, wie sie in der Versorgungsrealität typischerweise angetroffen werden, nachträglich nolens volens aufgenommen hat.

Um die Beeinträchtigung seines auf Symptome reduzierten Psychotherapie-Paradigma dennoch möglichst gering zu halten, hat er diesen in seiner Bewertungshierarchie die geringste Bedeutung für die Feststellung der Wissenschaftlichkeit (= Wirksamkeit) zugeordnet.

Das steht in offensichtlichem Widerspruch zu seinem eigenen Anspruch, wenn der WBP in seinem Methodenpapier zur Feststellung der wissenschaftlichen Anerkanntheit unter 1.2. (WBP-Methodenpapier S. 6) proklamiert

Entsprechend dieser (gesetzlichen) Definition von Psychotherapie (§ 1 Absatz 3 PsychThG) geht der Wissenschaftliche Beirat Psychotherapie davon aus, daß die wissenschaftliche Anerkennung eines Psychotherapieverfahrens dann festzustellen ist, wenn es sich aus wissenschaftlicher Sicht um ein Psychotherapieverfahren handelt, dessen Durchführung in der Praxis zur Heilung oder Linderung von Störungen mit Krankheitswert führt."

Am 20.12.2007 hat der G-BA dann auf der Grundlage und unter Berufung auf dieses Methodenpapier seinen Beschluß zur Änderung der geltenden PTR verabschiedet, den WBP zum für die berufsrechtliche Vertretung zuständigen Gremium erklärt[9] und das mit dem WBP konsentierte Schwellenkriterium in die Psychotherapie-Richtlinien aufgenommen.

Am 15.01.2008 hat das Oberverwaltungsgericht NRW (www.nrwe.de) die vorhergehenden verwaltungsgerichtlichen Entscheidungen sowie die früheren gerichtlichen Auslegungen des Begriffs „wissenschaftlich anerkannt" bestätigt und dem WBP jegliche Beteiligungsrechte an der Gestaltung des psychotherapeutischen Berufsrechts abgesprochen.

Damit werden auch den auf dem Symposium vertretenen Psychotherapieverfahren neue Chancen zur Integration in die psychotherapeutische Versorgung eröffnet.

---

9   Pressemitteilung des G-BA vom 21.12.2007 zu seinen Beschlüssen vom 20.12.2007 „Nachdem ein im Juni 2006 gefaßter Beschluß des G-BA zu diesem Sachverhalt vom Bundesministerium für Gesundheit (BMG) beanstandet worden war, hat der G-BA die nun getroffene Regelung im Konsens mit dem für das Berufsrecht zuständigen wissenschaftlichen Beirat sowie der Bundesärztekammer und der Bundespsychotherapeutenkammer erarbeitet."

7 Ausblick

Die sich abzeichnende Entwicklung hin zu einer entseelten Symptom-Behandlung wird nur dann aufgehalten werden können, wenn sich genügend Kräfte finden, die dem Einhalt gebieten.

Gelingt das nicht, werden die auf diesem Symposium vertretenen Verfahren perspektivisch keine Chance haben, sich an der psychotherapeutischen Versorgung zu beteiligen. Es liegt auf der Hand, daß damit auch eine fachliche Weiterentwicklung der Verfahren sehr eingeschränkt ist.

Ein erster Ansatz, dieser Entwicklung zu begegnen, war das Symposium „Das Unbehagen in der (Psychotherapie-)Kultur".

Aktuell haben einige Psychotherapie-Verbände eine Stellungnahme zu einer sachangemessenen Bewertung von Psychotherapie(-leistungen) erarbeitet (http://gwg-ev.org/cms.php?textid=537), die dem G-BA und zur Kenntnis dem BMG, der BPtK und anderen Funktionsträgern im Gesundheitswesen am 1. Oktober 2007 zugestellt worden ist.

Es bleibt auch zu hoffen, daß endlich auch die Vertreter der psychodynamischen Verfahren ihren Blick über den Rand ihres Teller heben und zur Kenntnis nehmen, daß diese Entwicklung mehr ist als „Schulenstreit", sie sich vielmehr generell gegen geisteswissenschaftliche Orientierungen in der Psychotherapie und damit auch gegen die dynamischen Verfahren richtet. Unabhängig von dem jeweils vertretenen Verfahren geht es darum, dem drohenden einheitswissenschaftlichen Dogmatismus zu wehren.

Und es bleibt zu hoffen, daß die provokante, leider hochaktuelle Warnung, die vor über 30 Jahren – im Jahr 1976 – in der Psychologischen Rundschau zu lesen war, noch rechtzeitig gehört wird: „Die Psychologie hat zuerst die Seele und dann mit dem Bewußtsein auch den Verstand verloren", formulierte der Bochumer Ordinarius Prof. Heckhausen, ein international renommierter und dem naturwissenschaftlichen Denken nicht ferner Lehrer und Forscher in Zusammenhang mit den von ihm gesehenen „Verwüstungen des Behaviorismus".

Die Deutsche Gesellschaft für Integrative Therapie, Gestalttherapie und Kreativitätsförderung e.v.
- Fachverband der Integrativen Therapeuten und Gestalttherapeuten -

Kontakt: Hauptstraße 94, 44651 Herne – Internet: www.dgik.de
☎ +492325 / 932521 – Fax: +492325 / 932523

Die Deutsche Gesellschaft für Integrative Therapie, Gestalttherapie und Kreativitätsförderung e.v. ist der Entwicklung einer psychotherapeutischen Kultur verpflichtet, die sich an den Erfordernissen einer pluralen Informations- und Wissensgesellschaft orientiert, in der eine Vielfalt von Lebenskonzepten, Menschenbildern, Wertvorstellungen und Zugangsweisen zur Welt ihren legitimen Platz haben. Aus dieser Tradition heraus, hat sich die DGIK in den zurückliegenden 35 Jahren mit den vielfältigen Tätigkeitsbereichen von Psychotherapie und Beratung auseinandergesetzt, um die fachliche Fundierung und Qualitätssicherung zu gewährleisten und die psychotherapeutische Kultur in ihrer Vielfalt zu pflegen.

Mit den Büchern „*Integrative Suchttherapie*" in 2004, „*Integrative Suchtarbeit*" in 2006 und dem jetzt vorliegenden Fachbuch „*Psychodynamische Psycho- und Traumatherapie*" hat die DGIK sich der Vielfältigkeit der erfahrungswissenschaftlichen Praxis des Arbeitsfeldes der Psychotherapie zugewandt und bewegt sich damit in einer Tradition schulenübergreifender Forschungsergebnisse.

Der Verband

In der DGIK sind Berater, Therapeuten und Psychotherapeuten zusammengeschlossen, die die Verfahren der „Integrativen Therapie" und „Gestaltpsychotherapie" praktizieren. Die DGIK wurde 1972 gegründet und vertritt seitdem ihre Mitglieder (Sozialarbeiter/-pädagogen, Psychologen, Ärzte, Pädagogen u.a.) in fachlicher, wissenschaftlicher und berufspolitischer Hinsicht. Sie steht in Kooperation mit anderen nationalen und internationalen Fachverbänden, insbesondere mit der European Association for Integrative Psychotherapy (EAIT) als internationalem Zusammenschluß Integrativer Therapeuten, der „European Association for Gestalt Therapy" und der „Deutschen Gesellschaft für Beratung".

Das Verfahren

„Die „Integrative Therapie" ist der erste Ansatz einer systematischen Methodenintegration und schulenübergreifenden Konzeptentwicklung in der Psychotherapie im europäischen Raum (vgl. *Petzold* 1974k, 394f, 1982) und verstand sich seit ihren Anfängen als „entwicklungsorientierte Therapie" die mit Menschen aller Altersstufen gearbeitet hat. Ihr ging es und geht es in zentraler Weise um die Förderung der Entwicklung von Menschen, um die Ermutigung, immer wieder auch *neu anzusetzen* – weg von Störungen und Krankheit hin zu Gesundheit und Wohlbefinden, von schon erreichten Zielen der „Arbeit an sich selbst" weiter zu neuen Möglichkeiten der Verwirklichung der eigenen Persönlichkeitspotentiale" (*Petzold, Orth, Sieper* 2006, 628).

„Auf dieser Grundlage und unter beständigem Bezug auf die Erkenntnisse und Forschungsergebnisse der wissenschaftlichen Psychologie und der klinisch relevanten Sozial-, Neuro- und Biowissenschaften wurden nach einer kritischen Sichtung der Hauptverfahren in der Psychotherapie Aspekte verschiedener therapeutischer Methoden mit den eigenen integrativtherapeutischen theoretisch-konzeptuellen und behandlungsmethodischen Entwicklungen verbunden. ... Es wird auf diese Weise eine Therapie des ganzen Menschen in und mit seinem Umfeld (Netzwerk- und Lebenslageperspektive), in seinem lebensgeschichtlichen Zusammenhang und seinen Lebensentwürfen angestrebt (und) ... im therapeutischen Geschehen (sollen) bewußte und unbewußte Strebungen und lebensbestimmende belastende und protektive Ereignisse der Biographie fokussiert und in ihrer Relevanz für die Persönlichkeitsentwicklung, Lebensführung und die persönliche Lebenskunst erfahrbar gemacht werden" (*Petzold, Schay, Sieper* 2006, 598-599).

Fach-Sektion Beratung

Zur Gewährleistung gemeinsamer Standards hat die DGIK in Anlehnung an das Grundlagenpapier der Deutschen Gesellschaft für Beratung (DGfB), ein allgemein anwendbares Beratungsverständnis formuliert, das unterschiedlichste Professionen, Tätigkeitsfelder, Aufgaben, Konzepte und Interventionsformen umfaßt.

Psychosoziales Beratungsverständnis
Beratung wird verstanden als eine professionell gestaltete Dienstleistung. Sie setzt in Problem-, Konflikt- und Krisensituationen unterschiedlichster Art an und grenzt sich von Psychotherapie und anderen Beratungsformen (z.B. Rechtsberatung) ab.

Eine weitestgehende Vielfalt von Beratungsangeboten, die sich lebensweltnah und alltagssensibel den unterschiedlichen Anforderungen, Problemlagen und Unterstützungsbedürfnissen unterschiedlichster Nutzer- und Betroffenengruppen annimmt, muß etabliert, gefördert und gesichert werden. Hierzu bedarf es klarer Kriterien, die die professionelle Qualität von Beratung als eine „*Plurale*" *Qualität* erhalten und einengenden wie ausgrenzenden professionellen Zuständigkeitsansprüchen eine ebenso deutliche Absage erteilen wie einer marktfähigen Beliebigkeit, mit der alles und jedes als „Beratung" bezeichnet wird.

Konzeptioneller und methodischer Schwerpunkt der Beratung ist ihr Aufgaben-, Kontext- und Subjektbezug. Eingebettet in einen rechtlich, ökonomisch und berufsethisch bestimmten Rahmen werden anstehende Probleme und Konflikte im Dialog geklärt. Insofern ist die Beratung stets prozeßorientiert. Ihr Ergebnis (Produkt) ist nur kooperativ erreichbar. Als personenbezogene soziale Dienstleistung steht sie in einem Verhältnis, das eine Koproduktion aller Beteiligten (Beraterin, Beratene und Kostenträger) und klare Zielvereinbarungen voraussetzt.

Beratung wird in sozialer und rechtstaatlicher Verantwortung ausgeübt und orientiert sich handlungsleitend am Schutz der Menschenwürde. Sie unterstützt emanzipatorische Entwicklungen und klärt auf über Spannungsfelder, Konflikte, Macht und Abhängigkeiten in unterschiedlichen Leben- und Arbeitsbereichen. Dabei finden insbesondere auch geschlechts-, generationen- und kulturspezifische Aspekte im Zusammenleben Aufmerksamkeit. In jedem Fall stärkt sie persönliche Ressourcen und erschließt soziale Potentiale in lebensweltlichen (z.B. Familie/Gemeinwesen/Nachbarschaft) oder arbeitsweltlichen (z.B. Team/Organisation/Unternehmen) Bezügen.

Die Vertrauensbeziehung zwischen Berater und Ratsuchendem ist durch entsprechende gesetzliche Regelungen geschützt. Berufs- und beratungsrechtliche Kenntnisse sind integraler Bestandteil fachlichen Handelns. Die Fachkräfte sind verpflichtet, mit in der Beratungsbeziehung entstehenden Abhängigkeiten sorgsam umzugehen. Sie sind auch hierbei dem Grundgedanken der Emanzipation verpflichtet. Die fortlaufende Analyse der Beziehungen, Verhaltensweise und Interaktionen in der Beratungssituation sind wesentlicher Bestandteil der Beratung.

Ein Professionsverständnis von Beratung muß berücksichtigen, daß Klienten (wie Berater) heute lernen müssen, vermehrt mit *Unsicherheit, Unvorhersagbarkeit, Nichtwissen, Vieldeutigkeit und Paradoxien* umzugehen. Bisher selbstverständliche Vorhersagbarkeit, Planbarkeit und Eindeutigkeit sind nicht mehr garantiert. Beratung braucht theoretische Entwürfe wie praktische Handlungsmodelle der Sicherung persönlicher Identität in sozialer Integration angesichts zunehmender Ungewißheit und Verunsicherung.

Qualifizierte Berater bringen ihre Tätigkeit in einen systematischen Zusammenhang. Sie arbeiten nach einer bestimmten Konzeption (Beratungskonzept), das berufsethische und berufsrechtliche Prinzipien, bestimmte methodische Schritte und Verfahren (in der dialogisch gestalteten Vorgehensweise) festschreibt. Sie betrachten Planung, Umsetzung, Auswertung und Reflexion des beruflichen Handeln in konzeptgebundenen Zusammenhängen. Das heißt, daß das theoretisch und methodisch geprägte Handeln transparent und intersubjektiv überprüfbar sein und somit der Beliebigkeit von Handlungsanweisungen entgegen wirken soll. Prinzipielle Voraussetzung ist eine für Dienstleistungsabnehmer verständliche Darstellung des Konzeptes und Transparenz zu den angewandten Methoden und Verfahren.

Beratung setzt persönliche, soziale und fachliche Identität und Handlungskompetenz des Beraters voraus. Je nach Aufgabenstellung und Kontext (Anwendungs- bzw. Tätigkeitsfeld) werden persönliche Erfahrungen und subjektiv geprägte Sichtweisen und Erlebenszusammenhänge der Beratenen auf der Grundlage theoretisch fundierten Wissens reflektiert. So werden in den dialogisch geprägten Prozessen fachlich fundierte Informationen vermittelt und wissenschaftliches Erklärungswissen des Beraters herangezogen, um bestimmte Probleme, Konflikte oder phasentypische Situationen besser beurteilen und bewerten zu können. Je nach Tätigkeitsfeld und Kontext kann sich das Wissen auf Bereiche der Psychologie, Soziologie, der Erziehungswissenschaft und Pädagogik, der Seelsorge, Pflege, des Rechts, der Ökonomie und Betriebswirtschaft, der Medizin oder u.a. der Psychiatrie beziehen. Es kann durch den Berater selbst oder in Kooperation mit den entsprechenden Fachkräften vermittelt werden.

Da Beratung in der vertrauensgeschützten Kommunikation zwischen Berater und Ratsuchendem stattfindet, entzieht sie sich grundsätzlich der fachlichen Weisung im Einzelfall. Zur Sicherung des fachlichen Handelns (Prozeßqualität) dienen die professionell angewandten Verfahren konzeptgebunder Qualitätssicherung, Fallbesprechungen im (multidisziplinären) Team, Supervision, Coaching, Fort- und Weiterbildung. Zu den Methoden der Selbstevaluation zählen: Diagnostik im Sinne von Status- und prozeßbegleitender differentieller Diagnostik, Indikations- und Effektivitäts-Diagnostik, Wirkanalysen und Verfahren zur prozeßbegleitenden Dokumentation, Reflexion und (Selbst-) Evaluation der Beratungskontakte. Wirksamkeitsanalysen und die Überprüfung der Ergebnisqualität wird als gemeinsame Leistung von Berater, Klient und Leistungsträger verstanden.

Fach-Sektion Psychotherapie

„Psychotherapie ... beinhaltet ... den reflektierten Einsatz von Wirkfaktoren, welche für leidende Menschen Bedingungen schaffen, die ihnen wachstumsfördernde Neuorientierungen und korrigierende emotionale und kognitive Neuerfahrungen in der Beziehung zu sich selbst sowie zur Mit- und Umwelt ermöglichen" (Schweizer Charta für die Ausbildung in Psychotherapie, Teil A, Pkt. 1.3).

Psychotherapieverständnis
Die Komplexität menschlicher Existenz, die Vielfältigkeit und Vielschichtigkeit der Faktoren, die auf Gesundheit und Krankheit einwirken, verlangt den breit angelegten Einbezug wissenschaftlicher Erkenntnisse. Schon 1965 wurde von *Petzold* ein ganzheitliches und differentielles biopsychosoziales Modell entwickelt, das durch seinen Fundus an naturwissenschaftlicher Anthropologie (Biologie, Medizin), philosophischer Anthropologie (Philosophie, Pädagogik) und sozialwissenschaftlicher Anthropologie (Soziologie, Sozialpsychologie) die Grundlage für mehrperspektivisches Denken und Handeln bereitstellte und seit dem immer wieder den neuesten Erkenntnissen angepaßt und in der Ausbildung angehenden Therapeuten vermittelt wird.

In der Therapie wird ein professionell gestalteter Beziehungsrahmen und Beziehungsraum zur Verfügung gestellt, in dem geschützt und unterstützt durch Wahrnehmen, Erkennen, Verstehen und erklären – eine hermeneutische Zugehensweise – Entwicklung, Veränderung, Linderung, Heilung geschehen kann. Die therapeutische Beziehung findet in Form „intersubjektiver Ko-respondenz" statt, das heißt: neben der Handhabung der klinischen Phänomene „Übertragung, Gegenübertragung" wird Begegnung und Auseinandersetzung in wechselseitigem Respekt der Würde und Andersartigkeit des Anderen ermöglicht und gewährleistet.

Wirkfaktoren in der Psychotherapie
(vgl. *Schuch, H.W.*, Grundzüge eines Konzeptes und Modells Integrativer Psychotherapie, in: Zeitschrift Integrative Therapie, 2-3/2000)

- die therapeutische Beziehung
  vermittelt Gefühle des Verbundenseins, der Sicherheit, ... die im Leben häufig über lange Zeiträume fehlten. Diese alternativen, „heilsamen" Beziehungserfahrungen sind für mögliche Veränderungsprozesse bedeutsamer als technische Interventionen (*Lambert/Shapiro/Bergin* 1986; *Lambert/Bergin* 1992).
- das Verstehen
  gehört zu den unverzichtbaren Bedürfnissen von Menschen, um zu einem Bewußtsein von sich selbst und der Welt zu gelangen. Dies ist im Integrativen Ansatz ein wesentlicher Aspekt im therapeutischen Prozeß (siehe „hermeneutischer Zugang").
- die Problemaktualisierung
  ist das Prinzip der realen Erfahrung, d.h. der Psychotherapeut muß über die persönliche Fähigkeit verfügen (und sein Psychotherapieverfahren muß ihm ein entsprechendes Repertoire bereitstellen), indikationsspezifisch und kreativ auf die Problemeigenarten des Patienten eingehen zu können.

- die praktische Problembewältigung
wird innerhalb des psychotherapeutischen Settings zunehmend als eine praktische Angelegenheit verstanden, id.h. die Menschen müssen sich in realer Umgebung realen Aufgaben und Problemen stellen, auf die sie Antworten finden und – wenn möglich – Lösungen entwickeln müssen. Die Aufgabe des Therapeuten besteht darin, den Patienten aktiv zu unterstützen oder direkt anzuleiten, eine Problemstellung zu bewältigen. Bei nicht auflösbaren problematischen Konstellationen muß es darum gehen, erträgliche Umgangsformen (Copingstrategien) und tragfähige Grundhaltungen zu finden und zu entwickeln.
- die Ressourcenaktivierung
knüpft an die positiven Möglichkeiten, Eigenarten, Fähigkeiten und Motivationen an, d.h. es wird lösungsorientiert gearbeitet.
- die Netzwerkarbeit
bezieht die Entwicklung von neuen tragfähigen sozialen Strukturen, von Netzwerken ein, in denen der Patient bspw. Zugehörigkeit, Kollegialität, Partnerschaft, die Qualität von Loyalität, Solidarität erfahren kann.
- die Identitätsentwicklung
bietet einen Beziehungsraum an, in dem verkennenden, entwertenden, stigmatisierenden Fremdattributionen wirksam entgegen gearbeitet werden kann und der die Entwicklung einer hinlänglich stabilen und auch flexiblen Identität ermöglicht.
- die Leibliche Wahrnehmung und Selbstregulation
nimmt in der Integrativen Therapie einen zentralen Stellenwert ein, denn eine gute Selbstwahrnehmung, ein differenziertes „eigenleibliches Spüren" (*Schmitz* 1989) bilden die Voraussetzung für die Herausbildung optimaler, im Selbstgefühl gegründeter Formen der Selbstregulation und die Entwicklung von Sensibilität für Dysregulationen.

Arbeitsgemeinschaft Psychotherapeutischer Fachverbände (AGPF)
Die DGIK hat vor nunmehr 31 Jahren die AGPF als Zusammenschluß von psychotherapeutischen Fachverbänden mitbegründet. Die AGPF vertritt vorrangig die in ihr zusammengefaßten psychotherapeutischen Verfahren und setzt sich für ihre Anwendung durch qualifiziert ausgebildete Therapeuten ein. Die Fachgesellschaften der AGPF repräsentieren innovative, wissenschaftlich fundierte und klinisch seit Jahrzehnten bewährte Verfahren. Sie vertreten seriöse Ausbildungsstandards, die in ihrem Niveau den Verfahren der Richtlinienpsychotherapie entsprechen.

In den Verbänden der AGPF sind Psychotherapeutinnen und Psychotherapeuten (überwiegend Psychologen, Ärzte, Pädagogen, Sozialarbeiter u.a.) organisiert, die die jeweiligen Verfahren in den Bereichen Therapie, Beratung, Supervision, Organisationsentwicklung u.a. anwenden.

In der AGPF sind folgende Fachgesellschaften vertreten:

DAGP Deutsche Arbeitsgemeinschaft für Gestalttheoretische Psychotherapie
Lindenhofweg 19, 88131 Lindau

DAKBT Deutscher Arbeitskreis für Konzentrative Bewegungstherapie
Grüner Weg 4, 48291 Telgte

DFP Deutscher Fachverband für Psychodrama
Alte Heerstraße 15b, 38644 Goslar

DGIB Deutsche Gesellschaft für Integrative Bewegungstherapie
Bredstedter Straße 17, 22049 Hamburg

DGIK Deutsche Gesellschaft für Integrative Therapie, Gestalttherapie und Kreativitätsförderung
Hauptstraße 94, 44651 Herne

In der AGPF sind seit 1977 verschiedene Psychotherapieverfahren zusammengeschlossen, die über eine lange Tradition verfügen und von denen für die Entwicklung moderner klinischorientierter Psychotherapie theoretisch und methodisch wichtige Impulse ausgegangen sind. Es wurde damit eine Kooperation begonnen, die Austausch, wechselseitiges Lernen, Abstimmung von Ausbildungsstandards, Vertiefung klinischer Erfahrung und Zusammenarbeit in gemeinsamen Projekten in Forschung und Lehre ermöglichte. Diese in einer von Schulenstreit gekennzeichneten Geschichte der Psychotherapie außergewöhnliche Zusammenarbeit von fünf psychotherapeutischen Fachverbänden muß als ein fruchtbares und zukunftsweisendes Modell in der modernen Psychotherapie gesehen werden. Gestalttherapie, Integrative Therapie, Psychodrama, die körperorientierten und erlebnisaktivierenden, künstlerischen Therapieverfahren bilden neben den großen „main streams" wie Psychoanalyse oder Verhaltenstherapie eine eigene psychotherapeutische Richtung: die „interpersonalen, ganzheitlich orientierten Verfahren" (auch experimentelle oder humanistisch-psychologische bzw. phänomenologisch-hermeneutische Grundorientierung genannt).

Durch die über 30jährige Zusammenarbeit der psychotherapeutischen Fachverbände und des kollegialen Austausches haben diese Verfahren voneinander gelernt, sich wechselseitig bereichert, so daß ein differenzierter Fundus an klinischem Wissen, z.b. tiefenpsychologischer und kognitivistischer Perspektiven, an Theorie und effizienter Methodik entstanden ist, der den Forderungen moderner Psychotherapie, klinischer Psychologie und Sozialwissenschaften in besonderer Weise entspricht und gemeinsame Qualitätssicherung auf einem hohen Standard ermöglicht. Sie verfügen über gemeinsame Ausbildungs- und Prüfungsordnungen für PsychotherapeutInnen, Ärzte und Angehörige sozialer und helfender Berufe. Damit werden die Grenzen des „Methodenmonismus" überwunden in Richtung eines allgemeineren Modells von Psychotherapie, in der Gemeinsamkeiten gefunden und Besonderheiten gewahrt werden können.

Die in der AGPF kooperierenden Verfahren sind bei unterschiedlicher Gewichtung durch folgende Charakteristika verbunden:

1. AGPF – schulenübergreifende Kooperation – Innovationen für eine moderne Psychotherapie

2. Die kontextuelle und systemische Ausrichtung
Menschen müssen in ihrem Lebenszusammenhang gesehen, verstanden und – wenn sie erkrankt sind – behandelt werden. Der reiche Fundus der Forschung zu sozialer Unterstützung und zur Arbeit mit Netzwerken zeigt: wirksame Behandlungen erfordern eine kontextuelle, systemische Ausrichtung, Einbezug der Familien, den Blick auf das Arbeitsleben, Unterstützung in der Bewältigung von Lebensproblemen, die seelische Belastungen und psychosozialen Streß schaffen und ein hohes pathogenes Potential haben.

3. Die erlebnisaktivierende, kreativtherapeutische Ausrichtung
Unsere Therapieverfahren, die nonverbale Elemente und kreative Medien, Rollenspiel und künstlerische Ausdrucksformen einbeziehen, haben ein wichtiges Instrumentarium entwickelt, auch Menschen zu erreichen, die über die Sprache allein nicht ausreichend angesprochen werden können und zu behandeln sind.
Im kollegialen Austausch wurde so das Behandlungsspektrum für unterschiedliche Patientenpopulationen, Krankheitsbilder und Altersgruppen erheblich erweitert und mit diesem hohen innovativen Potential eine eigenständige und unverzichtbare Ergänzung zu den psychoanalytischen und behavioralen Behandlungsformen bereitgestellt.

4. Leib- und bewegungstherapeutische Ausrichtung

Die Leib- und Bewegungstherapie und die Konzentrative Bewegungstherapie (d.h. die Arbeit mit Bewegung, Atmung, Entspannungsmethoden im psychotherapeutischen Kontext) bieten – insbesondere auch für Patienten aus *benachteiligten Schichten* – sehr effektive Möglichkeiten, neben der Förderung kognitiver Problemlösungsstrategien, auch eine Regulation dysfunktionaler psychophysischer Streßmuster zu erreichen, die von (überwiegend) verbal ausgerichteten Verfahren nicht geboten werden können.

5. Entwicklungsorientierte Ausrichtung

Die moderne Säuglingsforschung und die „Entwicklungspsychologie der Lebensspanne" haben das Verständnis des Entstehens von Gesundheit und Krankheit nachhaltig verändert und wichtige Anstöße zu neuen Behandlungsmethoden gegeben, in denen „Lösungsorientiertheit", Arbeit mit Ressourcen und mit „protektiven Faktoren" eine große Rolle spielen und gegenüber traditionellen pathologie- und defizitorientierten Therapieverfahren wichtige Fortschritte bieten.

Die in der AGPF zusammengeschlossenen Verbände nutzen diese Erkenntnisse umfassend für die klinische Arbeit und für die Ausbildung von Psychotherapeuten.

Das Deutsche Institut für Psychotraumatologie e.V. (DIPT)

1991 als gemeinnütziger Verein gegründet, ist das Deutsche Institut für Psychotraumatologie e.V. (DIPT) eine der ersten wissenschaftlich-therapeutischen Einrichtungen der Bundesrepublik Deutschland, die sich programmatisch der Erforschung, Therapie und Prävention psychotraumatischer Störungen gewidmet hat. Es steht in enger Kooperation mit dem Institut für Klinische Psychologie und Psychotherapie (IKPP) der Universität zu Köln.

Seit seiner Gründung widmet sich das DIPT programmatisch der Erforschung, Therapie und Prävention psychotraumatischer Störungen. Das Institut hat in verschiedenen gesellschaftlichen Bereichen bahnbrechende Forschungsprojekte zur Psychotraumatologie durchgeführt und auf der Basis dieser Forschungsergebnisse die Traumatherapie fortentwickelt.

Dazu gehört das Projekt „Sexuelle Übergriffe in Psychotherapie und Psychiatrie" in den Jahren 1992-94 unter Leitung der derzeitigen Vorsitzenden des DIPT, Frau Dr. Monika Becker-Fischer. Der Forschungsbericht hat zu dem 1996 vom Bundestag verabschiedeten Gesetz beigetragen, das sexuellen Mißbrauch in der Psychotherapie strafrechtlich sanktioniert.

Mit der psychischen Situation von Gewaltopfern hat sich das DIPT in Zusammenarbeit mit dem Sozialministerium und dem Landesversorgungsamt NRW im Kölner Opferhilfe-Modellprojekt (KOM, Ergebnisse in Fischer et al. 1998) auseinandergesetzt. Die Ergebnisse des KOM-Projekts und der Erfolg von Schulungen der beteiligten Berufsgruppen wie Polizei und Versorgungsamt führten im November 1998 zu dem Landtagsbeschluß, das Modellprojekt in NRW landesweit auszudehnen.

Die therapeutischen Konzepte des DIPT wurden in der kontrollierten Traumatherapiestudie TTG (Traumatherapie für Gewaltopfer) weiter ausgearbeitet. Hier zeigte sich, daß mit einer Kurzintervention von durchschnittlich 10 Sitzungen bei der Risikogruppe für Langzeitfolgen unter den Gewaltopfern die Symptomzahl zeitkonstant reduziert und in den Normalbereich verlagert werden kann. Ähnliche Pilotstudien finden zur Zeit mit den Opfern des Zugunglücks in Eschede in Zusammenarbeit mit der Deutschen Bahn AG, mit der Bundeswehr im Hinblick auf die Prävention militärischer Traumatisierung und mit der R+V-Versicherung in der bundesweiten Akutintervention bei Opfern von Banküberfällen statt.

Seit 1996 betreibt das DIPT die Beratungsstelle für Gewalt- und Unfallopfer in Köln und weitere teils stationäre, teils ambulante Einrichtungen in NRW und Rheinland-Pfalz.

„Alles Trauma – Oder?" – Von der Notwendigkeit einer wissenschaftlich fundierten Traumatherapie

DIPT, AGPF und DGIK haben in 2007 in Köln den Fachtag „Alles Trauma – Oder? Von der Notwendigkeit einer wissenschaftlich fundierten Traumatherapie" durchgeführt, auf dem zahlreiche Expertinnen und Experten die gegenwärtige kreative Entwicklung in der Behandlung psychotraumatischer Störungsbilder verdeutlicht haben.

Mit einigen Beiträgen dieser Veranstaltung haben wir versucht, den Leserinnen und Lesern dieses Fachbuches die Entwicklung einer psychotherapeutischen Kultur zu verdeutlichen, die sich an einer pluralen Informations- und Wissensgesellschaft orientiert, in der eine Vielfalt von Lebenskonzepten, Menschenbildern, Wertvorstellungen und Zugangsweisen zur Welt nebeneinander ihren legitimen Platz haben.

Peter Schay
(Vorsitzender der DGIK)

Über die Autoren

Robert Bering
Krefeld, PD Dr. med., Facharzt für Psychiatrie und Psychotherapie, Dipl. Psychologe, Ltd. Arzt des Zentrums für Psychotraumatologie am Alexianer Krankenhaus Krefeld, Lehrtätigkeit am Institut für klinische Psychologie und Psychotherapie der Universität zu Köln.

Gottfried Fischer
Köln, Prof. Dr. phil., Dipl. Psychologe, Direktor des Instituts für Klinische Psychologie und Psychotherapie der Universität zu Köln, Psychologischer Psychotherapeut und Psychoanalytiker (DPV), Leiter der Fachgruppe Klinische Psychologie und Psychotherapie der Neuen Gesellschaft für Psychologie im deutschsprachigen Raum, Forschungssupervisor des 1991 gegründeten Deutschen Instituts für Psychotraumatologie e.V. (DIPT) in Köln.

Silke Birgitta Gahleitner
Berlin, Prof. Dr. phil., Alice-Salomon-Hochschule – University of Applied Sciences, Professur für klinische Psychologie und Sozialarbeit, Arbeitsbereich: Psychotherapie und Beratung.

Karl-Otto Hentze
Köln, Dipl. Psychologe, Psychotherapeut, Mitglied der Kammerversammlung NRW und des Deutschen Psychotherapeutentages, Bundesgeschäftsführer der Gesellschaft für wissenschaftliche Gesprächspsychotherapie (GwG).

Annette Höhmann-Kost
Ludwigsburg, Dipl. Supervisorin; Therapeutin für Integrative Leib- und Bewegungstherapie/Psychotherapie (HPG) und Lehrtherapeutin/Fachbereichsleiterin für Integrative Leib- und Bewegungstherapie (FPI/EAG).

Ingrid Liefke
Essen, Master of Science, Dipl. Pädagogin, Approbation als KuJ-Psychotherapeut, Psychotherapie (HPG), Ausbildung in Integrative Sozialtherapie (FPI/EAG); Mitarbeiterin der ambulanten und (teil-) stationären Einrichtungen der Drogenhilfe im Therapieverbund Ruhr-Mitte.

Kurt Mosetter
Konstanz, Dr. med., Heilpraktiker; seit 1998 Vorstandsmitglied der Schweizer Ärztegesellschaft für Regulationsmedizin und Neuraltherapie; Studien in Europa, Nepal und Indien; entwickelte aus der konstruktiven Begegnung der Hochschulmedizin mit der Erfahrungsmedizin heraus die Myoreflextherapie; Leiter von Ausbildungszyklen in Myoreflextherapie; Direktor des Zentrums für interdisziplinäre Therapien in Konstanz.

Peter Osten
München, Master of Science, Dipl. Sozialpädagoge, Lehrtherapeut für Integrative Therapie (FPI/EAG), Psychotherapie (HPG); Psychiatrische Klinik der Universität München (LMU); freie Praxis für Psychotherapie, Paar- und Familientherapie, Coaching und Supervision.

Erika Sander
Sinzig, Tanztherapeutin BTD; seit 1994 klinische Tätigkeit mit Schwerpunkt auf der Behandlung posttraumatisierter Patienten; Mitarbeit und Mitkonzeption an der Behandlungseinheit „Psychotraumatologie" in der Dr. von Ehrenwall'schen Klinik in Ahrweiler; Vorträge und Veröffentlichungen zum Thema „Tanztherapie mit traumatisierten Patienten".

Peter Schay
Recklinghausen, Master of Science, Dipl. Sozialarbeiter, Dipl. Supervisor (FU Amsterdam), Approbation als KuJ-Psychotherapeut, Psychotherapie (HPG), Lehrtherapeut für Integrative Therapie (FPI/EAG); Gesamtleiter und Geschäftsführer der ambulanten und (teil-) stationären Einrichtungen der Drogenhilfe im Therapieverbund Ruhr-Mitte, Vorsitzender der Deutsche Gesellschaft für Integrative Therapie, Gestalttherapie und Kreativitätsförderung e.V..

Über die Autoren

Claudia Schedlich
Köln, Dipl. Psychologin, wissenschaftliche Mitarbeiterin am Institut für klinische Psychologie und Psychotherapie der Universität Köln; langjährige klinische Tätigkeit mit Schwerpunkt Traumatherapie; Leiterin der Ausbildung zum Fachberater für Psychotraumatologie für das DIPT; Ausbildung in Tanz- und Ausdrucks- und Gesprächspsychotherapie, Weiterbildung zur psychologischen Psychotherapeutin mit Schwerpunkt Tiefenpsychologie; Dozentin am Langen-Institut für Tanz- und Ausdruckstherapie.

Frank Siegele
Hannover, Dipl. Sozialarbeiter, Approbation als KuJ-Psychotherapeut; Leiter der STEP-Tagesklinik für Abhängigkeitserkrankungen in Hannover; Lehrtherapeut/Fachbereichsleiter für Integrative Sozialtherapie – Schwerpunkt Suchtkrankenhilfe (FPI/EAG); Budoka, Zen-Karatedo, 1. Kyu.

Neu im Programm Psychologie

Oliver Arránz Becker
Was hält Partnerschaften zusammen?
Psychologische und soziologische Erklärungsansätze zum Erfolg von Paarbeziehungen
2008. 355 S. Br. EUR 34,90
ISBN 978-3-531-16083-2

Die steigenden Scheidungsraten der vergangenen Jahrzehnte machen deutlich, dass es für partnerschaftliches Glück keine Garantien gibt. Was hält Beziehungen zusammen? Welche Faktoren spielen in erfolgreichen Partnerschaften eine Rolle? Auf der Suche nach Antworten integriert der Autor in diesem Buch Befunde und Theorien aus Familiensoziologie und Psychologie und legt damit den Grundstein für ein disziplinenübergreifendes Theoriegebäude des Partnerschaftserfolgs.

Malte Mienert
Total Diffus
Erwachsenwerden in der jugendlichen Gesellschaft
2008. 184 S. Br. EUR 19,90
ISBN 978-3-531-16093-1

„Die Jugend von heute" sorgt bei Eltern und professionellen Erziehern gleichermaßen für besorgte Ausrufe und düstere Zukunftsprognosen. Playstation, Piercings, politisches Desinteresse – wie steht es wirklich um die Generation der Zukunft? Der Autor analysiert die psychologischen und gesellschaftlichen Besonderheiten des Heranwachsens in der heutigen Zeit, er benennt Risiken und Herausforderungen und zeigt, welchen Beitrag wir vermeintlich Erwachsenen zur diffusen Identitätsbildung von Jugendlichen leisten.

Heinz-Kurt Wahren
Anlegerpsychologie
2009. ca. 300 S. Br. ca. EUR 34,90
ISBN 978-3-531-16130-3

Handeln Anleger rational oder werden sie von ihren Gefühlen gesteuert? Wie beeinflussen die Massenmedien die Meinungsbildung an der Börse? Gibt es verschiedene Anlegerpersönlichkeiten?
An der Börse spielen psychologische Faktoren eine ebenso wichtige Rolle wie wirtschaftliche. Mit zunehmender Wichtigkeit der Finanzmärkte gewinnt somit auch die Anlegerpsychologie an Bedeutung.
Das Buch beschreibt alle Facetten dieser neuen Disziplin und berücksichtigt dabei nicht nur Erkenntnisse aus der Psychologie, sondern auch aus Wirtschaftswissenschaften, Behavioral Finance, Soziologie und Hirnforschung.

Erhältlich im Buchhandel oder beim Verlag.
Änderungen vorbehalten. Stand: Juli 2008.

www.vs-verlag.de

VS VERLAG FÜR SOZIALWISSENSCHAFTEN

Abraham-Lincoln-Straße 46
65189 Wiesbaden
Tel. 0611.7878-722
Fax 0611.7878-400

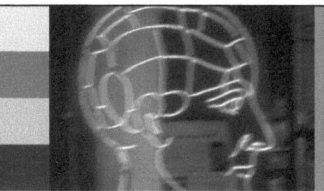

VS Psychologie

Der neue Programmbereich im VS Verlag

Ein starkes und innovatives Psychologieprogramm wächst. Dort, wo es zu Pädagogik, Soziologie, Politik und Kommunikationswissenschaften bereits Anknüpfungspunkte gibt, und darüber hinaus.

Anspruchsvolle Wissenschaft, aktuelle Themen und herausragende Bücher für WissenschaftlerInnen, PraktikerInnen und Studierende sowie die digitale Verfügbarkeit aller Publikationen – dieser Anspruch gilt auch für den neuen Programmbereich.

Interessierte AutorInnen und HerausgeberInnen bitten wir mit uns Kontakt aufzunehmen.

VS PSYCHOLOGIE
Kea S. Brahms
kea.brahms@vs-verlag.de
Telefon 0611. 7878-373

2008. ca. 380 S. Br.
ca. EUR 39,90
ISBN 978-3-531-15732-0
Erscheint im Dezember 2008

2. Aufl. 2008. 386 S. Br.
EUR 19,90
ISBN 978-3-531-34163-7

VS VERLAG FÜR SOZIALWISSENSCHAFTEN   **www.vs-verlag.de**

MIX
Papier aus verantwortungsvollen Quellen
Paper from responsible sources
FSC® C105338

If you have any concerns about our products,
you can contact us on
ProductSafety@springernature.com

In case Publisher is established outside the EU,
the EU authorized representative is:
**Springer Nature Customer Service Center GmbH
Europaplatz 3, 69115 Heidelberg, Germany**

Printed by Libri Plureos GmbH
in Hamburg, Germany